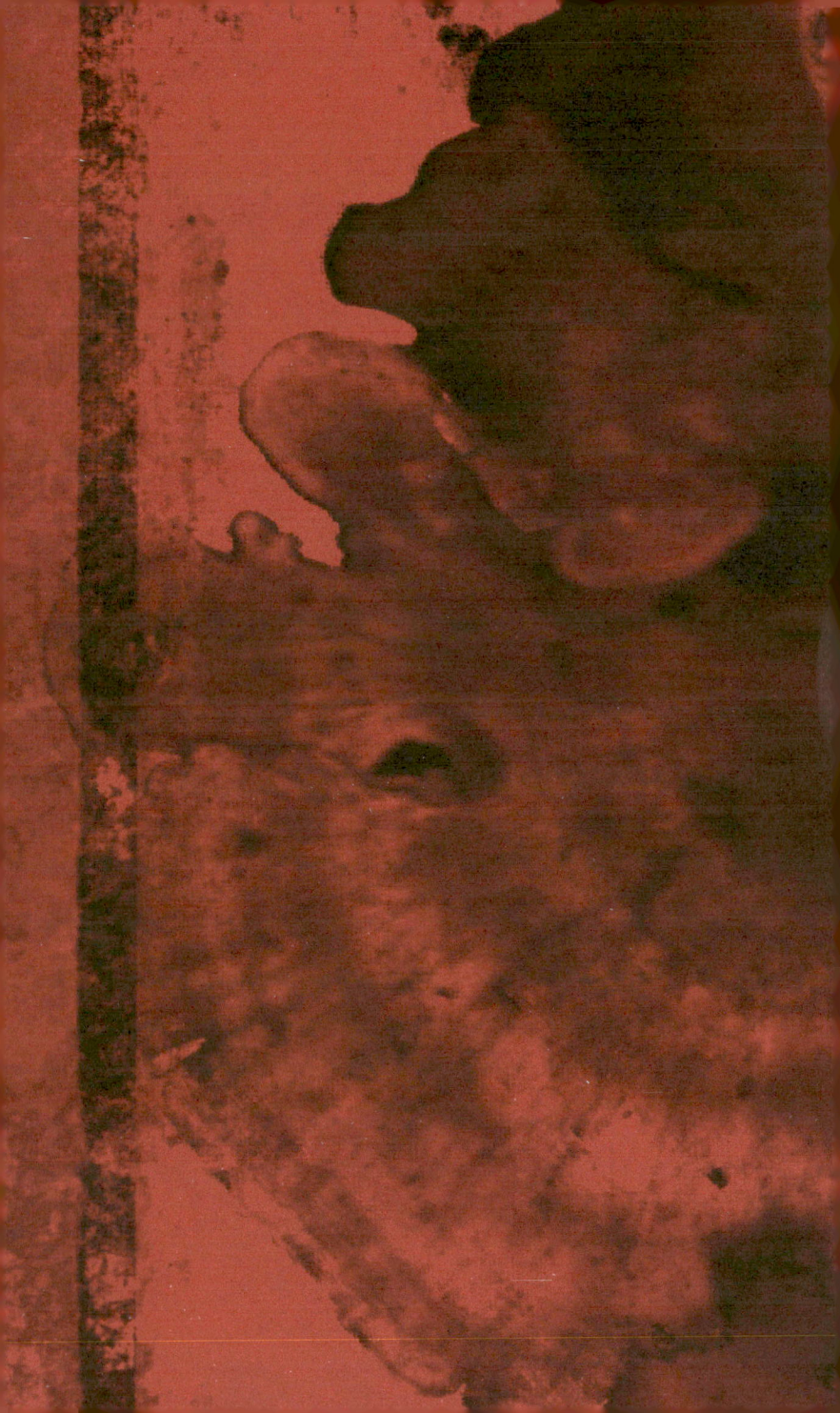

O livro de SÃO CIPRIANO
TRATADO COMPLETO DA VERDADEIRA MAGIA

1ª edição
3ª reimpressão

Rio de Janeiro
2024

Copyright© 2013
Pallas Editora

EDITORAS
Cristina Fernandes Warth
Mariana Warth

COORDENAÇÃO EDITORIAL
Livia Cabrini

REVISÃO
Juliana Souza

**PROJETO DE CAPA, MIOLO
E COORDENAÇÃO GRÁFICA**
Aron Balmas

Imagem de capa > ©drizzd - fotolia.com

(Este livro segue as novas regras do Acordo Ortográfico da Língua Portuguesa)

Todos os direitos reservados à Pallas Editora e Distribuidora Ltda.
Não é permitida a reprodução por qualquer meio mecânico, eletrônico, xerográfico etc.
de parte ou da totalidade do conteúdo e das imagens contidas neste impresso
sem a prévia autorização por escrito da editora.

**CIP-BRASIL.CATALOGAÇÃO-NA-FONTE
SINDICATO NACIONAL DOS EDITORES DE LIVROS, RJ**

L761

    O livro de São Cipriano : tratado completo da verdadeira magia /
Pallas, - 1. ed. - Rio de Janeiro : Pallas, 2013.

    392 p. ; 20 cm

    ISBN 978-85-347-0505-9

    1. Magia. 2. Feitiçaria. I. Pallas.

13-02409   CDD: 133.4
                                                                      CDU: 133.4

Pallas Editora e Distribuidora Ltda.
Rua Frederico de Albuquerque, 56 - Higienópolis
CEP 21050-840 - Rio de Janeiro - RJ
Tel./fax: 55 21 2270-0186
www.pallaseditora.com.br
pallas@pallaseditora.com.br

Ao prepararmos esta nova obra sobre o famoso bruxo **SÃO CIPRIANO**, decidimos aproveitar a oportunidade para verificar se alguma coisa poderia ser aprimorada. Pesquisando as versões mais antigas, preservadas na Península Ibérica, descobrimos meios de preencher lacunas, corrigir inconsistências, recuperar detalhes perdidos e organizar o conteúdo de modo a refletir melhor aquela que, segundo as fontes consultadas, seria a forma original da história que deu origem à lenda.

Esperamos que esta nova visão seja útil e agrade a todos os que apreciam os ensinamentos do grande mestre do saber oculto.

11 Prólogo: a vida de São Cipriano

25 Primeiro livro de São Cipriano
dos meios para praticar as artes mágicas

49 Segundo livro de São Cipriano
dos talismãs

69 Terceiro livro de São Cipriano
das cerimônias secretas de iniciação

81 Quarto livro de São Cipriano
dos experimentos mágicos

89 Quinto livro de São Cipriano
dos espíritos em geral

SUMÁRIO

205 Décimo primeiro livro de São Cipriano
dos feitiços de poder e domínio

217 Décimo segundo livro de São Cipriano
dos feitiços de riqueza e sucesso

223 Décimo terceiro livro de São Cipriano
dos feitiços de ação e proteção

237 Décimo quarto livro de São Cipriano
dos tesouros e objetos ocultos ou encantados

245 Décimo quinto livro de São Cipriano
da Arte de adivinhar pelos sinais da fisionomia e do corpo

253 Décimo sexto livro de São Cipriano
da Arte de adivinhar pelas mãos

261 Décimo sétimo livro de São Cipriano
da Arte de adivinhar pelos corpos celestes

271 Décimo oitavo livro de São Cipriano
da Arte de adivinhar pelos números

291 Décimo nono livro de São Cipriano
da Arte de adivinhar pelos sonhos

337 Vigésimo livro de São Cipriano
da Arte de adivinhar pelos símbolos inscritos nas cartas

391 Palavras finais

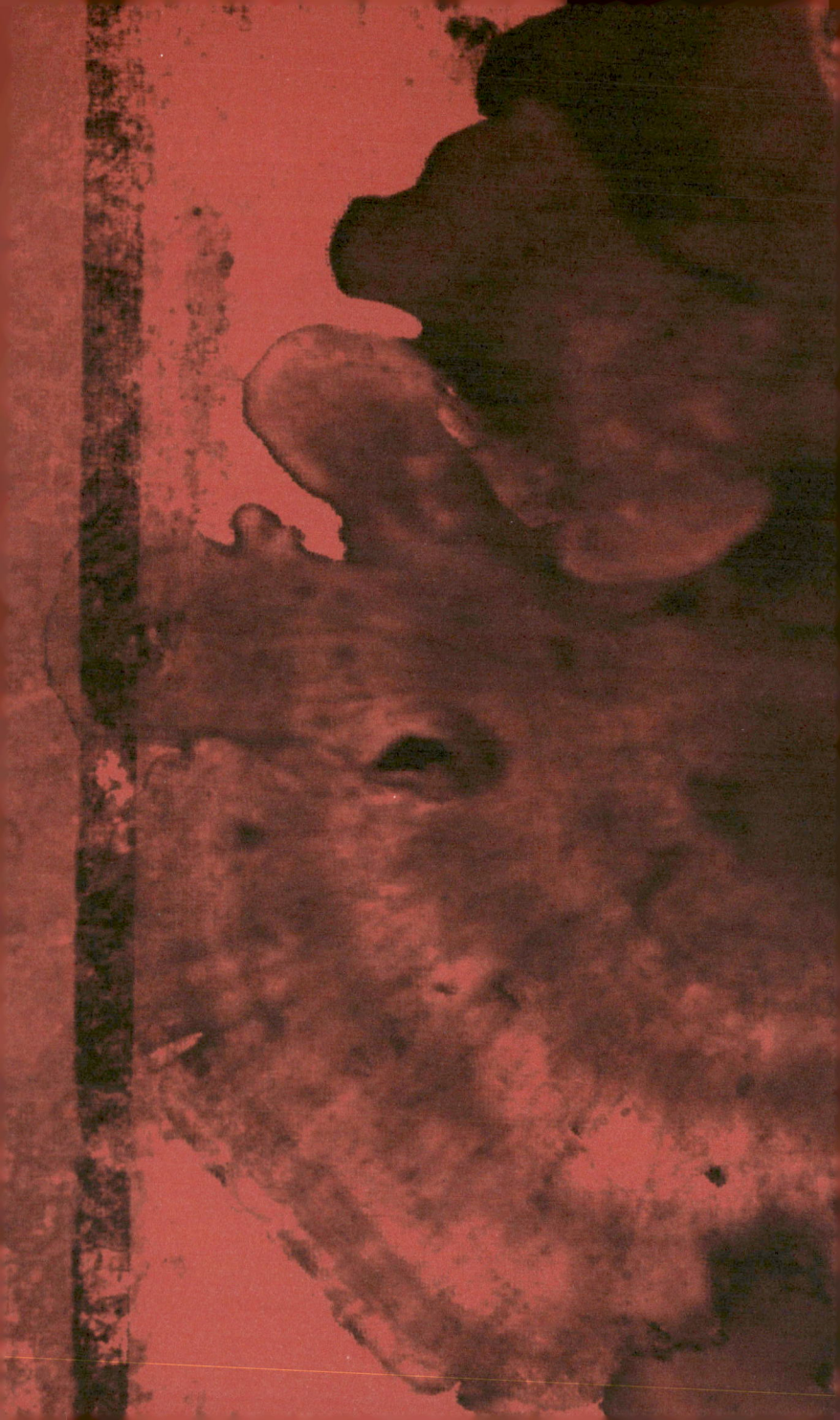

PRÓLOGO
A VIDA DE SÃO CIPRIANO

Cipriano, conhecido como o Feiticeiro (para distinguir-se do outro Cipriano, bispo de Cartago), nasceu em meados do século III da Era Cristã, em Antióquia, capital da província romana da Síria.

Os pais de Cipriano eram ricos e seguiam a antiga religião local. Vendo que o filho era dotado de muito talento, e hábil para ganhar a estima dos homens, eles o destinaram ao sacerdócio e mandaram dar-lhe toda a instrução necessária para isso. Cipriano aprendeu a ciência dos rituais e dos sacrifícios oferecidos aos deuses, de modo que ninguém conhecia os mistérios da religião melhor do que ele.

Aos trinta anos de idade, Cipriano fez uma viagem à Pérsia para estudar Astrologia, Numerologia e outros mistérios dos caldeus. Entretanto, mesmo empregando nesses estudos boa parte do seu tempo, Cipriano cresceu em malícia e iniquidade, pois se entregou de coração ao estudo da feitiçaria, a fim de conseguir, por meio dessa Arte, estreitas relações com os Demônios.

De volta a Antióquia, em vez de seguir a carreira sacerdotal a que fora destinado, Cipriano passou a levar uma vida desregrada, libertina, escandalosa e impura. Ao mesmo tempo, fazia suas feitiçarias para quem o pedisse e até ensinava sua Arte a alguns discípulos seletos, cobrando sempre vultosos pagamentos. Assim, ia aumentando sua riqueza com a moeda do Demônio.

Como Cipriano usou seu primeiro elixir de amor na princesa da Pérsia

Certo dia, Cipriano foi ao palácio do rei da Pérsia e pediu a mão da princesa Neckar, sua filha, para um amigo de nome Nabor. O rei negou e, como Cipriano insistiu, mandou prendê-lo.

Mas Cipriano conseguiu, com a ajuda de um criado, fazer com que a princesa cheirasse um elixir de amor, o primeiro que ele havia preparado. Então Neckar começou a ter visões de um lindo moço e sentiu forte desejo de casar com ele.

Descobrindo a causa do mal, o rei, embora a contragosto, concordou com o pedido de Cipriano. Mandou desenharem o jovem que aparecia a Neckar e enviou emissários percorrerem o mundo com cópias da imagem, até encontrarem o moço que devia ser o noivo da filha.

Um dia, Neckar entrou no salão do palácio e abraçou e beijou o pai, dizendo:

— Da sacada da torre do castelo vi o meu noivo e o reconheci. Como ele é belo! E vem no meio de uma grande comitiva amarela! — E disse aos guardas presentes: — Ide, meus bons soldados, dizei-lhe que o espero para o abraçar e beijar.

Assim, Neckar se casou com Nabor, e Cipriano recebeu a gratidão do rei.

Como Cipriano aprendeu a fazer o óleo dos bichos para conquistar Elvira

Elvira era a filha única do marquês de Sória, o mais estimado pelo rei da Pérsia. Vendo-a um dia, Cipriano, encantado com sua beleza, deu a entender ao marquês que a desejava, mas não pretendia casar com ela. O pai de Elvira ficou muito irado. Então Cipriano, com suas artes mágicas, transformou o marquês, a marquesa e Elvira em estátuas. Logo o rei da Pérsia sentiu falta do marquês e de sua família na corte. Mandou procurá-los em todo o reino, mas as buscas foram inúteis.

Tempos depois, uma feiticeira foi ao palácio e denunciou Cipriano. O rei mandou chamar o bruxo e ordenou-lhe que trouxesse a família do marquês, sob pena de morte. Irritado, Cipriano lançou um encantamento em todo o palácio. Assustado, o rei fingiu aceitar a exigência de Cipriano, de que lhe dessem Elvira. Mas, enquanto ele foi desencantar suas vítimas, a feiticeira defumou o palácio. Quando o feiticeiro voltou com o marquês, sua esposa e a filha desencantados, o rei expulsou-o do palácio, e Cipriano nada pôde fazer contra a proteção criada pela bruxa. Mas Lúcifer ensinou-lhe como preparar um óleo mágico e falou:

— Prepara uma lamparina com o óleo dos bichos. Depois vai ao palácio. Lá, acende a luz da lamparina mágica; todos quantos se acharem no palácio ficarão assustados. Aproveita então para raptar Elvira.

Cipriano agiu conforme Lúcifer indicou, e assim pôde roubar Elvira e convencê-la a ficar com ele.

Como Cipriano usou o óleo dos bichos para conquistar Adelaide

Cipriano desejou o amor de uma jovem de nome Adelaide. Foi pedi-la a seus pais, mas eles não deram consentimento. Cipriano irou-se de tal maneira que mandou o seu diabinho, que trazia sempre no bolso, destruir a casa e todos os bens da família. Quando Adelaide viu os seus haveres destruídos, dirigiu-se a Cipriano e perguntou por que fizera aquilo. Cipriano disse que o fizera por amor a ela e graças ao poder de Lúcifer, a quem adorava como a seu Deus.

Então Adelaide benzeu-se três vezes e falou:

— Esconjuro-te e obrigo-te da parte de Deus, a quem adoro, a que me restituas os meus haveres, tal e qual eles estavam.

Obrigado pela força de Deus Onipotente, Cipriano restituiu os bens aos pais de Adelaide e, no fim de tudo isso, retirou-se sem gozar o amor de Adelaide. Chamou então Lúcifer, que falou:

— Pega no óleo dos bichos, mete a tua fava na boca e vai à casa de Adelaide. Chegando lá, deita um pouco do óleo em uma das lamparinas que vires. Tanto Adelaide como seus pais se assustarão, e tu, Cipriano, aproveita a ocasião para gozar o amor de Adelaide.

Cipriano assim fez e, poucos minutos depois, já tinha satisfeito seus desejos.

Como Cipriano aprendeu os segredos da magia com o Demônio

A busca por conhecimento das artes mágicas levou Cipriano a lugares distantes. Diz-se que ele obteve esse saber diretamente de um Demônio que ensinava seus segredos a quem tivesse coragem para encontrá-lo numa caverna. De acordo com uma crença espanhola, isso ocorreu na cidade de Salamanca, fundada pelos antigos celtas e notável no tempo dos romanos.

Nos velhos muros da cidade, junto da *Cuesta* (ladeira) *del Carvajal*, existe uma grande abertura abobadada, tendo ao fundo uma escada cavada na espessura da alvenaria que leva ao passeio no topo da muralha, onde se ergueu um dia a Igreja de *San Cebrián* (São Cipriano). Essa abertura é a Cova de Salamanca, onde se diz que o Demônio dava aulas de magia a grupos de sete alunos durante um período de sete anos e depois ficava com um deles como escravo.

Para o povo da região, Cipriano foi um dos aprendizes do Demônio que frequentaram a Cova de Salamanca. Alguns pensam também que foi aí que ele conheceu a Bruxa de Évora. Conta-se ainda que Cipriano escondeu na região uma cópia dos seus escritos, formados por vinte volumes com os apontamentos de seus estudos e experimentos de magia. Esses livros estariam guardados numa sala secreta da biblioteca de Santiago de Compostela, num armário fechado por grossas correntes, para que ninguém possa desvendar seus perigosos segredos.

A disputa entre Cipriano e São Gregório

Certa vez, Cipriano zombou de São Gregório enquanto este pregava num templo. Quando Gregório o interpelou e aconselhou a abandonar a vida de pecado, Cipriano atacou-o com seus feitiços, mas Gregório a todos repeliu chamando o nome de Jesus.

Então Cipriano invocou os Demônios do Inferno e, em poucos instantes, eram tantos que cobriam a região a uma distância de quinhentos metros quadrados. São Gregório pediu socorro a Jesus, e, no mesmo instante, ouviu-se um forte trovão, que fez com que se abrissem as portas do Inferno, e todos os Demônios se precipitaram das profundezas do abismo.

Cipriano, vendo isso, ficou lívido de espanto e tombou ao solo, sem qualquer sinal de vida. Alguns minutos passados, Gregório sentiu um grande tremor de terra e viu Lúcifer saindo da terra com um caixão de fogo e quatro leões carregando-o. Interpelou-o em nome de Deus, e o Demônio disse que vinha buscar Cipriano, que morrera, graças ao pacto firmado entre eles.

Ouvindo isso, São Gregório orou ao Senhor e falou:

— Eu te esconjuro que vás para as profundezas do Inferno, que Cipriano não morreu! — E tocando nos ombros do bruxo, falou: — Levanta, Cipriano!

Assim Cipriano foi derrotado em sua maldade e salvo do Demônio pelo poder de Deus.

Como Cipriano foi vencido pela oração de Clotilde

Certo dia, Satanás levou Cipriano ao palácio de um rei que tinha uma filha chamada Clotilde. O bruxo tentou encantar a moça para que ela o quisesse, mas nem todos os seus feitiços puderam vencer a princesa. Então, Cipriano pegou um canudinho de prata, onde guardava um diabinho, e convocou um exército para atacar o castelo.

As tropas do rei nada puderam contra os soldados mágicos, e o castelo foi destruído. Cipriano então disse que perdoaria o rei, desde que ele lhe desse Clotilde. Como o rei não aceitou o acordo, Cipriano encantou o reino, transformando tudo e todos em pedra. Mas não conseguiu encantar a moça. Quando perguntou a Satanás a razão disso, este foi obrigado, por Deus invocado pela moça, a dizer a verdade: a princesa rezava todos os dias uma oração que a livrava das tentações.

Ouvindo isto, Cipriano implorou a Deus que o salvasse do Demônio. Quando já ia embora, encontrou Clotilde, que pediu ao bruxo que desencantasse o reino. Cipriano concordou, pedindo em troca que a princesa lhe ensinasse a sua oração, que era assim:

Eu me entrego a Jesus e à Santíssima Cruz, ao Santíssimo Sacramento, às três relíquias que tem dentro, às três missas do Natal, peço que não me aconteça nenhum mal. Maria Santíssima esteja sempre comigo, que o anjo da minha guarda me guarde e me livre das astúcias de Satanás.

(Depois reza-se um Pai-nosso e uma Ave-maria.)

Cipriano desencantou tudo em seguida e pediu à princesa que rezasse por ele. A princesa assim fez e obteve de Nosso Senhor Jesus Cristo o perdão para os pecados de Cipriano, que só levou mais um ano naquela vida enganosa.

A conversão de Cipriano

Em Antióquia vivia uma jovem de nome Justina, rica e formosa, criada na religião pagã. Após ouvir, certo dia, os sermões de Prailo, diácono de Antióquia, Justina abandonou suas crenças antigas e, abraçando a fé cristã, conseguiu logo depois converter os próprios pais, Edeso e Cledônia.

Sendo batizada, a moça decidiu consagrar sua vida a Jesus Cristo, conservando sua virtude e entregando-se às orações e ao retiro.

Um rapaz chamado Aglaide, que a viu, ficou enamorado e pediu-a aos pais para que fosse sua esposa, com o que Edeso e Cledônia concordaram. Mas, apesar de todos os empenhos e rogos, Justina não quis se casar. Aglaide valeu-se então das artes de Cipriano, o qual empregou os meios mais eficazes de sua Arte para atender ao enamorado. Justina, porém, fortalecida pela graça de Deus, saiu vitoriosa de todas as armadilhas diabólicas.

Cipriano, indignado por não poder vencer a moça, invocou o Demônio e perguntou-lhe a causa disso. O Demônio confessou então que nada podia fazer contra o sinal da cruz com que Justina continuamente se armava. Ouvindo isso, Cipriano declarou que renunciava ao Demônio. Este ainda tentou se apoderar dele, acossando-o em longa batalha, mas Cipriano se livrou invocando repetidamente o nome de Deus e fazendo o sinal da cruz.

Então Eusébio, amigo de Cipriano, que era cristão, levou-o à assembleia dos fiéis, onde Cipriano, conseguindo provar seu arrependimento, foi admitido e instruído na fé cristã, sendo a seguir batizado. Com isso, Justina tornou-se sua companheira na missão cristã de evangelização.

Como Cipriano ajudou uma feiticeira a salvar o casamento de uma jovem

Tempos depois de sua conversão, Cipriano, viajando à noite, teve de se abrigar numa caverna. Perto da meia-noite, ouviu passos e divisou uma luz. Pouco depois ouviu uma voz que invocava Cipriano e Lúcifer, e correu pela caverna uma fumaça enjoativa.

Cipriano andou na direção da voz e topou com uma velha, a quem perguntou o que queria. Ela disse que estava tentando fazer um feitiço para ajudar a filha do conde de Saboril, cujo marido, duque de Ferrara, tinha uma amante. Cipriano perguntou de que era o cheiro que sentia, e a bruxa falou:

— É pele de cobra com flor de sangue e raiz de urze, que estou queimando em nome de Satanás para defumar as roupas do duque, para ver se o desligo daquela mulher. Esta mágica foi sempre infalível, quando minha mãe a praticava. Mas eu já fiz seis vezes e o duque cada vez maltrata mais a mulher.

Cipriano disse que a mãe dela não ensinara o ingrediente principal. A feiticeira pediu-lhe que contasse o segredo, mas Cipriano impôs como condição que ela se tornasse cristã. A mulher aceitou o trato, e, depois do seu batismo, Cipriano deu-lhe um pergaminho em que estava escrito o seguinte:

Faz três vezes o sinal da cruz e depois recita:

Ó cobra grávida, por Deus que te criou te esfolo, pela Virgem te enterro, por seu amado Filho te queimo a pele em quatro fogareiros de barro cozido. Com a flor de sangue te caso, com raiz de urze te acendo e com resina sabeia te ligo; feita seis vezes a mágica branca, dos braços da pérfida amante arranca Fulano (dize o nome da pessoa) e com esta resina sabeia tirada hoje do templo de Cristo te incenso. Amém.

A feiticeira correu para o palácio do duque. No momento em que o nobre vestiu o manto defumado pela bruxa, prostrou-se aos pés da esposa a pedir perdão e logo abandonou a amante. Agradecida, a duquesa mandou dar uma bolsa de ouro à bruxa e tomou-a para sua aia particular.

O martírio de Cipriano

Cipriano fez grandes progressos nos caminhos do Senhor. Sua vida foi um perene exercício da mais rigorosa penitência e sua eloquência concorreu para a conversão à fé cristã de muitos pagãos. O divino Senhor, em reconhecimento de seu bom proceder, concedeu-lhe a graça de fazer milagres.

Logo a sua fama chegou aos ouvidos do imperador Diocleciano, na cidade da Nicomédia. Informado dos milagres de Cipriano e da santidade de Justina, o imperador deu ordem a Eutolmo, governador da Síria, para que prendesse ambos.

Conduzidos à presença do governador, Cipriano e Justina declararam com firmeza sua fé em Jesus Cristo. Então, Eutolmo mandou açoitar Justina com duas cordas e rasgar com grampos de ferro as carnes de Cipriano, mas nem isso os abalou. Vendo que nem promessas, nem ameaças, nem o terrível suplício abatiam a fé dos dois, Eutolmo mandou atirar cada um em uma grande caldeira cheia de alcatrão, banha e cera fervente. Mas a serenidade que se via nas faces e nas palavras dos mártires indicava que nada padeciam naquele tormento.

O milagre quase provocou na cidade um motim em favor de Cipriano. Intimidado, o governador enviou os mártires a Diocleciano, que ordenou que fossem degolados. A sentença foi executada no dia 26 de setembro de 304, às margens do rio Galo, que atravessava Nicomédia.

Alguns marinheiros cristãos, vindos da Toscana, recolheram os corpos dos mártires e os levaram para Roma, onde ficaram ocultos até o tempo do imperador Constantino Magno, quando foram trasladados para a Basílica de São João de Latrão.

PRIMEIRO LIVRO DE SÃO CIPRIANO

DOS MEIOS PARA PRATICAR AS ARTES MÁGICAS

vivo em Suas mãos; toda força e toda habilidade para a aplicação benéfica daquele poder com o qual foi agraciado contra a horda de espíritos rebeldes. Ajudai-me agora, ó Salvação dos homens, em meus pedidos. Amém.

A seguir, poreis a cruz num dos quatro cantos do templo e desenhareis junto dela, no chão, com o polegar, os sinais da figura 1.

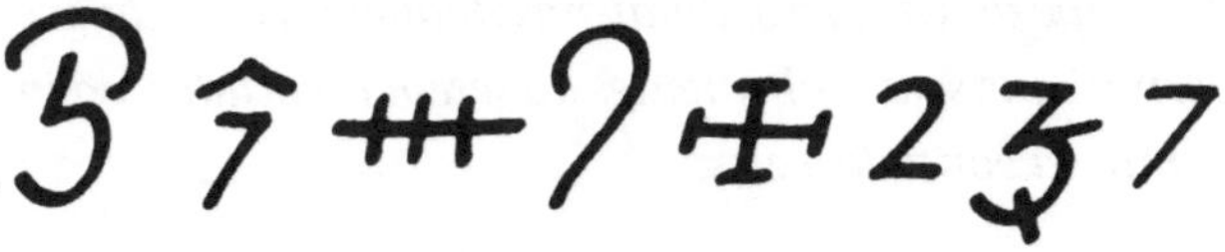

$$\mathcal{B} \; \hat{7} \; \#\!\!+ \; \mathcal{7} \; \pm \; 2 \; \mathcal{Z} \; 7$$

Figura 1

Na terça-feira, ao romper do dia, colocareis a pena do galo sobre o altar, junto com uma faca nova.

Os signos da figura 2 devem ser inscritos em uma folha de pergaminho virgem com vinho, que representa o sangue de Jesus Cristo, a quem novamente rezareis por proteção. O pergaminho, dobrado e embrulhado num tecido de cor violeta, será escondido.

$$VI\zeta T\omega.$$

Figura 2

Na quarta-feira, preparareis uma pequena vela de cera amarela em formato de cruz. Na noite de quinta-feira, à meia-noite, tendo espargido água benta no aposento, acendereis essa vela e, após repetir a oração do primeiro dia, recitareis:

— *Livrai-nos, Senhor, do medo do Inferno. Não deixeis Demônios destruírem minha alma quando tiver de comandá-los na execução dos meus desejos. Que o dia seja claro, que o Sol e a Lua resplandeçam quando tiver de invocá-los. Ó Príncipe do Universo, livrai-nos daquelas caras terríveis e permiti que sejam obedientes ao serem invocados, ao impor minha vontade a eles.*

Depois apagareis a vela e, ao nascer do Sol da sexta-feira, acendereis um braseiro e nele jogareis a língua e o coração do cordeiro, bem como os olhos, a língua e o coração do galo. Terminando de queimar, guardareis as cinzas para usar em ocasião oportuna.

Da sexta-feira até a quarta-feira seguinte, a pele deverá ser espargida com água benta quatro vezes por dia. No décimo dia, que será uma quinta-feira, antes do nascer do Sol, a pele do carneiro será coberta com as cinzas do cordeiro e do galo. Na mesma quinta-feira, depois do pôr do Sol, escrevereis com o polegar direito, sobre o chão, os signos da figura 3.

Figura 3

Depois, pelo tempo de três dias, devereis espargir os quatro cantos do cômodo com água benta, dizendo:

— Jesus Cristo, Redentor dos homens, que sendo um Cordeiro sem mácula foi imolado pela salvação da raça humana, que foi considerado o único digno de abrir o Livro da Vida, concedei tais virtudes a esta pele de carneiro que possa receber os sinais que iremos escrever logo após com Vosso sangue, de modo que os números, sinais e palavras possam tornar-se eficazes; e permiti que esta pele possa preservar-nos das astúcias dos Demônios, para que fiquem aterrorizados à vista dela e possam apenas aproximar-se de nós tremendo, através de Vós, Jesus Cristo que reinastes por todos os séculos. Amém. Cordeiro imolado, sede um pilar de força contra os maus espíritos. Cordeiro sacrificado, dai poder sobre o Poder das Trevas. Cordeiro sacrificado, concedei poder, privilégio e força sobre a ordem dos espíritos rebeldes. Assim seja. Amém.

A pele deve ser esticada e deixada em repouso durante dezoito dias. No décimo nono dia, usando a faca nova que está no altar, removereis dela o pelo, que será reduzido a pó e enterrado no mesmo lugar. A palavra VELLUS será escrita com o dedo, junto com os signos da figura 4 e a frase: "Possa isto que foi reduzido a cinzas preservar contra os Demônios através do nome de Jesus."

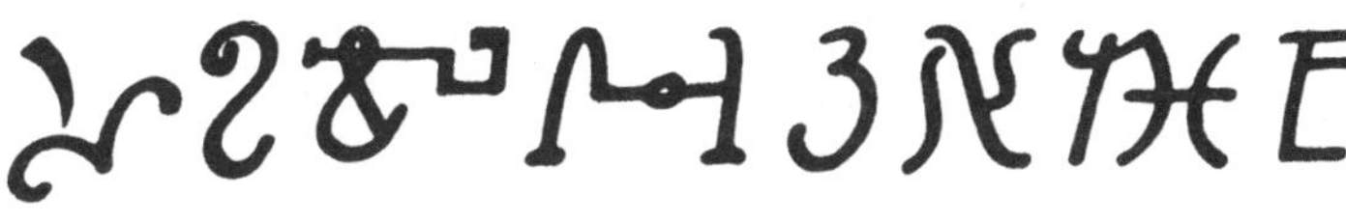

Figura 4

Traça-se também os signos da figura 5.

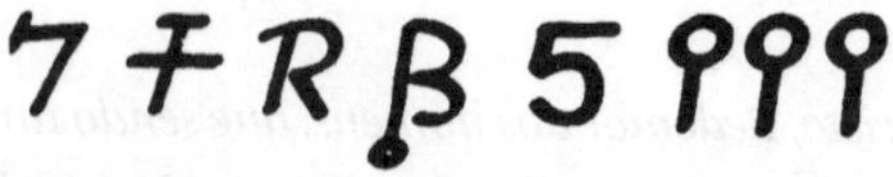

7 ƒ R β 5 ϙϙϙ

Figura 5

Por último, a pele deve ser colocada para secar ao Sol, por três dias, num canto próximo à parte de trás, à direita do altar. Os signos da figura 6 devem ser inscritos aí com uma faca nova.

P 7 Y X ʒ ß X ⊭ ƒ

Figura 6

Completando, recitar o Salmo XXI. Inscrever então os signos da figura 7.

⊁ ⚴ O D ≡ 𓂀 O

Figura 7

Uma vez traçados os símbolos, é hora de recitar os versos *Afferte Domino, Patriae gentium* do Salmo XCV: *Cantate Domino Canticum Novum*, do qual o sétimo versículo é *Oferte Domino, Fillii Dei*, desenhando depois os signos da figura 8.

Figura 8

Agora recita-se o Salmo XXVII, *Atendite popule meus, legum mean*, e a seguir faz-se o desenho da figura 9.

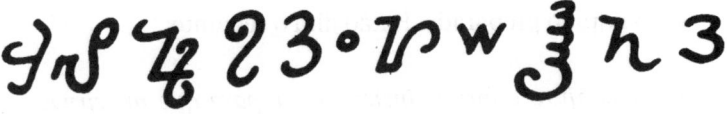

Figura 9

Uma vez desenhado, diz-se: "*Quare Fremuerunt gentes et popule maditati sunt inania?*" Então faz-se a ilustração mostrada na figura 10 e repete-se o Salmo CXV: *Credidi propter quod locutos sum*.

Figura 10

Finalmente, no último dia do mês, vosso tapete estará consagrado e pronto para ser usado.

As armas do poder

No dia determinado para sua consagração, quando a Lua estiver cheia, e numa hora entre a meia-noite e as seis da manhã, o mago, tendo já preparados o líquido e os perfumes do ritual, gravará na arma os sinais a ela destinados, e que estão indicados na imagem de cada instrumento mais adiante. Em seguida acenderá uma chama, passará a lâmina no fogo por três vezes e depois espalhará sobre ela o líquido preparado. Então dirá o seguinte:

Eu te conjuro e formo, instrumento, para que me sirvas em meus trabalhos da Arte, pela virtude e pela influência do planeta em cuja hora estás fabricado; pela virtude dos elementos, pedras preciosas, ervas, neves, granizos e ventos. É meu desejo que possuas todas as virtudes preciosas para que eu possa fazer os trabalhos que me proponho com verdadeira segurança. Eu vos invoco neste meu trabalho, ó espíritos superiores, que respondeis aos nomes de Damahu, Lumech, Gadal, Pancia, Valoas, Marod, Lamidoch, Ancretan, Mitran e Adonai, para que me ajudeis em todos os trabalhos que me proponho realizar para poder chegar ao conhecimento das ciências que vós possuis.

Feito isso, colocará a arma em uma bolsa grande de seda vermelha, perfumará com pós de rosa e de lírio-de--florença e guardará para quando deva ser usada.

Faca de cabo branco

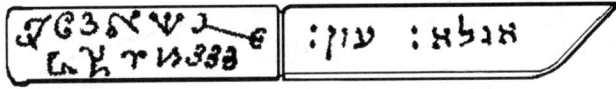

Esta é a faca usada para as tarefas práticas da Arte, como cortar ervas, galhos e ingredientes de feitiços, gravar símbolos em velas, madeira etc. Tem lâmina de aço, reta e com fio em um só lado, e cabo de chifre branco. Sua preparação deve ser feita no dia de Júpiter, que é a quinta-feira. O líquido será uma tigela de água com uma pitada de sal, um jorro do óleo de Abramelin e uma gota de sangue do operador, e será misturado no momento da operação.

Faca de cabo preto

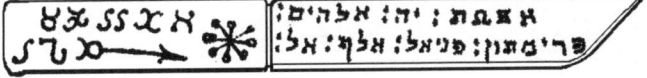

Esta é a faca dos sacrifícios, entre os quais se inclui a incisão na pele para extrair gotas de sangue necessárias em alguns rituais. Sua lâmina é igual à da faca de trabalho, mas seu cabo será de chifre preto. Ela deve ser preparada no dia de Saturno, que é o sábado. O líquido será uma tigela de água com uma pitada de pimenta negra, um jorro de óleo de Hécate e uma gota de sangue do operador, e será preparado no momento da operação.

Punhal

É usado para traçar símbolos mágicos no ar e para gestos de poder. A lâmina é reta, curta e com fio duplo, e o cabo é de chifre preto. Este instrumento deverá ser preparado no dia de Mercúrio, que é a quarta-feira, banhando-o no mesmo líquido descrito para a faca de cabo branco.

Espada

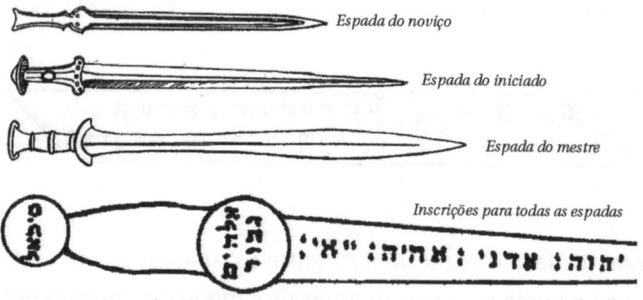

É usada para traçar o círculo no início das cerimônias e para gestos de poder. A lâmina é reta, longa e com fio duplo. O cabo, que não deve formar a sombra da cruz, pode ser feito de osso ou de madeira de aveleira, sabugueiro ou amendoeira. Serão feitas espadas diferentes para o noviço, o iniciado e o mestre: como regra geral, a do noviço é a menor, e a do mestre, a maior. Para fazer esta arma, deverá escolher-se o dia de Marte, que é a terça-feira, durante o reinado de Capricórnio, que vai de 21 de dezembro até 21 de janeiro. Deverá ser banhada no mesmo líquido descrito para a faca de cabo branco.

As varas mágicas

Bastão

É usado como cetro, para desenhar símbolos e governar energias. Deve ser feito de um galho de sabugueiro ou amendoeira, reto e que não tenha nenhum broto, limpo de sua casca. Será cortado no dia do Sol, que é o domingo. Os símbolos serão gravados no dia de Mercúrio (quarta-feira). Uma vez terminado, se dirá a seguinte conjuração:

Ó, poderoso Adonai! Suplico tua intercessão para que dês a esta vara a virtude e a graça que possuís, pelos séculos dos séculos. Amém.

Em seguida se esparzirá com água limpa de rio, colhida num domingo.

Forquilha do adivinho

Deve-se procurar uma aveleira ou amendoeira silvestre que não tenha sido cultivada por mão humana. Nela se deve procurar um ramo que tenha a forma de uma forquilha, ou uma letra "V", bem aberta. Achado o galho, deve-se esperar por um dia do Sol, ou seja, um domingo, entre os dias 2 e 30 de junho; então o mago tomará a faca de cabo branco e, com ela na mão, deverá estar ao pé da árvore quando o Sol surgir no horizonte, quando dirá:

Eu vos conjuro, grande Adonai, Eloim, Ariel e Jeová! Que me sejais propícios nesta hora, concedendo a esta varinha que vou tomar a força e a virtude que possuíram Jacó, Moisés e Josué. Volto a suplicar-vos, Adonai, Eloim, Ariel e Jeová! Que a adorneis com a força de Sansão, a ciência de Hiram e a sabedoria de Salomão, para que eu possa, por vossa intercessão e pelas virtudes com que a adornastes, descobrir tesouros, metais, águas e tudo que se acha oculto aos meus olhos.

Depois de pronunciar essas palavras com grande fé, o mago contemplará o Sol e cortará a varinha com três golpes. Já em casa, raspará sua casca e a submergirá em água pura de rio, repetindo três vezes a invocação:

Ó, vara de virtude rara! Vales muito mais que o ouro, por ti chegarei ao tesouro, e tu sempre serás vara.

Depois, perfumará a vara com incenso e a guardará cuidadosamente.

Varinha misteriosa

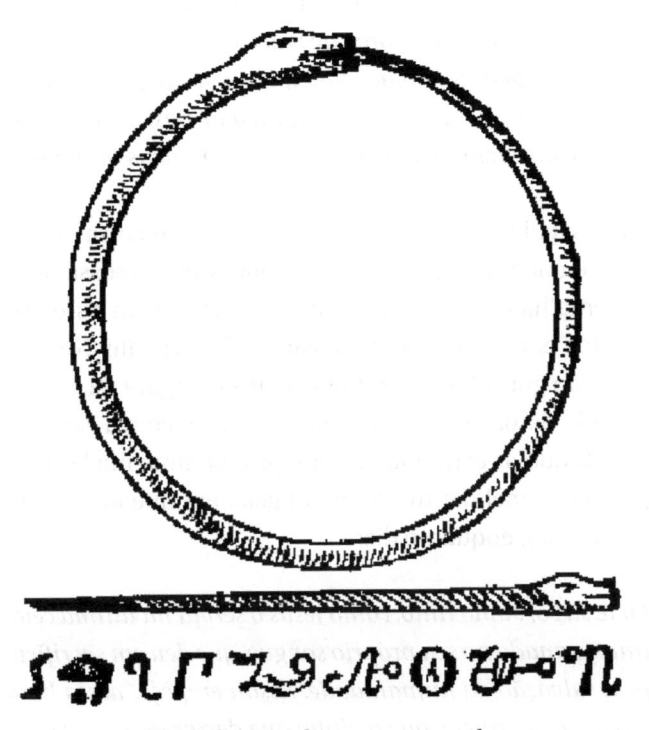

Símbolos que devem ser gravados

Para fazer essa varinha, deve-se buscar, na beira de um rio de água cristalina, um junco silvestre bem grosso. Numa quinta-feira, que é o dia de Júpiter, durante o mês de junho, logo ao nascer o Sol, com a faca de cabo branco na mão, o mago dirá a seguinte oração:

Eu vos conjuro, grande Adonai, Eloim, Ariel e Jeová! Que me sejais propícios nesta hora, concedendo a esta varinha que vou tomar a força e a virtude que possuíram Jacó, Moisés e Josué. Volto a suplicar-vos, ó Adonai, Eloim, Ariel e Jeová! Que a adorneis com a força de Sansão, a ciência de Hiram e a sabedoria de Salomão, para que eu possa, por vossa intercessão e pelas virtudes com que a adornastes, vencer todos os contratempos desta vida e todos os meus inimigos.

Em seguida, cortará um pedaço medindo cerca de um metro, que levará para casa. Na ponta mais grossa deve ser entalhada a cabeça de uma serpente com os olhos abertos e, na outra ponta, a cauda da serpente. No corpo serão gravados os símbolos vistos na figura da página 41. Feito isso, o mago formará um círculo com a varinha, prendendo as extremidades juntas com uma fita branca; porá esse anel dentro de uma tigela, em que derramará vinho tinto, enquanto diz:

Eu te sirvo, vinho tinto, como Jesus o serviu na última ceia, transformado no seu próprio sangue, que deu em sacrifício pela salvação da humanidade. Assim eu peço, nessa hora solene de sacrifício, que o vinho que derramo sobre a vara lhe conceda o poder de vencer meus inimigos, tanto físicos quanto espirituais, e até mesmo as coisas que possam me prejudicar, o que espero que me seja concedido pela intercessão de Adonai, Eloim, Ariel e Jeová, presentes neste ato.

Logo tirará a varinha da tigela, lavá-la-á em água de rio, perfumará com incenso e guardará. Tudo deve ser feito no mesmo dia.

Material para escrita

A tinta para escrever pactos, conjuros etc.

Os pactos devem ser escritos com uma tinta especial, que será feita do seguinte modo:

Ponde numa tigela nova água de rio. Pegai alguns caroços de damasco e levai-os ao fogo para torrá-los até que virem carvão; quando já estiverem bem pretos, tirai do fogo e reduzi a pó. Juntai a ele uma quantidade igual de cinza de carvão, o dobro de casca de acácia moída e o quádruplo de goma arábica também moída. Misturai muito bem e juntai com a água na tigela.

Mas até agora tendes apenas uma tinta comum. Para que ela tenha efeitos mágicos, é preciso adicionar-lhe carvão de ramos de heléboro colhidos na véspera de São João, perfeitamente socados, e carvão de broto de parreira cortado na Lua cheia de março. Tudo bem misturado, será fervido por cinco noites seguidas, suspendendo a operação durante o dia. A cada vez que se comece a cocção, se invocarão os espíritos sobrenaturais. Terminando de fazer a tinta, ela será exposta de noite ao ar livre, de modo que os raios da Lua minguante caiam sobre ela e a impregnem com sua virtude mágica. Feito isso, a tinta está pronta para a escritura de pactos, orações e demais documentos, por meio dos quais vos poreis em comunicação com os espíritos.

Pena consagrada

Tomarás uma pena de ganso, coruja ou corvo, e cortarás a ponta da sua haste na forma de uma pena de escrever. Num dia de Júpiter, à luz da Lua cheia, dirás:

Eu te consagro, ó, pena sem par, nesta hora solene, em honra do poderoso e excelso Adonai, ao qual penso dedicar os primeiros trabalhos que fizer e a quem conjuro para que revista tua lâmina com os dons mágicos necessários para que sirva bem a todos os meus experimentos.

O papel e a linguagem dos escritos mágicos

O papel usado para escrever os pactos, orações e encantamentos deve ser pergaminho virgem.

Os sinais de escrita são os do antigo hebraico ou samaritano; a língua, hebraico ou latim.

Material de costura

Os tecidos

Os tecidos mais usados para as roupas cerimoniais são o linho e a lã. Para fazer sacos e outros acessórios de utensílios e talismãs, usa-se a seda na cor adequada. Em alguns casos, também podem ser usados couros ou peles.

As agulhas

As agulhas mágicas são feitas de espinhos de ouriço-cacheiro, osso ou metal. Sua consagração segue as mesmas regras indicadas para o punhal.

As linhas

As linhas para coser e bordar devem ser de linho, lã, seda, cabelos, fios de ouro e prata, ou outros indicados em casos especiais.

Materiais e utensílios diversos

Óleo de Abramelin

Numa noite de Lua cheia, misturai quatro partes de canela em pó, duas partes de mirra moída bem fina, uma parte de gengibre em pó e sete partes de azeite de oliva. Deixai macerar por um mês. Passado esse tempo, decantai o óleo, passando-o para um frasco limpo. Este é o óleo de unção bíblico, utilizado nas cerimônias que invocam os espíritos celestes.

Óleo de Hécate

Na primeira noite da Lua minguante, providenciai três colheres de mirra, um ramo de pinheiro, um ramo de hortelã e meio litro de óleo mineral. Socai as ervas e a resina, e ponde-as num frasco junto com o óleo. Guardai durante um mês. Na Lua minguante seguinte, coai o óleo e guardai-o num frasco limpo. Este óleo é usado nas cerimônias que invocam os espíritos inferiores.

Outros materiais

Os unguentos usados nas cerimônias podem ser feitos com sebo, goma vegetal, graxa ou óleo, aos quais são misturadas as ervas e resinas adequadas ao efeito desejado. As velas devem ser feitas de sebo ou cera virgem. Fazem-se fogueiras de madeira doce, óleo ou resina.

Deveis ter guardados, em lugar secreto, materiais que serão necessários para muitos feitiços e experimentos, como ossos, pelos, espinhos, penas, chifres, unhas e outras partes de diferentes animais, terras e pedras variadas, fragmentos de diversos metais, ervas, sementes, raízes e outras partes vegetais, insetos secos, retalhos de tecidos, cera, alfinetes, pregos, papéis, fitas, incensos, cartas de baralho, moedas, fios e gorduras.

Utensílios diversos

Os vasos e potes serão de barro e servirão para queimar perfumes e preparar misturas. Os castiçais e incensórios serão de metal ou barro. Os cozimentos serão feitos em caldeirão de ferro, com colher de metal ou madeira. Deveis ter ainda bandejas e tesouras usadas somente nos trabalhos da Arte.

As vestes do mago e seus acessórios

O traje do mago inclui uma túnica interior, de linho, e uma capa e um gorro ou capuz feitos de lã fina. A cor do gorro e da capa será o negro, sendo bordados, em seda vermelha, os caracteres da parte do peito e as palavras do capuz; e com fio de ouro e prata as estrelas e demais signos. Na túnica podem ser bordados, no peito, os símbolos dos planetas, estrelas e nomes de Deus; nas costas da capa, é comum que seja bordada uma estrela de Davi, um pentagrama ou o triângulo mágico. No capuz devem ser postos os seguintes nomes: Jeová, na parte de trás; Adonai, no lado direito; Eloim, à esquerda; e Gibor, na frente.

Os sapatos serão de couro branco. Neles se desenharão os símbolos planetários com a pena consagrada, a qual se molhará em uma solução de cinabre (vermelho da china, pigmento vermelho) em pó, misturado com água e goma arábica, o que, bem preparado, fará o efeito de tinta.

Algumas vezes o feiticeiro não pode obter os artigos indicados para cada operação. Neste caso, pode usar uma simples veste negra com o pentagrama da magia bordado em seda cor de laranja.

Vestes para as invocações principais

Uma veste de linho preto sem costura e sem mangas pode ser usada com um capuz leve, cor de chumbo, tendo nele gravados os signos da Lua, de Vênus e de Saturno, e as palavras ALMALEC, APHIEL, ZARAPHIEL. A tiara a ser usada deve ser feita de verbena e cipreste; os perfumes queimados são: aloés, cânfora e estoraque.

Vestes para experimentos de vingança

Se a cerimônia é realizada para neutralizar um inimigo, a veste deve ser negra ou cinza-escura, ao passo que uma argola de chumbo é usada em torno do pescoço. O adepto deve usar um anel guarnecido de uma ônix, e as guirlandas da cabeça devem ser trançadas de cipreste e heléboro. Os perfumes recomendados são: enxofre, escamônea, alúmen e assafétida.

Vestes para experimentos de justiça

Para trabalhos de justiça, as túnicas devem ser cor de sangue, fogo e ferrugem. O mago usará uma corrente na cintura, braceletes para ambos os pulsos e um anel simples ornamentado com ametista, no dedo mínimo da mão esquerda. É importante que todos estes acessórios sejam feitos de aço. A tiara deve ser entrelaçada de losna (absinto) e arruda, e guarnecida de ouro.

Vestes para experimentos de amor e graça

Para trabalhar com magia de amor, as vestes devem ser azul-celeste, os ornamentos de cobre e a coroa de violetas. O anel mágico encantado é de turquesa, enquanto a tiara e as fivelas são de lápis-lazúli e berilo. Rosas, murta e oliva são as flores e essências exigidas.

SEGUNDO LIVRO DE SÃO CIPRIANO
DOS TALISMÃS

Os talismãs são objetos mágicos que possuem virtudes maravilhosas. Eles foram inventados pelos caldeus e egípcios, e são de muitas espécies.

Os talismãs devem ser feitos por pessoas iniciadas nas ciências ocultas, em uma hora regida pelo astro conveniente e invocando a influência do planeta sob o qual se coloca o talismã.

Os talismãs têm geralmente a forma circular, mas podem ser feitos na forma de um pentágono, hexágono, octógono etc. O tamanho varia com o gosto do seu artífice, podendo ser maior ou menor, desde que tenha todos os signos postos nos lugares próprios.

Grandes talismãs ou chaves da Arte mágica

Talismã imantado

É um talismã com grandes propriedades mágicas, pois irradia a influência dos sete planetas. Ele favorece seu possuidor nos negócios, nos amores, nas viagens, no jogo, nas lutas etc.

Esse talismã deve ser feito com materiais e cores dos sete planetas e, depois de pronto, tocado com um ímã, o que fará com que possa transmitir a influência dos planetas aos seres que o cercarem.

Depois de pronto, o talismã deve ser posto dentro de um saquinho de pano verde, junto com uma pitada de limalha de ferro, como alimento para o talismã, e sete grãos de trigo, como oferenda aos sete planetas. Esta cerimônia deve ser feita num domingo, logo ao nascer do Sol.

O saquinho deve ser pendurado ao pescoço com um cordão verde, de tamanho suficiente para que o talismã fique na altura do coração.

Talismã imantado

Grande talismã Dominatur ou chave dos pactos

Este talismã é a chave que abre as portas para as ciências ocultas e que serve também para todos os tipos de pactos, pois obriga os espíritos a apresentarem-se a quem os leva. Ele tem a forma de uma pequena chave feita de ouro, latão e bronze, que será fabricada na primeira hora da manhã de um domingo. A seguir, toma-se um pedaço de pergaminho de tamanho suficiente para colocar a chave sobre ele, no qual se traçam os símbolos dos sete planetas e os nomes de Deus: Jeová, Adonai, Eloim. Coloca-se a chave por cima, junta-se um pequeno ímã e se diz:

No nome três vezes santo e poderoso do Supremo Criador de todas as coisas, no nome do Filho e do Espírito Santo; pela graça concedida aos anjos da luz, pela que me foi dada ao ser criado como pessoa à imagem e semelhança de Deus; pelo poder que conferiu aos sete planetas, Sol, Lua, Marte, Mercúrio, Júpiter, Vênus e Saturno, para reinar, influenciar e dominar tudo que há em cima e embaixo da terra e das águas; pelas palavras sagradas que encerra este talismã dominador; pelos nomes dos bons espíritos Adonai, Eloim, que possa ter, por tua mediação, o domínio absoluto sobre as criaturas, os espíritos e os elementos.

Coloca-se tudo dentro de uma bolsinha de seda vermelha e se perfuma com pós de incenso e mirra. Essa bolsinha deverá ser pendurada ao pescoço, na altura do coração.

Todos os domingos, na primeira hora da manhã, deve-se colocar na bolsinha uma pitada de limalha de ferro, como alimento para o talismã, e sete grãos de trigo como oferenda para os sete planetas. Antes de fazer isso, o saquinho deve ser limpo da oferenda do domingo anterior.

Dragão vermelho

Este poderoso talismã, que se acredita ter sido dado pelo rei Salomão ao arquiteto do Templo, faz com que seu possuidor seja entendido e obedecido por todos; ele poderá pedir tudo que desejar, e as portas antes fechadas se abrirão para ele. Os inimigos se reconciliarão com ele, será respeitado por pobres e ricos, sua sabedoria será imensa, sua riqueza crescerá, terá uma vida longa e muita saúde.

A imagem do dragão deve ser gravada numa placa feita de uma liga dos sete metais que recebem a influência dos sete planetas. O talismã será fabricado numa quinta-feira, quando ocorrer uma conjunção entre o Sol e a Lua (ou seja, um eclipse solar).

Para gozar de suas virtudes, todos os dias, ao nascer do Sol, após lavar e perfumar o corpo, seu dono deverá repetir as palavras que o mago Anacharsis disse a Moisés: "Jobsa, Jalma, Afia." A seguir, porá na boca do dragão um pedacinho de cânfora do tamanho de um grão de trigo. Então colocará o dragão numa bolsinha de pano vermelho, junto com um ímã, dizendo: "Adonai, Almalec, Elocai, vosso poder e sabedoria estejam comigo, agora e sempre, amém", e levará essa bolsa consigo por todo o dia, junto ao peito, na altura do coração.

Anel de Salomão

O talismã mais famoso de todos foi o anel de Salomão, que dava ao seu possuidor o domínio sobre todas as coisas. Esse anel deve ser feito num domingo do mês de maio, logo ao amanhecer. Ele será de ouro puro, tendo engastada, no centro, uma esmeralda em que foi gravado o símbolo do Sol. No lado oposto à pedra, diretamente sobre o ouro, grava-se o símbolo da Lua. Entre esses extremos, devem-se gravar os caracteres mostrados na figura da página seguinte. Para que o anel adquira seu grande poder, deve ser posto em contato com um ímã ao nascer do Sol, quando se recita a saudação:

Eu vos dedico, senhor poderoso Alfa e Ômega, substância e espírito de toda a Criação, a lembrança diária da minha alma, que espera Vossa divina proteção, em quantas obras eu tenha que executar neste dia.

O anel deve ser usado no dedo anular da mão direita.

Talismã exterminador

Este talismã tem um imenso poder sobre os espíritos malignos, pela virtude da cruz, do escorpião e dos círculos cabalísticos que contém. Aquele que o usar poderá impor sua vontade aos espíritos e, se ele for posto sobre uma pessoa possuída por um Demônio, ela imediatamente ficará livre.

O talismã deve ser preparado numa noite de sábado, entre as dez horas e a meia-noite, com a Lua cheia e o céu limpo e sereno, e sob a invocação de Saturno. Será feito com uma mistura dos metais de todos os planetas, mas com a predominância do chumbo. Nele serão gravados os sinais que aparecem na ilustração a seguir. Depois de pronto, deverá ser exposto durante trinta noites, das dez horas à meia-noite, às influências planetárias. O talismã deve ser então posto dentro de uma bolsinha de pano vermelho, junto com um ímã, e usado junto ao peito.

Talismãs planetários ou selos dos espíritos

São impressos, gravados ou cinzelados sobre pedra, metal ou outro material que corresponda ao astro de que se deseja obter o poder sobrenatural. Além das virtudes que os tornam úteis no dia a dia, os talismãs planetários são usados pelo mago, pendurados ao pescoço, nas cerimônias e nos experimentos feitos sob a proteção de um determinado planeta.

Existem muitos desenhos de talismãs planetários; a seguir são apresentados alguns modelos deles.

Talismã do Sol

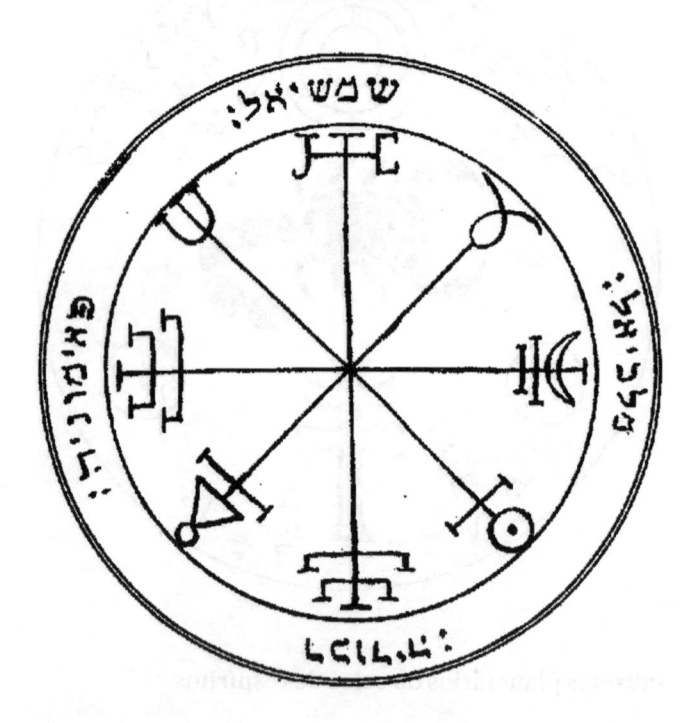

Deve ser amarelo, de ouro. Concede os favores e a benevolência dos poderosos, honras, riqueza e apreciação geral.

Talismã da Lua

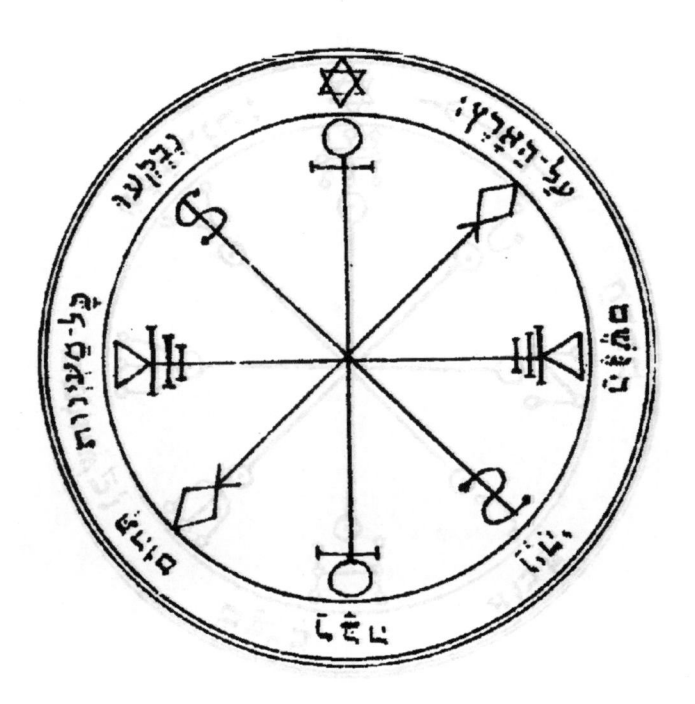

Deve ser branco, de prata. Protege contra as enfermidades e, com relação aos viajantes, contra todos os perigos.

Talismã de Marte

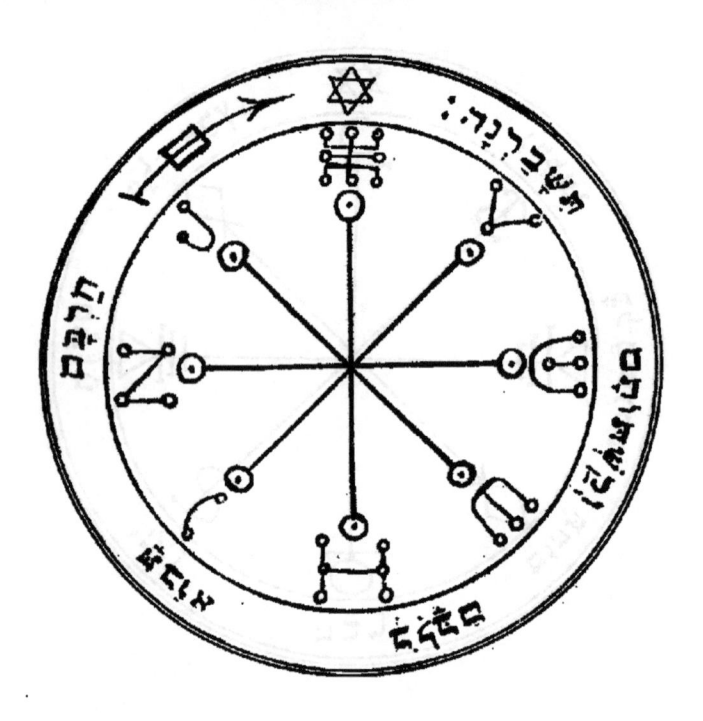

Deve ser vermelho, de ferro. Torna seu portador invulnerável e dá força e vigor.

Talismã de Mercúrio

Deve ser verde e vermelho, de latão. Dá prudência, discrição, inteligência e memória; posto sob o travesseiro, gera sonhos felizes e verdadeiros.

Talismã de Júpiter

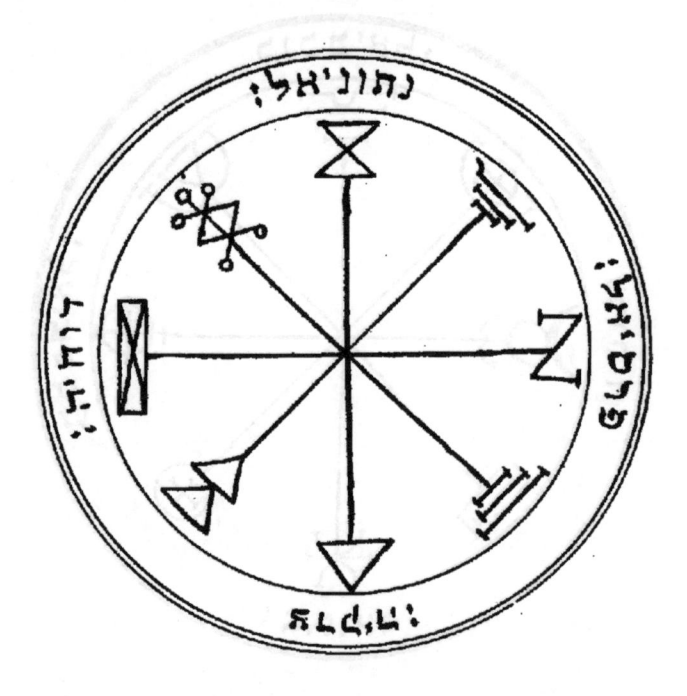

Deve ser azul-celeste, de estanho. Afasta os pesares e os temores, e propicia o sucesso em todos os empreendimentos.

Talismã de Vênus

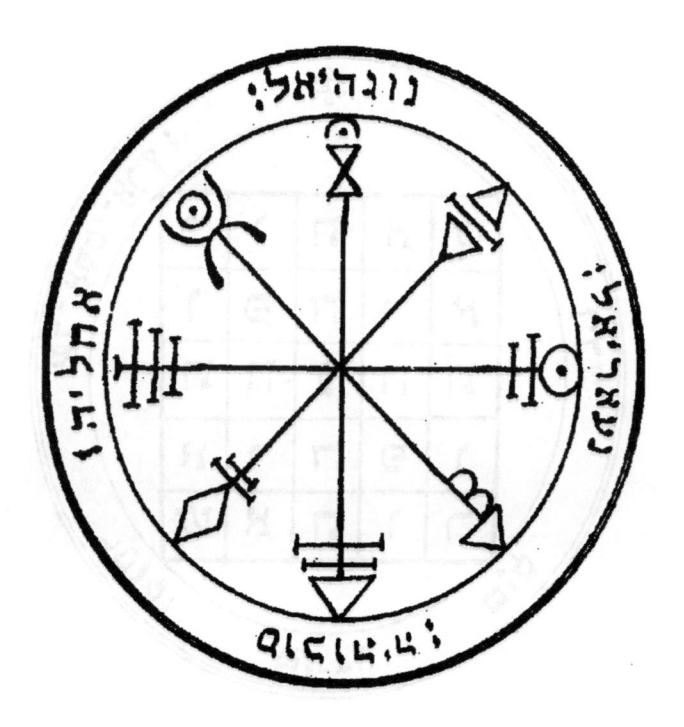

Deve ser verde, de cobre. Apaga os ódios, inspira amor e dá gosto pelas artes, especialmente a música.

Talismã de Saturno

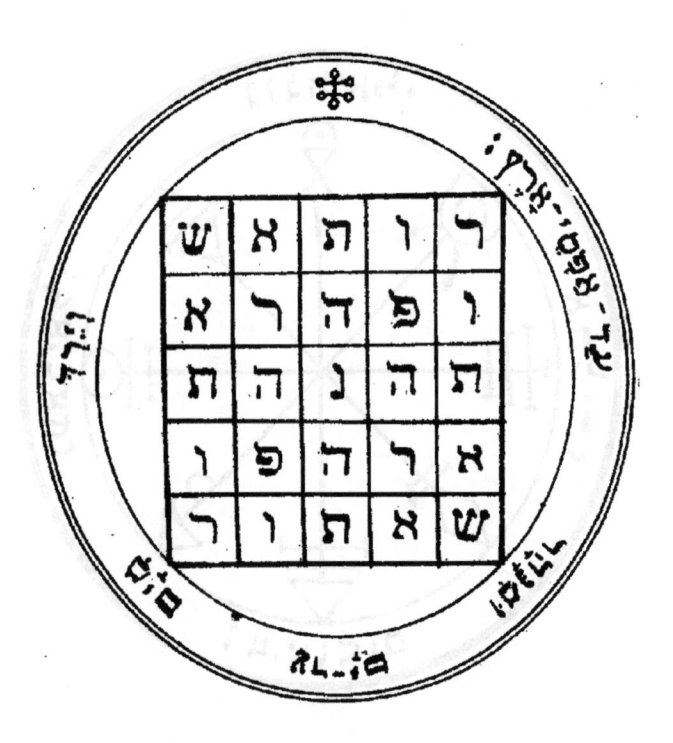

Deve ser negro, de chumbo. Afasta os inimigos e dá segurança, proteção e solidez.

Outros talismãs muito poderosos

Grande talismã das constelações

Deve ter a forma de um disco. Terá no centro o Sol, representado por uma estrela de sete pontas, sendo a inferior amarela e as demais, seguindo no sentido do relógio: laranja, verde, azul, anil, vermelha e violeta. Os espaços entre as pontas da estrela serão preenchidos com triângulos, cada um feito no metal de um dos sete planetas e com o símbolo do planeta desenhado. Entre os raios amarelo e laranja ficará o latão com o símbolo de Mercúrio; entre o laranja e o verde, o cobre com o símbolo de Vênus; depois o estanho com o símbolo de Júpiter; o ouro do Sol, já representado no centro da estrela; o chumbo com o símbolo de Saturno; o ferro com o símbolo de Marte; e a prata com o símbolo da Lua. Esse esquema será inscrito num círculo dividido em doze partes iguais, que conterão os símbolos das constelações do Zodíaco, na posição em que aparecem na figura.

Deve ser feito numa noite de sexta-feira, entre as dez horas e a meia-noite, com a Lua cheia e o céu limpo e sereno, sob a regência de Vênus. Ao fazê-lo se dirá a seguinte invocação:

Recebe, ó admirável metal, as grandes influências de todos os astros, e em particular de Vênus, para que possuas todas as graças e virtudes necessárias para me dar a felicidade, o poder e a glória que eu desejo nesta hora. Assim seja.

Esta invocação deve ser repetida todas as noites, por trinta dias, expondo-se o talismã às influências benéficas dos planetas. Para usá-lo serão observadas as regras descritas para o Dragão vermelho.

Cruz de São Bartolomeu

Como fazer a cruz

Cortam-se três pedaços de pau de cedro, um mais comprido e dois mais curtos; prendem-se os paus formando uma cruz de dois braços horizontais; depois cobrem-se os paus com alecrim, arruda e aipo. Coloca-se, nas pontas de cada braço e da haste vertical, uma pinha pequena de cipreste; deixa-se a cruz em água benta por três dias seguidos; retira-se então à meia-noite, dizendo:

Cruz de São Bartolomeu, a virtude da água em que estiveste, e das plantas e madeiras de que és formada, me livre das tentações do espírito do mal e traga sobre mim a graça que gozam os bem-aventurados. Em nome do Pai, do Filho e do Espírito Santo. Amém.

Estas palavras devem ser ditas quase imperceptivelmente e deve-se repeti-las por quatro vezes.

Como usar a cruz

A cruz pode ser guardada dentro de um saquinho de seda preta, ou mesmo andar junto ao corpo, suspensa ao pescoço por um cordão preto. A pessoa que a levar deve fazer o máximo para ocultá-la, e, quando desconfiar que alguém lhe lançou um mau-olhado, deve, na ocasião em que se deitar, beijar três vezes a cruz e dizer a oração acima mencionada.

Ao levantar-se deve, também, beijar três vezes a cruz e rezar em seguida um Pai-nosso e uma Ave-maria.

Talismã para obter riquezas com jogo ou trabalho

Manda-se fazer uma figa de azeviche, recomendando-se que a faça com uma faca nova e de aço fino. Leva-se logo em seguida a figa ao mar, suspensa por uma fita de Santa Luzia, e passa-se com ela três vezes, sete vezes ou vinte e uma vezes pelas espumas das ondas. Enquanto assim se está procedendo, reza-se três vezes o Credo, muito baixinho, quase imperceptivelmente, e se oferece à Santa Luzia uma vela de quarta, isto é, que dura a quarta parte de um dia (seis horas).

O jogador deverá levar a figa sempre ao pescoço, tendo, porém, o cuidado de não se deixar cegar pela ambição, nem tampouco se arrastar pela cobiça, para tirar desta receita um resultado satisfatório.

TERCEIRO LIVRO DE SÃO CIPRIANO
DAS CERIMÔNIAS SECRETAS DE INICIAÇÃO

Esta parte deve ser feita com muita exatidão, pois convém que o iniciado passe por todas as fases, que são: desejo, perseverança e domínio. A primeira pertence ao noviço, ou seja, o desejo de aprender. A segunda, ao iniciado, que precisa da perseverança para chegar ao fim; e a terceira, ao mestre, que é o verdadeiro mago, pois atingiu o domínio absoluto da Arte.

Ritual de iniciação do noviço para feiticeiro ou feiticeira

Este é o ritual completo de iniciação de um jovem noviço, um rapaz ou uma moça, para a categoria de sacerdote do culto secreto, por uma sacerdotisa do mesmo.

Em primeiro lugar a sacerdotisa e o noviço banham-se em água quente e então entram no lugar de iniciação, completamente nus.

A sacerdotisa entra no grande círculo mágico sozinha, deixando o noviço do lado de fora. Retraça o círculo usando seu punhal e deixando uma entrada. A seguir, aproximando-se da entrada, ergue seu punhal em arco e completa o círculo. Serpenteia em torno do círculo três vezes na direção dos ponteiros do relógio com um passo de dança, chamando os Poderosos do Leste, do Sul, do Oeste e do Norte para se apresentar; então, dançando em torno várias vezes, em silêncio, clama:

— Eko, Eko, Azarak, Eko, Zomelak, Bagabi Lacha bachabe, Lamac Lacha achababe, Karrellyos, Lamac Lamac Bachlyas, Cabahagy sabalyos, Baryolos, Lagoz atha cabyolas, Samahac atha famolas, Hurrahya.

A sacerdotisa agora deixa o círculo mágico pela porta e se aproxima do jovem noviço, dizendo:

— Como não há aqui outro irmão, devo ser sua madrinha além de sacerdotisa. É o momento de lhe dar um aviso. Se você ainda mantiver a mesma opinião, responda com estas palavras: "Amor Perfeito e Confiança Perfeita."

A sacerdotisa agora encosta a ponta do punhal no coração do noviço, dizendo as palavras:

— Ó tu, que estás no limiar, entre o mundo dos prazeres do homem e os domínios da magia, tens a coragem de fazer esta prova? Por que em verdade eu digo que seria melhor lançar-se contra minha faca e morrer miseravelmente do que aventurar-se com medo no coração.

O jovem então responde:

— Tenho duas senhas: Amor Perfeito e Confiança Perfeita.

A sacerdotisa, deixando cair a ponta do punhal, diz:

— Todos os que trazem estas palavras são duplamente bem-vindos.

Então, passando por trás do noviço, venda seus olhos, junta as mãos dele para trás, com o próprio braço esquerdo em volta da cintura dele e depois, puxando o braço direito dele em torno do pescoço e seus lábios para os dela, diz:

— Dou-lhe a terceira senha: um beijo!

Empurrando-o através da entrada para o grande círculo com os seios encostados em seu peito e a região púbica aos seus órgãos genitais, ela fecha a entrada atrás de si, riscando com o punhal três vezes o fechamento de todos os círculos. Agora conduz o jovem para o sul do altar, dizendo:

— Agora é a prova.

Toma um pedaço pequeno de corda do altar e amarra no tornozelo direito, deixando uma ponta livre, dizendo:

— Pés nem amarrados, nem livres.

A seguir, com uma corda grande, também no altar, amarra as mãos do novato firmemente às costas dele, passando pelo pescoço (assim seus braços formam um triângulo), deixando a ponta da corda pendurada em um cabo virado para a frente. Com a ponta em sua mão esquerda e o punhal na outra, o noviço é conduzido na direção do movimento dos ponteiros do relógio em volta do círculo para leste, onde saúda com o punhal, proclamando então:

— Preste atenção, ó espírito da sabedoria: (diz o nome do noviço), adequadamente preparado, será feito sacerdote e feiticeiro.

Conduzindo-o, dá uma volta nas direções sul, oeste e norte, onde são feitas proclamações semelhantes. Então, abraça-o com seu braço esquerdo, o punhal ereto na mão direita, fazendo-o perambular em volta do círculo três vezes, com um passo meio correndo, meio dançando. Obriga-o a parar do lado sul do altar, dá onze pancadas num sino e ajoelha-se aos pés dele, dizendo:

— Em outras religiões o postulante ajoelha, enquanto o sacerdote clama o supremo poder. Mas na magia somos ensinados a ser humildes.

Então segue dizendo:

— Abençoados sejam seus pés que te trouxeram por estes caminhos — e beija-lhe os pés.

— Abençoados sejam seus joelhos que se ajoelharão ante o altar sagrado — beija os joelhos.

— Abençoado seja seu órgão reprodutor, sem o qual não existiríamos — beija os órgãos genitais.

— Abençoado seja seu peito, formado de beleza e força — beija o peito.

— Abençoados sejam seus lábios, que repetiram os nomes sagrados — beija os lábios.

A seguir, o noviço se ajoelha ante o altar e é amarrado pela corda que forma um anel, de modo que fique inclinado para a frente. Agora seus tornozelos são amarrados. Então, a sacerdotisa bate o sino três vezes, dizendo:

— Estás pronto a jurar que serás fiel à Arte mágica para sempre?

— Sim — responde o noviço.

A sacerdotisa bate o sino sete vezes e diz:

— Primeiro deve ser purificado.

Tomando um açoite do altar, bate na traseira dele, primeiro três, depois sete, nove e então vinte e um golpes ao todo, dizendo ao fim das pancadas:

— Estás sempre pronto a proteger, ajudar e defender seus irmãos da Arte?

— Sim — responde o noviço.

— Então, repita depois de mim: Eu, (seu nome), na presença do grande mestre, faço de livre vontade o mais solene juramento de que manterei para sempre e nunca revelarei os segredos da Arte, exceto a uma pessoa de confiança, especialmente preparada dentro do círculo como estou agora, e que jamais negarei os segredos a outra pessoa, se um irmão ou uma irmã da mesma crença responder por ele. Tudo isto eu juro, e que minhas armas se voltem contra mim se eu quebrar este juramento solene.

Tiradas as cordas dos pés dele, que teve a venda removida, mas ainda está com as mãos atadas, a sacerdotisa diz, ajoelhando-se em frente a ele:

— Por este meio eu te consagro com óleo.

E toca com óleo o membro, o peito esquerdo, o direito e o membro de novo. Forma-se um triângulo.

— Por este meio te consagro com o vinho.

Desta vez toca com vinho o membro, então o peitilho direito e o esquerdo, e o membro outra vez. Novamente se forma um triângulo.

— Por este meio te consagro com os meus lábios.

Tocando com os lábios os mesmos pontos anteriormente citados e na mesma direção, ela completa mais uma vez o sinal triangular. Levanta-se e liberta finalmente as mãos dele. Continua:

— Agora te presenteio com os instrumentos de trabalho de um feiticeiro.

Ela apanha a espada do altar e, movendo-a para tocá-lo, diz:

— Primeiro a espada mágica. Tal qual o punhal, esta será usada para formar os círculos mágicos, dominando, subjugando e punindo todos os espíritos rebeldes e Demônios. Com isto em tuas mãos, és o chefe do círculo mágico.

Beija-o e diz:

— A seguir, apresento o punhal. Esta é a verdadeira arma do feiticeiro, tem todos os poderes da espada mágica.

Beija-o de novo:

— Agora apresento a faca de cabo branco. É usada para formar todos os instrumentos usados na Arte. Pode ser usada apropriadamente dentro do círculo mágico.

Beija-o ainda uma vez e diz:

— Agora apresento o incensório, isto é para encorajar e dar boas-vindas a todos os espíritos.

Um beijo a mais.

— Segue-se o açoite, que é um símbolo de poder e dominação, é também para causar sofrimento e purificação, por isto está escrito: "Para aprender deves sofrer e ser purificado." Desejas sofrer para aprender?

— Sim — responde o noviço.

Mais um beijo.

— Agora eu finalmente apresento as cordas usadas para amarrar e reforçar sua vontade. São também necessárias ao juramento.

Beija-o outra vez, dizendo:

— Saúdo-te em nome do espírito supremo, recém-formado sacerdote e feiticeiro.

Ambos perambulam pelo círculo, e ela proclama aos quatro cantos:

— Ouça, grande mestre, (diz o nome do recém-formado sacerdote) foi consagrado sacerdote e feiticeiro.

É o fim da cerimônia, e o noviço foi devidamente transformado em um sacerdote do culto.

É preciso assinalar que esta cerimônia pode ser efetuada por um feiticeiro, homem ou mulher; não pode ser realizada a menos que estejam o noviço devidamente preparado, o círculo certo e o equipamento preparado. Realizá-la em outras circunstâncias é arriscar-se a ser lançado às mais negras profundezas do Inferno.

Ritual de iniciação de um sacerdote à condição de alto sacerdote

Este ritual segue semelhante ao de iniciação, até a proclamação final feita pela alta sacerdotisa ao grande mestre. A seguir, o sacerdote é atado como antes, mas sem os olhos vendados, e a sacerdotisa diz:

— Ouça, grande mestre, (diz o nome do sacerdote), um sacerdote, foi devidamente consagrado e está agora adequadamente preparado para ser um alto sacerdote da Arte.

Novamente é levado a andar à volta do círculo (guiado pela ponta de um cabo) e atado ao altar como antes no ritual já visto. A alta sacerdotisa então diz:

— Para alcançar este sublime desejo, é necessário sofrer e ser purificado. Estás preparado para sofrer e aprender?

— Sim — diz o sacerdote.

— Prepara-te para fazer o grande juramento.

Agora, bate o sino sobre o altar três vezes, então levanta o açoite e golpeia-o levemente como antes, três, sete, nove e vinte e uma pancadas em toda a extensão das nádegas, e diz:

— Agora te dou um novo nome, (diz o novo nome). Repita seu novo nome depois de mim, dizendo: Eu, (seu novo nome), juro pelas entranhas de minha mãe e por meus irmãos e irmãs de Arte que jamais revelarei absolutamente nenhum dos segredos da Arte, exceto a uma pessoa de valor, devidamene preparada no centro do círculo mágico, tal qual agora. Isto eu juro e me volto à completa destruição, se quebrar este juramento solene.

O sacerdote repete. Ajoelhando-se agora, e colocando sua mão esquerda sobre os joelhos dele e a mão direita na cabeça, a sacerdotisa diz:

— Induzo todo o meu poder a ti.

Libertados os pés da corda, o sacerdote volta ao altar e é ajudado a levantar-se como anteriormente foi dito. Com o polegar mergulhado em óleo, ela toca o membro e o peito direito, cruzando para a virilha esquerda e em direção à virilha direita e para baixo em direção ao membro outra vez. Assim, marcando-o com o pentagrama da magia, diz:

— Consagro-te com óleo.

Agora, mergulha o polegar no vinho e faz o mesmo sinal anterior, dizendo:

— Consagro-te com vinho.

Então, caindo de joelho beija os lugares marcados com óleo e vinho, seguindo o mesmo sinal anterior (o pentagrama invertido), dizendo:

— Consagro-te com meus lábios, alto sacerdote e mago.

Levanta-se, desata as mãos dele e diz:

— Agora usarás os instrumentos de trabalho por tua vez.

Prepara-o para receber a espada do altar e retraçar o círculo mágico em volta deles, beijando-o.

— Agora, para receber o punhal, procedo do mesmo modo (beija-o de novo).

Preparado, toma a faca de punho branco e inscreve o pentagrama da magia numa vela (outro beijo).

Outra preparação, ele toma o bastão mágico e o agita aos quatro cantos (novamente um beijo). Preparado outra vez, toma o pentagrama e exibe-o aos quatro cantos (beijo).

Ela agora toma as cordas do altar, pede para ser amarrada como ele estava antes e diz:

— Aprenda que na magia deve retribuir sempre o triplo. Como eu te açoitei assim deves me açoitar, porém três vezes. Onde eu apliquei três açoites, dê nove, onde foram sete, dê vinte e um, onde nove, vinte e sete, onde vinte e um devolva sessenta e três.

Depois de terminado isto, a sacerdotisa dirá:

— Deve obedecer a lei, mas marque bem: quando receber o bem então terá o dever de devolver o bem, triplicado.

Para terminar, levantando o punhal e carregando a espada, ele é levado ao redor do círculo e ela proclama aos quatro cantos:

— Ouvi, o espírito (nome) foi devidamente consagrado alto sacerdote e mago.

Isto encerra a cerimônia.

QUARTO LIVRO DE SÃO CIPRIANO
DOS EXPERIMENTOS MÁGICOS

Sobre o tempo das operações mágicas

Horas e virtudes dos planetas

É muito conveniente conhecer as horas em que cada planeta domina no universo e os experimentos que se devem fazer segundo o planeta regente. Para isso deve-se ter sempre presente que o Sol governa o domingo; a Lua, a segunda-feira; Marte, a terça-feira; Mercúrio, a quarta-feira; Júpiter, a quinta-feira; Vênus, a sexta-feira; e Saturno, o sábado.

Certos dias da semana são mais propícios às diferentes formas de magia: domingo para sucesso e saúde, segunda-feira para mudança e paz, terça-feira para vingança ou justiça, quarta-feira para estudo e trabalho, quinta-feira para alegria e riqueza, sexta-feira para amor e amizade, e sábado para limpeza e proteção.

Os experimentos devem ser feitos durante a noite, da meia-noite em diante, em tudo que se refira a invocações e conjuros. Para descobrir tesouros, minas, águas etc., deverão utilizar-se as horas da madrugada, desde a primeira claridade do alvorecer até logo antes do nascer do Sol. As horas de Saturno, Marte e Vênus são boas para falar com os espíritos. As de Mercúrio, para achar coisas roubadas, tesouros ocultos, águas e minas. As de Júpiter, para chamar as almas dos mortos. As da Lua e do Sol têm virtudes maravilhosas, e por isso servem para todos os tipos de experimentos.

Dias favoráveis e desfavoráveis às operações mágicas

Dias favoráveis

janeiro - 3, 10, 27, 31
fevereiro - 7, 8, 18
março - 3, 9, 12, 14, 16
abril - 5, 17
maio - 1, 2, 4, 6, 9, 14
junho - 3, 5, 7, 9, 12, 23
julho - 2, 6, 10, 23, 30
agosto - 5, 7, 10, 14, 29
setembro - 6, 10, 13, 18, 30
outubro - 13, 16, 25, 31
novembro - 1, 13, 23, 30
dezembro - 10, 20, 29

Dias desfavoráveis

janeiro - 13, 23
fevereiro - 2, 10, 17, 22
março - 13, 19, 23, 28
abril - 18, 20, 29, 30
maio - 10, 17, 20

junho - 4, 20
julho - 5, 13, 27
agosto - 2, 13, 27, 31
setembro - 13, 16, 18, 19
outubro - 3, 9, 27
novembro - 6, 25
dezembro - 15, 26, 31

Modo de executar os experimentos

Uma vez que o experimentador tenha todo o conhecimento necessário, e vocação e fé suficientes, deverá preparar os instrumentos de que vai precisar na operação, os quais defumará, invocando para eles as virtudes mágicas com a seguinte oração:

Ó, admirável Adonai, que reinas e moras em toda a criação, sendo árbitro soberano de tudo! Humildemente imploro tua proteção nesta hora suprema para que adornes estes instrumentos de que me vou servir com todas as virtudes necessárias, para que eu obtenha o resultado que desejo no experimento mágico que quero executar. Cede ao meu rogo, ó poderoso Adonai, já que eu te imploro com a fé verdadeira que requeres de todos os que solicitam tua ajuda. Eu ofereço, em troca do teu serviço, tudo quanto sou e valho, e até o sangue das minhas veias, se dele queres dispor, pondo-o como selo de nosso pacto e eterna amizade.

Dita esta oração e dispostos todos os instrumentos no lugar devido, o mago traça o grande círculo da Arte. Com a espada, faz um círculo em volta do altar, andando no sentido horário, a partir do leste. Põe em cada ponto cardeal um dos nomes divinos: no leste, Jehova; no sul, Emmanuel; no oeste, Tetragrammaton; e no norte, Jeiah. A seguir, completa o traçado com os nomes e signos indicados na figura. Acende as velas e os defumadores no altar e nos pontos indicados pelas estrelas, e está pronto para começar os experimentos.

O mago deverá estar livre de preconceitos, e ter a imaginação limpa de qualquer pensamento que não seja dedicado ao trabalho que vai executar. Lavará o rosto e a cabeça com água de rio, e dirá:

Purifica esta água, ó poderoso Adonai, para que eu seja purificado e limpo, a fim de ser digno de poder te contemplar em toda a tua majestade e a tua beleza. Assim seja.

Depois disso, deve se enxugar com calma. A seguir, tomará pós de rosa e lírio-de-florença, com os dedos polegar e indicador da mão esquerda, e os espalhará no pescoço e no colo. Perfumará da mesma forma as vestes e, ao vestir cada peça, dirá:

Que as graças de Adonai se ponham sobre minha pessoa com a mesma vontade e o mesmo carinho com que cubro meu corpo com esta roupa que preparei com todas as regras da Arte, a fim de me tornar digno dos espíritos a quem vou invocar. Assim seja.

Quando estiver completamente vestido, dirá:

Nesta hora solene quero invocar-vos com toda a minha vontade e todo meu bom desejo, e vós, espíritos excelsos que me acompanhais em meus trabalhos, Astroschio, Asath, Bedrimubal, Felut, Anabatos, Sergem, Gemen, Domos e Arbatel, para que me sejais propícios e me ilumineis nas coisas que minha inteligência humana não possa compreender com clareza, suprindo defeitos que em meu trabalho haja, em atenção a meu bom desejo e vontade. Assim seja.

Feito isso, pode passar a executar o trabalho.

As invocações são iguais para o noviço, o iniciado e o mestre; só se distinguem porque o noviço deve usar a súplica; o iniciado, a persuasão; e o mestre, o domínio ou mando. É conveniente que as invocações aos espíritos celestes e aéreos sejam feitas em tempo claro e sereno, e aos terrestres, em tempo tempestuoso e com o céu coberto de nuvens.

Sendo variada a natureza dos espíritos, também o é a forma como se apresentam. Assim, os que são de natureza aérea se apresentam em forma de nuvens; os de natureza aquática, como chuva; os do fogo, rodeados de chamas; os terrestres, obscuros e pesados; e os celestes, belos e luminosos.

Mesmo presumindo que os espíritos podem se achar em qualquer ponto do universo quando é feita a invocação, é util saber que sua residência ordinária é o oriente para os espíritos aéreos, o ocidente para os aquáticos, o norte para os da terra e o sul para os do fogo. Mas as invocações devem ser feitas sempre para os quatro pontos cardeais, a fim de que tenham a eficácia necessária, posto que é mais seguro de acertar onde estão os espíritos cuja aparição se solicita.

though
QUINTO LIVRO DE SÃO CIPRIANO
DOS ESPÍRITOS EM GERAL

Sobre os fantasmas

Fantasmas são almas do mundo espiritual, que vêm a este mundo corporal em busca de orações que as purifiquem dos erros que cometeram quando vivas. Os Demônios poucas vezes aparecem como fantasmas, porque eles foram anjos e não têm corpos para se revestir; assim, quando virdes uma figura de animal, é certo ser Demônio, e deveis esconjurá-lo. Mas se for figura humana, é uma alma que busca alívio às suas penas.

As almas aparecem como fantasmas só aos crentes nos seres espirituais, e não aos incrédulos, porque nisso nada aproveitam ou, o que é pior, recebem maldições. E é um grande erro amaldiçoar os servos do Senhor, que voltam ao meio dos vivos em busca de alívio e assim encontram mais penas! Quem assim fizer, só poderá esperar da justiça divina ser pago na mesma moeda. Assim, quando vos aparecer uma visão, não a esconjureis, porque então ela vos amaldiçoará, vos empecerá em todos os vossos negócios, e tudo vos correrá torto; porém, quando sentirdes uma visão, recorrei à oração, que assim aliviareis aquele mendigo que busca esmolas das pessoas caritativas.

Há espíritos que não adotam o sistema de aparecer em fantasmas, mas aparecem nas casas dos seus parentes, fazendo barulho de noite, arrastando cadeiras, mesas e tudo quanto há na casa; um dia matam um bicho, outro dia quebram algo, e assim corre tudo para trás naquela casa, por falta de inteligência dos habitantes, porque, se recorressem logo às orações, seriam livres do espírito e cometeriam uma obra de caridade, e, no último dia da sua vida, lhe seriam abertas as portas do Céu.

Sobre os espíritos superiores e inferiores

Os espíritos, também chamados de Inteligências, se diferenciam dos fantasmas porque foram criados por Deus antes da existência do mundo material e terreno. A eles o Criador deu as tarefas de auxiliá-lo no governo da Criação. Tanto os espíritos superiores quanto os inferiores podem ser invocados nas operações mágicas; para isso servem os selos ou as assinaturas que serão traçados em orações, pactos ou talismãs.

Os espíritos superiores

Há três classes de Inteligências ou espíritos superiores: os supremos, as supercelestes, as celestes e as comuns, como veremos a seguir.

O espírito supremo

É o criador de todas as coisas, eterno, infinito, que não obedece a ninguém. Tudo no universo constitui uma única vida, animada pelo espírito supremo, e nada existe que não seja alimentado por ele. Dele derivam todos os outros espíritos, que são parte do todo e a ele voltam quando cumprem sua missão no mundo.

Os espíritos supercelestes

São os que formam a mais alta hierarquia celestial. O primeiro é Adonai, o anjo de luz, que recebe ordens diretamente do espírito supremo. A seguir vêm Eloim e Jeová, a serviço de Adonai. Abaixo deles, recebendo suas ordens e passando-as para os espíritos executores, vêm Metatron, Azrael, Astrochio, Elói, Milech, Ariel e Zenaoth.

Os espíritos supercelestes estão voltados diretamente para Deus, o centro da Criação. Não governam os corpos do mundo material, mas recebem a luz de Deus e influenciam as classes espirituais inferiores, às quais distribuem os respectivos ofícios.

Os espíritos celestes

Habitam o firmamento e os astros que giram no espaço, e são os executores das ordens dos níveis hierárquicos superiores. Há sete espíritos governantes das esferas celestes, com funções diferentes, conforme o astro a que são ligados. Och preside os atributos do Sol; dá vida longa e saúde, e ensina a medicina. Phul governa os poderes da Lua; favorece a cura de doenças, protege os viajantes e dá vida longa. Phaleg preside os atributos de Marte; propicia a ascensão em carreiras de armas e estabelece a paz. Ofiel, ligado a Mercúrio, possui o poder da transmutação dos metais em que se funda a alquimia. Bethor preside os atributos de Júpiter; cria as pedras preciosas, transporta objetos de um lugar a outro, confere altas dignidades a pessoas merecedoras e dá longevidade. Hageth preside a influência de Vênus; dá beleza e graça. Aratron preside os atributos de Saturno; ensina a magia, torna os seres invisíveis e lhes dá vida longa.

Cada um desses comanda um grupo de espíritos, pertencentes a um determinado grau da hierarquia celeste. Os números na lista abaixo se referem ao número de ordem na ilustração que apresenta os selos desses 72 espíritos.

Na esfera do Sol vivem os Reis, que devem ter seu selo gravado em ouro: (1) Bael, (9) Paimon, (13) Beleth, (20) Purson, (32) Asmoday, (45) Viné, (51) Balam, (61) Zagan e (68) Belial.

Na esfera de Vênus vivem os Duques, que devem ter seu selo gravado em cobre: (2) Agares, (6) Valefor, (8) Barbatos, (11) Gusion, (15) Eligos, (16) Zepar, (18) Bathin, (19) Sallos, (23) Aim, (26) Buné, (28) Berith, (29) Astaroth, (41) Focalor, (42) Vepar, (47) Vual, (49) Crocell, (52) Alloces, (54) Murmur, (56) Gremory, (60) Naphula, (64) Haures, (67) Amdukias e (71) Dantalion.

Na esfera de Júpiter vivem os Príncipes, que devem ter seu selo gravado em estanho: (3) Vassago, (12) Sitri, (22) Ipos, (33) Gaap, (36) Stolas, (55) Orobas e (70) Seeré.

Na esfera da Lua vivem os Marqueses, que devem ter seu selo gravado em prata: (4) Samigina, (7) Amon, (14) Leraje, (24) Naberius, (27) Ronové, (30) Forneus, (35) Marchosias, (37) Phenex, (43) Sabnock, (44) Shax, (59) Oriax, (63) Andras, (65) Andrealphas, (66) Kimaris e (69) Decarbia.

Na esfera de Mercúrio vivem os Presidentes, que devem ter seu selo gravado numa liga metálica que contenha mercúrio: (5) Marbas, (10) Buer, (17) Botis, (25) Glasya-Labolas, (31) Foras, (39) Malphas, (48) Haagenti, (53) Camio, (57) Ose, (58) Avnas e (62) Valu.

Na esfera de Marte vivem os Condes, que devem ter seu selo gravado numa liga formada por partes iguais de cobre e prata: (21) Marax, (34) Furfur, (38) Malthas, (40) Raum, (46) Bifrons e (72) Andromalius.

Na esfera de Saturno vive o Cavaleiro (50) Furcas, que deve ter seu selo gravado em chumbo.

Esses espíritos estão sob as ordens dos quatro grandes reis que governam os pontos cardeais: Amaymon, do leste; Corson, do oeste; Ziminiar, do norte; e Goap, do sul. Estes grandes espíritos não são chamados, exceto em ocasiões excepcionais; mas são invocados para que ordenem aos seus subordinados que façam aquilo que estamos pedindo. Os reis estão disponíveis das 9 da manhã ao meio-dia, e das 3 horas da tarde até o pôr do Sol; os marqueses, das 3 horas da tarde até as 9 da noite, ou das 9 da noite até o amanhecer; os duques, do amanhecer até o meio-dia, com tempo claro; os presidentes, a qualquer hora, exceto no crepúsculo; os condes, a qualquer hora também, em matas e lugares silenciosos, sem atividade humana; os cavaleiros, do anoitecer até o amanhecer.

Selos dos 72 espíritos celestes

1) Bael	2) Agares	3) Vassago	4) Samigina	5) Marbas	6) Valefor
7) Amon	8) Barbatos	9) Paimon	10) Buer	11) Gusion	12) Sitri
13) Beleth	14) Leraje	15) Eligos	16) Zepar	17) Botis	18) Bathin
19) Sallos	20) Purson	21) Marax	22) Ipos	23) Aim	24) Naberius
25) Glasya-labolas	26) Buné	27) Ronové	28) Berith	29) Astaroth	30) Forneus
31) Foras	32) Asmoday	33) Gaap	34) Furfur	35) Marchosias	36) Stolas

Quinto livro de São Cipriano 97

37) Phenex	38) Malthas	39) Malphas	40) Raum	41) Focalor	42) Vepar
43) Sabnock	44) Shax	45) Viné	46) Bifrons	47) Vual	48) Haagenti
49) Crocell	50) Furcas	51) Balam	52) Alloces	53) Camio	54) Murmur
55) Orobas	56) Gremory	57) Ose	58) Avnas	59) Oriax	60) Naphula
61) Zagan	62) Valu	63) Andras	64) Haures	65) Andrealphas	66) Kimaris
67) Amdukias	68) Belial	69) Decarbia	70) Seeré	71) Dantalion	72) Andromalius

Os espíritos comuns

São como ministros que governam o mundo terreno, sob as ordens das Inteligências superiores. Eles dirigem assuntos pessoais, viagens, combates, negócios, adversidades e prosperidade. São divididos em quatro ordens, segundo os quatro elementos (terra, água, fogo e ar), as quatro forças da alma (sentimento, razão, imaginação e sensação) e os quatro pontos cardeais.

No espaço aéreo vivem os silfos, amáveis e dóceis, amantes da ciência, serviçais para os sábios e engenhosos, e inimigos dos tolos e ignorantes. Eles seguem a razão e favorecem o poder racional, a vida ativa. Nos rios e mares vivem as ondinas, que governam todos os assuntos ligados às águas. Sua ação sobre os seres humanos se dá pela influência sobre a imaginação, dando sonhos, ilusões, inspiração e criatividade. Os gnomos vivem nas entranhas da terra; eles favorecem a vitalidade, a vida vegetativa. Nos seres humanos, atuam sobre as emoções e a procriação. Seguem a sensação e favorecem a vida sensual. No centro ígneo da Terra, que é a região do fogo, vivem as salamandras, propícias aos filósofos. Elas seguem o sentimento e favorecem a contemplação.

Há também espíritos comuns adaptados a diferentes ambientes, corpos, tempos e atividades: os do dia e da noite, os das florestas, das montanhas, dos campos etc.; e os domésticos. Eles são tão familiarizados com a vida humana que estão sujeitos às mesmas paixões; e ensinam muitas habilidades às pessoas. Alguns são mortais, mas vivem muito mais tempo que um ser humano.

Existe ainda uma classe de seres invisíveis benéficos, chamados de "gênios familiares". Todo ser humano tem um gênio familiar que o inspira; mas os mais sábios, que se dedicam e esforçam no cultivo das qualidades intelectuais e espirituais, são mais sensíveis a essa influência, e por isso se tornam conhecidos como os grandes mestres da humanidade.

Existem também espíritos mais brutos, como os duendes, que costumam incomodar as pessoas com barulhos e outras manifestações, apenas para fazer com que percebam sua existência.

Os espíritos inferiores

Os espíritos ou Demônios inferiores, ou subterrâneos, são os mais ligados aos assuntos materiais, e os mais afeitos a interferir nas questões humanas. Assim como os espíritos celestes e comuns, os subterrâneos também são divididos de forma hierárquica.

Grandes chefes das legiões dos Demônios

O mais alto grau na hierarquia dos Demônios é ocupada pelo imperador Lúcifer, o príncipe Belzebu e o duque Astarot. Cada um deles comanda um par de espíritos de alta hierarquia, cada um dos quais, por sua vez, comanda outros espíritos. Sob o comando de Lúcifer estão Lucifugo e Satanakia; sob o de Belzebu, Agliarept e Fleurety; sob o de Astarot, Sargatanas e Nebiros.

Lucifugo, primeiro-ministro, tem o poder sobre riquezas e tesouros; comanda Bael, Agares e Arbas. Satanakia, grande general, tem o poder de dar e tirar o vigor; governa Prusias, Aamon e Barbatos. Agliarept, general, tem o poder de revelar coisas ocultas e mistérios; governa Buer,

Gusogyn e Botis. Fleurety, coronel, tem o poder de operar prodígios; governa Bathim, Hursan e Eligor. Sargatanas, brigadeiro, tem o poder de tornar invisível, levar uma pessoa a qualquer lugar e abrir portas; governa Loray, Valefor e Farai. Nebiros, marechal, tem o poder de vencer inimigos e ensinar as virtudes de plantas, animais e minerais; governa Ayperos, Naberus e Glosialabolas.

Outros Demônios que podem ser invocados nas operações mágicas

Entre os espíritos comandados por esses grandes chefes, alguns se destacam por suas virtudes. Claunek tem poder sobre as riquezas e faz achar tesouros. Musisin tem poder sobre os poderosos e os assuntos de governo. Frimost tem poder sobre as mulheres e ajuda a conquistá-las. Klepoth faz ter todos os tipos de sonhos e visões. Khil provoca grandes terremotos. Mersilde pode transportar qualquer um, em um instante, a qualquer lugar. Clisthert permite ter dia ou noite, quando se desejar. Sirchade faz ver todos os tipos de animais naturais e sobrenaturais. Hicpacth traz uma pessoa de longe em um instante. Humots pode trazer qualquer livro que se deseje. Segal realiza todos os tipos de prodígios. Frucissiere ressuscita os mortos. Guland produz todas as doenças. Surgat abre todo tipo de fechadura. Morail torna qualquer coisa invisível. Frutimiere faz surgir qualquer tipo de banquete. Huictiigaras faz dormir ou provoca insônia. Proculo faz uma pessoa dormir por quarenta e oito horas e agir no mundo do sono. Haristum permite atravessar o fogo sem ser tocado por ele. Brulefer faz ser amado pelas mulheres.

Pentagnony dá a invisibilidade e o favor dos poderosos. Aglasis pode levar qualquer pessoa ou coisa a qualquer lugar no mundo. Sidragosan adormece as inibições e aumenta os desejos. Minoson faz ganhar no jogo. Bucon provoca antipatia e ciúme entre pessoas de sexos opostos.

Selos de alguns espíritos inferiores

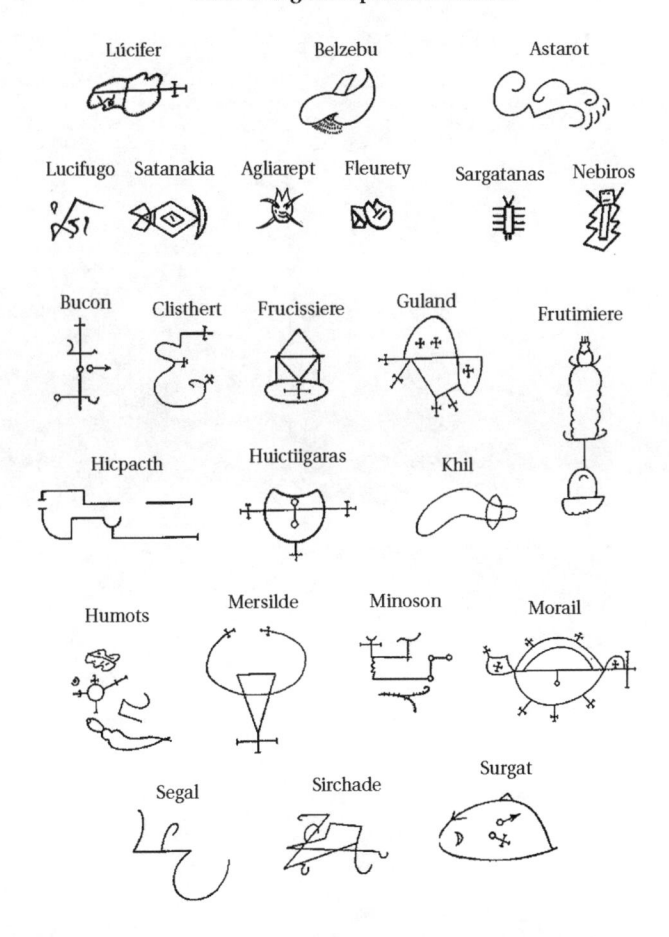

Lúcifer

Belzebu

Astarot

Lucifugo   Satanakia   Agliarept   Fleurety   Sargatanas   Nebiros

Bucon   Clisthert   Frucissiere   Guland   Frutimiere

Hicpacth   Huictiigaras   Khil

Humots   Mersilde   Minoson   Morail

Segal   Sirchade   Surgat

SEXTO LIVRO DE SÃO CIPRIANO
DA INFLUÊNCIA DOS DIAS E DE SEUS GÊNIOS

Cada ser humano tem do lado direito um anjo bom e do lado esquerdo um anjo mau, que o acompanham durante a existência. Assim, temos o anjo que nos protege e o que procura nos desencaminhar. E a luta é contínua entre os anjos; um sairá vencedor, devido ao livre-arbítrio que cada ser humano tem ao nascer. Cada um segue o caminho que quiser: o do bem ou o do mal.

Os anjos emanam da Divindade, e são 72 os intermediários entre a Terra e a Esfera Divina. Cada anjo protetor (ou Gênio) domina cinco dias durante o ano.

A tabela a seguir permite saber qual é o anjo protetor de uma pessoa. Para isso, basta localizar a linha onde está o dia do nascimento dessa pessoa: no início da linha está o número do gênio protetor desse dia. Feito isso, busca-se esse número na lista dos Gênios, para descobrir seu nome. Por exemplo, para os nascidos no dia 3 de abril, o anjo protetor, de número 15, é Hariel.

Dias regidos por cada um dos 72 gênios

1º Gênio rege 20 de Mar. 1 de Jun. 13 de Ago. 25 de Out. 6 de Jan.

2º Gênio rege 21 de Mar. 2 de Jun. 14 de Ago. 26 de Out. 7 de Jan.

3º Gênio rege 22 de Mar. 3 de Jun. 15 de Ago. 27 de Out. 8 de Jan.

4º Gênio rege 23 de Mar. 4 de Jun. 16 de Ago. 28 de Out. 9 de Jan.

5º Gênio rege 24 de Mar. 5 de Jun. 17 de Ago. 29 de Out. 10 de Jan.

6º Gênio rege 25 de Mar. 6 de Jun. 18 de Ago. 30 de Out. 11 de Jan.

7º Gênio rege 26 de Mar. 7 de Jun. 19 de Ago. 31 de Out. 12 de Jan.

8º Gênio rege 27 de Mar. 8 de Jun. 20 de Ago. 1 de Nov. 13 de Jan.

9º Gênio rege 28 de Mar. 9 de Jun. 21 de Ago. 2 de Nov. 14 de Jan.

10º Gênio rege 29 de Mar. 10 de Jun. 22 de Ago. 3 de Nov. 15 de Jan.

11º Gênio rege 30 de Mar. 11 de Jun. 23 de Ago. 4 de Nov. 16 de Jan.

12º Gênio rege 31 de Mar. 12 de Jun. 24 de Ago. 5 de Nov. 17 de Jan.

13º Gênio rege 1 de Abr. 13 de Jun. 25 de Ago. 6 de Nov. 18 de Jan.

14º Gênio rege 2 de Abr. 14 de Jun. 26 de Ago. 7 de Nov. 19 de Jan.

15º Gênio rege 3 de Abr. 15 de Jun. 27 de Ago. 8 de Nov. 20 de Jan.

16º Gênio rege 4 de Abr. 16 de Jun. 28 de Ago. 9 de Nov. 21 de Jan.

17º Gênio rege 5 de Abr. 17 de Jun. 29 de Ago. 10 de Nov. 22 de Jan.

18º Gênio rege 6 de Abr. 18 de Jun. 30 de Ago. 11 de Nov. 23 de Jan.

19º Gênio rege 7 de Abr. 19 de Jun. 31 de Ago. 12 de Nov. 24 de Jan.

20º Gênio rege 8 de Abr. 20 de Jun. 1 de Set. 13 de Nov. 25 de Jan.

21º Gênio rege 9 de Abr. 21 de Jun. 2 de Set. 14 de Nov. 26 de Jan.

22º Gênio rege 10 de Abr. 22 de Jun. 3 de Set. 15 de Nov. 27 de Jan.

23º Gênio rege 11 de Abr. 23 de Jun. 4 de Set. 16 de Nov. 28 de Jan.

24º Gênio rege 12 de Abr. 24 de Jun. 5 de Set. 17 de Nov. 29 de Jan.

25º Gênio rege 13 de Abr. 25 de Jun. 6 de Set. 18 de Nov. 30 de Jan.

26º Gênio rege 14 de Abr. 26 de Jun. 7 de Set. 19 de Nov. 31 de Jan.

27º Gênio rege 15 de Abr. 27 de Jun. 8 de Set. 20 de Nov. 1 de Fev.

28º Gênio rege 16 de Abr. 28 de Jun. 9 de Set. 21 de Nov. 2 de Fev.

29º Gênio rege 17 de Abr. 29 de Jun. 10 de Set. 22 de Nov. 3 de Fev.

30º Gênio rege 18 de Abr. 30 de Jun. 11 de Set. 23 de Nov. 4 de Fev.

31º Gênio rege 19 de Abr. 1 de Jul. 12 de Set. 24 de Nov. 5 de Fev.

32º Gênio rege 20 de Abr. 2 de Jul. 13 de Set. 25 de Nov. 6 de Fev.

33º Gênio rege 21 de Abr. 3 de Jul. 14 de Set. 26 de Nov. 7 de Fev.

34º Gênio rege 22 de Abr. 4 de Jul. 15 de Set . 27 de Nov. 8 de Fev.

35º Gênio rege 23 de Abr. 5 de Jul. 16 de Set. 28 de Nov. 9 de Fev.

36º Gênio rege 24 de Abr. 6 de Jul. 17 de Set . 29 de Nov. 10 de Fev.

37º Gênio rege 25 de Abr. 7 de Jul. 18 de Set. 30 de Nov. 11 de Fev.

38º Gênio rege 26 de Abr. 8 de Jul. 19 de Set. 1 de Dez. 12 de Fev.

39º Gênio rege 27 de Abr. 9 de Jul. 20 de Set . 2 de Dez. 13 de Fev.

40º Gênio rege 28 de Abr. 10 de Jul. 21 de Set. 3 de Dez. 14 de Fev.

41º Gênio rege 29 Abr. 11 de Jul. 22 de Set. 4 de Dez. 15 de Fev.

42º Gênio rege 30 de Abr. 12 de Jul. 23 de Set. 5 de Dez. 16 de Fev.

43º Gênio rege 1 de Mai. 13 de Jul. 24 de Set. 6 de Dez. 17 de Fev.

44º Gênio rege 2 de Mai. 14 de Jul. 25 de Set. 7 de Dez. 18 de Fev.

45º Gênio rege 3 de Mai. 15 de Jul. 26 de Set. 8 de Dez. 19 de Fev.

46º Gênio rege 4 de Mai. 16 de Jul. 27 de Set. 9 de Dez. 20 de Fev.

47º Gênio rege 5 de Mai. 17 de Jul. 28 de Set. 10 de Dez. 21 de Fev.

48º Gênio rege 6 de Mai. 18 de Jul. 29 de Set. 11 de Dez. 22 de Fev.

49º Gênio rege 7 de Mai. 19 de Jul. 30 de Set. 12 de Dez. 23 de Fev.

50º Gênio rege 8 de Mai. 20 de Jul. 1 de Out. 13 de Dez. 24 de Fev.

51º Gênio rege 9 de Mai. 21 de Jul. 2 de Out. 14 de Dez. 25 de Fev.

52º Gênio rege 10 de Mai. 22 de Jul. 3 de Out. 15 de Dez. 26 de Fev.

53º Gênio rege 11 de Mai. 23 de Jul. 4 de Out. 16 de Dez. 27 de Fev.

54º Gênio rege 12 de Mai. 24 de Jul. 5 de Out. 17 de Dez. 28/29 de Fev.

55º Gênio rege 13 de Mai. 25 de Jul. 6 de Out. 18 de Dez. 1 de Mar.

56º Gênio rege 14 de Mai. 26 de Jul. 7 de Out. 19 de Dez. 2 de Mar.

57º Gênio rege 15 de Mai. 27 de Jul. 8 de Out. 20 de Dez. 3 de Mar.

58º Gênio rege 16 de Mai. 28 de Jul. 9 de Out. 21 de Dez. 4 de Mar.

59º Gênio rege 17 de Mai. 29 de Jul. 10 de Out. 22 de Dez. 5 de Mar.

60º Gênio rege 18 de Mai. 30 de Jul. 11 de Out. 23 de Dez. 6 de Mar.

61º Gênio rege 19 de Mai. 31 de Jul. 12 de Out. 24 de Dez. 7 de Mar.

62º Gênio rege 20 de Mai. 1 de Ago. 13 de Out. 25 de Dez. 8 de Mar.

63º Gênio rege 21 de Mai. 2 de Ago. 14 de Out. 26 de Dez. 9 de Mar.

64º Gênio rege 22 de Mai. 3 de Ago. 15 de Out. 27 de Dez. 10 de Mar.

65º Gênio rege 23 de Mai. 4 de Ago. 16 de Out. 28 de Dez. 11 de Mar.

66º Gênio rege 24 de Mai. 5 de Ago. 17 de Out. 29 de Dez. 12 de Mar.

67º Gênio rege 25 de Mai. 6 de Ago. 18 de Out. 30 de Dez. 13 de Mar.

68º Gênio rege 26 de Mai. 7 de Ago. 19 de Out. 31 de Dez. 14 de Mar.

69º Gênio rege 27 de Mai. 8 de Ago. 20 de Out. 1 de Jan. 15 de Mar.

70º Gênio rege 28 de Mai. 9 de Ago. 21 de Out. 2 de Jan. 16 de Mar.

71º Gênio rege 29 de Mai. 10 de Ago. 22 de Out. 3 de Jan. 17 de Mar.

72º Gênio rege 30 de Mai. 11 de Ago. 23 de Out. 4 de Jan. 18 de Mar.

Anjo da Humanidade rege 31 de Mai. 12 de Ago. 24 de Out. 5 de Jan. 19 de Mar.

Influência dos gênios dos dias

1 VEHUIAH. Espírito sensível, muito talentoso, com paixão pelas artes e pelas ciências, executor de coisas difíceis. O anjo mau influi sobre os provocadores, preguiçosos, levando ao desânimo e à derrota.

2 JELIEL. Espírito alegre, maneiroso com o sexo oposto, cortês e possuidor de paixão. O anjo negativo desune casais, provoca maus costumes e gosta do celibato.

3 SITAEL. Espírito bondoso, inteligente, prudente e serviçal. Protege contra as disputas, intrigas, evita uso de armas e toda espécie de violência. O oposto é desleal, hipócrita e ingrato.

4 ELEMIAH. Espírito empreendedor, amante das viagens, que auxilia a vencer os obstáculos e a ter sucesso nas empresas; dá proteção quando o perigo se apresenta. O oposto é nocivo à sociedade, dá má educação e procura pôr obstáculo a qualquer realização.

5 MAHASIAH. Espírito que domina as artes, filosofia, ciências ocultas, facilita nos estudos, dá caráter honesto e tem gosto por prazeres sadios. O lado maligno domina a ignorância, a maldade e toda espécie de libertinagem.

6 LELAHEL. Espírito de altas aspirações, dominando a fama, as ciências e a fortuna, procurando talento para chegar ao reconhecimento público. O gênio oposto é orgulhoso, ambicioso e procura conseguir fortunas por meio pouco recomendável.

7 ACAIAH. Espírito bondoso e paciente, descobridor de assuntos que produzem luzes e engrandecimento; dá possibilidade de ser inventor. O lado oposto é descuidado, negligente e amigo da preguiça; é perigoso à sociedade.

8 CAHETMEL. Espírito religioso, trabalhador honesto, influi na produção agrícola e em outras atividades da natureza, como pesca e caça. O espírito contrário é nocivo às produções da terra e induz à mentira.

9 HAZIEL. Espírito religioso, cumpridor das obrigações; faz favores, é amigo fiel e dá proteção nos estudos e nas artes. O lado oposto domina o ódio e a falsidade, procura desunir e enganar seus semelhantes.

10 ALADIAH. Espírito que influi na cura das doenças; dá boa saúde, protege os negócios e a felicidade em geral. É contra a raiva (hidrofobia) e as pestes. O oposto é prejudicial à saúde e aos negócios.

11 LAOVIAH. Espírito da lealdade, talentoso, de bom coração; protege dos raios, procura a fama e a celebridade. O gênio contrário leva à calúnia, ao crime, ao orgulho e à ambição.

12 NAHAIAH. Espírito evolutivo, protege os sábios, dá alta espiritualidade, discrição, bons costumes; é leal e procura descobrir assuntos misteriosos. O contrário influi na mentira, na indiscrição e é abusado.

13 JEZALEL. Espírito amistoso, de fácil compreensão e reconciliação; boa memória e habilidade; fiel na vida conjugal. O gênio adverso é ignorante, mentiroso e tem aversão aos estudos.

14 MEHABEL. Espírito justiceiro, ama a liberdade e libera os oprimidos; protege os inocentes, gosta dos estudos relativos às leis criminais. O oposto é falso testemunho, caluniador em qualquer tipo de processo.

15 HARIEL. Espírito dominador das ciências e das artes, é generoso e de bons costumes. O gênio oposto é contrário aos bons costumes e provoca discórdia; é impiedoso e fundador de seitas perigosas.

16 HAKAMIAH. Protege os militares, é valente, tem caráter franco em questões de honra; fiel a seu juramento e extremamente apaixonado; contrário a seduções fáceis. O espírito contrário é falso, traidor, sedutor e provocador de discórdia, principalmente quanto a assuntos militares.

17 LAUVIAH. Espírito forte, dá ânimo contra a melancolia; tem sono calmo e revelações em sonhos; produz

descobertas, gosta de música, literatura, poesia. Domina sobre as ciências e proporciona grandes descobertas. O gênio oposto é de tendência má, alcoólatra, é inimigo das crenças e religiões.

18 CALIEL. Espírito da verdade, faz triunfar a inocência, é hábil nos trabalhos manuais, nas ciências e magistratura, tem amor total pela justiça. O gênio oposto domina as intrigas, os escândalos; nas disputas judiciais procura proveito financeiro, pois sendo vil faz a justiça declinar.

19 LEVIAH. Espírito inteligente, com memória fértil, torna a pessoa amável, modesta, paciente e resoluta. O contrário induz: depravação, aflições, desespero, perda de amigos e sofrimento.

20 PALMALIAH. Domina as religiões e a moral; inclina-se à castidade dando vocação para o sacerdócio. O oposto é libertino e renega as religiões.

21 NELCAEL. Espírito defensor dos caluniados, influi sobre os sábios; tem persistência e honra, amor por poesia e literatura. O contrário induz à ignorância, aos ódios, erros e preconceitos.

22 IEIAEL. Espírito que conduz à fortuna, à diplomacia, a viagens marítimas; protege contra as tempestades e os naufrágios. Ideias liberais e caritativas. O gênio oposto domina a pirataria, os corsários e traficantes.

23 MELAHEL. Defende das agressões, dá total segurança, protege em viagens. Induz ao destemor, à honradez; de natureza enérgica e amorosa. O gênio contrário é danoso à vegetação, procura produzir doenças e epidemias.

24 HAHUIAH. Espírito que alimenta a misericórdia, protege contra ladrões e assassinos, procura a verdade no

amor. O gênio contrário leva ao crime e a ações nefastas e ilícitas.

25 NITHAIAH. Conduz à sabedoria e à ciência oculta. Faz revelações em sonhos e favorece os estudos e a prática da religião. O gênio oposto protege os perniciosos e praticantes de artes maléficas, principalmente a magia negra.

26 HAAIAH. Espírito protetor da verdade, protege na política e em todas as convenções relacionadas com a paz. Tem influência em correspondência telegráfica e expedições secretas. O oposto influi nos conspiradores, ambiciosos e traidores.

27 ERATEL. Espírito que favorece a posição social, protege contra os inimigos, ama a liberdade, a justiça, as ciências e a literatura. O gênio oposto favorece a intolerância, a escravidão e os conspiradores.

28 SEHEIAH. Gênio protetor contra as destruições e as enfermidades, dá vida longa e prudência. O espírito oposto domina sobre as catástrofes e os acidentes, anima os que agem sem a devida reflexão.

29 REYEL. Protege dos inimigos, domina a filosofia e a meditação, influi no amor e derruba as obras dos ímpios. O espírito contrário domina os fanáticos, hipócritas e inimigos da religião e da moral.

30 OMAEL. Espírito consolador, paciente; inspira a propagação dos seres animais, influi sobre os médicos, químicos e cirurgiões. O espírito oposto é inimigo da propagação dos seres e é favorável às mortandades, especialmente aquelas de caráter monstruoso.

31 LECABEL. Espírito que domina sobre a agricultura, influi na Matemática, na Geometria e na Astronomia. Favorece o talento e proporciona ideias que poderão levar

à riqueza. O oposto domina a usura e a avareza, influindo no enriquecimento ilícito.

32 VASSARIAH. Espírito de justiça e nobreza; influi na magistratura e na advocacia; amável, modesto e dá boa memória. O gênio oposto domina todas as más qualidades do corpo e da alma.

33 IEHUIAH. Protege contra os traidores e combate as conspirações; dá energia e influi no cumprimento do dever. O gênio contrário provoca revolta e proporciona meios financeiros para a destruição e as seduções abjetas.

34 LEHAHIAH. Protege os governantes e chefes de empresas, dando-lhes talento e dedicação ao trabalho; proporciona paz e harmonia. O oposto procura a discórdia, provoca guerras, traições e ruína total dos semelhantes.

35 CAVAQUIAH. Espírito que domina as partilhas amigáveis em testamentos, procurando paz e harmonia familiar. O espírito contrário procura a discórdia, provoca processos duvidosos, é injusto e falso em tudo o que diz.

36 MENADEL. Espírito protetor contra as calúnias, liberta os prisioneiros, restitui os exilados, dá notícias sobre pessoas distantes. O gênio contrário protege os fugitivos e os que querem fugir para alguma terra distante a fim de escapar da justiça.

37 ANIEL. Gênio que favorece a vitória, inspira os sábios, possibilita o domínio das ciências e das artes; revela segredos, é bondoso e alegre. O oposto é perverso, enganador, charlatão, perturbador da ordem pública.

38 HAAMIAH. Espírito que domina as religiões, protege os que procuram a verdade. O gênio oposto induz à mentira, ao erro, é contrário a qualquer religião.

39 BEHAEL. Espírito forte, proporciona longa vida, protege contra as doenças, é amoroso com os familiares. O gênio oposto é cruel, traiçoeiro, estimula infanticidas e parricidas; é conhecido sob o nome de Terra Morta.

40 IEIAZEL. Gênio que favorece a imprensa, as livrarias, os homens de letras, os artistas e as ciências em geral. O gênio oposto domina as más influências do corpo e do espírito, alimenta total negativismo e irradiações maléficas.

41 HAHAHEL. Protetor das religiões, de seus seguidores e missionários. Proporciona energia e grandeza de alma, a ponto de não temer os maiores suplícios, motivado por sua alta religiosidade. O oposto influi nos renegados, pseudossacerdotes e apóstatas.

42 MICAEL. Espírito protetor dos governantes; proporciona aptidões políticas, honras e popularidade, especialmente na alta diplomacia. O gênio contrário favorece os traidores, falsificadores, mentirosos e malévolos.

43 VEUAHIAH. Espírito que proporciona liberdade aos escravos, preside a paz e conduz à glória militar. O oposto provoca a discórdia, alimenta guerras e separações de estados, dissemina orgulho e paixões.

44 IELAHIAH. Gênio que auxilia na vitória, ajuda nos processos difíceis e no sucesso nas empresas. O oposto estimula a guerra, causa flagelos, incita a crueldade.

45 SEALIAH. Espírito que proporciona a instrução; generoso, franco, valente, protege a vegetação, a saúde e tudo que respira. O gênio oposto domina as intempéries provocando grandes calores ou frios, secas e grandes umidades.

46 ARIEL. Espírito revelador de segredos e tesouros ocultos, de sonhos com objetos que se deseja possuir; ajuda

a resolver problemas mais difíceis. É prudente, de formação forte e sutil. O oposto é perturbador e imprudente, teimoso e desleal.

47 ASSALIAH. Espírito que confere caráter íntegro, é honesto, sutil e agradável. Amor à justiça; favorece o sucesso. O gênio oposto é depravado, escandaloso, desonesto e imoral.

48 MICHAEL. Gênio que conduz à paz entre os casais e protege a fidelidade conjugal. Transmite ideias amorosas, favorece a geração de seres, os passeios e divertimentos. O oposto provoca a discórdia entre casais, ciúmes, insegurança, inquietações e luxúria.

49 VEHUEL. Espírito protetor das grandes personagens; de caráter e alma sensíveis; em amor à literatura e à diplomacia, é generoso, talentoso e fiel. O gênio contrário é hipócrita, egoísta, maldoso e infiel nos compromissos.

50 DANIEL. Induz à misericórdia, é consolador; tem amor ao trabalho, à literatura, e gosto pela eloquência. O gênio oposto é parasita, desocupado e vive à custa de baixos expedientes.

51 HAHASSIAH. Gênio descobridor de mistérios, revelador de segredos da natureza. Domina a Química e a Medicina, gosta de música e da eloquência. O gênio contrário conduz os charlatões ao abuso da boa-fé de seus semelhantes.

52 IMAMIAH. Gênio que protege os prisioneiros e lhes inspira meios de obter a liberdade. Tem grande habilidade, é vigoroso, honesto e procura corrigir seus erros. O gênio oposto domina os orgulhosos, a malícia, é grosseiro, provocador e injusto.

53 NANAEL. Espírito que influi nos professores, magistrados, oradores, advogados e sacerdotes; adota como

norma a meditação, a privacidade e o repouso. O gênio oposto adota a ignorância, aprecia o que é pernicioso ao corpo e à alma.

54 NITHAEL. Gênio que domina sobre as altas personalidades civis e eclesiásticas, e os governantes; dá celebridade, eloquência e virtudes. Protege a estabilidade que mantém a paz e o progresso. O gênio oposto provoca desordens públicas, revoluções e queda de governos.

55 MEBAHIAH. Gênio consolador que domina a moral e a religião, dá esperança, influi no cumprimento do dever; é justo e bom. O gênio oposto é inimigo da verdade, da religião e da evolução da humanidade.

56 POIEL. Gênio que favorece a fortuna, a moderação, o talento, a estima, a justiça e o trabalho. O oposto é orgulhoso, tirano e ambicioso.

57 NEMAMIAH. Gênio de prosperidade, bravura, grandeza da alma, coragem; é pela paz e pela justiça. O oposto provoca traição, desarmonia, discussões entre pessoas.

58 IIEIALEL. Espírito consolador, cura as doenças, principalmente as dos olhos; domina o ferro e as pessoas que trabalham e negociam com ele. É bravo e apaixonado por Vênus. O gênio oposto é provocador de cólera e influi sobre os maus e homicidas.

59 HARAHEL. Espírito que domina casas de câmbio, tesouros, fundos públicos, bibliotecas, imprensa, livrarias. Transmite amor e faz com que os filhos sejam submissos e respeitadores dos pais; é simpático, prestativo. O oposto é fraudulento, produz ruínas e destruição por incêndio, e é inimigo das verdades.

60 MITSRAEL. Gênio que livra das perseguições, cura as enfermidades do espírito, domina pessoas ilustres que

se distinguem por seus talentos e suas virtudes. Possui boa formação de corpo e alma e vida longa. O oposto é insubordinado, dando más qualidades físicas e morais.

61 UMABEL. Espírito de caráter intrépido, inteligência, amizade, sensibilidade e prazeres honestos. O gênio oposto é da libertinagem e contra as coisas boas da natureza.

62 IAH-HEL. Gênio que influi na sabedoria, na filosofia, na iluminação, na solidão, na tranquilidade, no trabalho, na honestidade, na modéstia e na moderação. O oposto é provocador, amante do escândalo e do luxo; inconstante, provoca desunião e divórcio.

63 ANAUEL. Espírito que protege contra os acidentes, cura e conserva a saúde, domina o comércio e converte os descrentes. É gênio sutil, crítico e aplicado. O oposto é de má conduta e conduz à loucura.

64 MEHIEL. Gênio protetor contra os animais ferozes; protege os homens de ciência, os oradores, os professores, a imprensa e as livrarias. O gênio oposto influi sobre os falsos sábios, as controvérsias, disputas e críticas negativas.

65 DAMABIAH. Protege a sabedoria, provoca bom êxito nas empresas, favorece a construção naval, os marinheiros e os pescadores. Domina rios, mares e expedições marítimas. O oposto provoca naufrágios, maremotos e tempestades; procura a companhia dos falsos e corruptos.

66 MANAQUEL. Domina sobre a vegetação e os animais aquáticos; de caráter amável, é sincero; influi no corpo e na alma, no sono e nos sonhos. O gênio oposto alimenta o mau caráter, os trapaceiros.

67 EIAEL. Espírito consolador, dá sabedoria e conhecimentos de filosofia e altas ciências. O oposto induz ao erro e a preconceitos; é infiel e charlatão.

68 HABUHIAH. Espírito que domina sobre a agricultura e a fecundidade, protege a saúde, cura as doenças. O gênio oposto causa fome, provoca peste e insetos nocivos à produção agrícola, também a esterilidade.

69 ROCHEL. Domina fama, fortuna e heranças, protege os magistrados e jurisconsultos, ajuda a achar os objetos perdidos; é leal e justo. O gênio oposto provoca processos intermináveis em prejuízo dos legítimos herdeiros e ruína das famílias.

70 JABAMIAH. Espírito que domina sobre os fenômenos da natureza; ampara os que querem regenerar-se, influi na sabedoria das pessoas sob sua influência. O gênio oposto domina o ateísmo, escritos perigosos. Alimenta disputa entre editores, livrarias e papéis de compromissos.

71 HAIAIEL. Gênio que protege contra os opressores facilitando a vitória, proporciona energia e coragem; influi nas fortificações e nos arsenais militares; pela formação honesta, despreza os intrigantes e falsos. O oposto domina sobre os traidores, criminosos e discórdia em geral.

72 MUMIAH. Gênio que protege o sucesso nas empresas, domina a Física, a Química e a Medicina, dá saúde e vida longa, proporciona bons conhecimentos das leis da Natureza, favorecendo os médicos que se tornam célebres por curas maravilhosas. O gênio oposto provoca o desespero, o suicídio, é maldoso e indiferente ao sofrimento alheio.

GÊNIO DA HUMANIDADE. É o conjunto dos bons fluidos que envolvem o ser humano, proporcionando amor, justiça, bondade, prudência, inteligência e pacificação.

# SÉTIMO LIVRO DE SÃO CIPRIANO
DAS ORAÇÕES

Para saber a origem dos padecimentos de um enfermo

Se uma pessoa tem uma doença prolongada, desconhecida dos médicos e que não se consegue curar, é comum que seja atribuída aos espíritos, mas nem sempre isso é verdade. Para tirar a dúvida, o religioso que o enfermo procurar em busca de ajuda tem o recurso de orações apropriadas para identificar a origem do mal.

Primeira oração

O religioso, tendo consigo um talismã Exterminador, colocará a mão direita sobre a cabeça do enfermo e dirá:

Eu te rogo e ordeno, espírito desconhecido, em nome de Deus Todo-Poderoso, que me declares por que estás atormentando este corpo que cubro com a minha mão. Também quero que me digas o que pretendes ao fazer isso. Se me obedeceres, prometo rogar a Deus para que sejas purificado e levado para onde moram os anjos celestiais.

O objetivo desta oração é saber se a pessoa está possuída por um espírito. Se o enfermo não perceber alteração em seu estado, a doença certamente tem causas naturais. Se, quando se disser "... prometo rogar a Deus para que sejas purificado...", o doente se acalmar, é sinal de que está possuído por um espírito bom mas imperfeito, que erra em busca de orações e caridade. Se isto ocorrer, todos os presentes deverão repetir a oração pelos bons espíritos, apresentada adiante. Com a repetição diária de orações e rogos a Deus pelo perdão e pela purificação do espírito, ele deixará de molestar o enfermo. Se, após a oração, o doente apresentar mais sofrimento e agitação, o espírito que o atormenta é maligno, Demônio ou alma perdida. Neste caso, deve-se procurar expulsá-lo por meio de exorcismos.

Segunda oração

Se, após a oração anterior, restarem dúvidas, o religioso pode recorrer à seguinte oração, que se diz em latim para que o doente não possa usar de impostura; porque, não entendendo o enfermo quando se há-de mover ou estar quieto, desta forma não pode enganar o religioso.

Praecipitur in Nomine Jesus, ut desinat nocere aegroto, statim cesse delirium, et illuo ordinate discurrat. Si cadat, ut mortuus, et sine mora surget at praeceptu. Exorcistae factu in Nomine Jesus. Si in pondere assicitur, ut a multis hominibus elevaret non aliqua parte corporis si dolor, vel tumor, et ad signo Crucis, vel imposito proaecepto in nomine, Jesus cessat, Si side causa velit sibi morte inserre, se praecipite dure. Quando imaginationi, se praesentar res inhorestae contra Imagines Christi, et Sanctorum, et si eodem tempore sentiant in capit, ut plumbum, ut aquam frigidam, vel ferrum ignitem, et hoc fugit ad signum crucis vel invocato Nomine Jesus. Quando Sacramenta, Reliquas, et res sacros odit; quando nulla praecedente tribulation, desperat, se dilacerat. Quando subito patenti lumen aufertur, et subito restitur; quando diurno tempore nihil vidit, et nocturno bene vidit, et sine luce lugit epistolam; si subito siat surdus, te postea bene audiat, non solum materialia, sed spiritualia. Si per septem, vel novem dies nihil, vel parum comedens fortis est, et pinguis, sicut antea. Si liquitur de Mysteris ultra suam capacitatem, quando non custat de illus sanctitate. Quando ventus vehemens discurrit per totum corpus ad mudum formicarum; quando elevatur corpus contra volutatem corpus contra volutatem patientes, et non apparet a quoleventur. Clamores, scissio vstium, arrotationes dentium, quando potiens non est stultus: vel quando homo natura debilis non potest teneri a multis. Quando habet linguam tumidam, et nigram, quando guttur instatur, quando audiuntur regitus leonum balatus ovium, latratus canun, porcorum grumitus, et similiu. Si varie praeter naturam vidente, et audiunt, si homines maximo odio perseuntur; si praecipitis si exponunt, si oculos horribiles habent, remanent, sinsilus destitutio. Quando corpus talibenedictit, quando ab Ecclesia fugit, et equam benedictam non consenti; quando iratos se ostendunt contra Ministros superdonestes Reliquias capiti (eti occulte). Quando Imagines Christi, et virginis Mariae nolunt inspicere sed conspuunt, quando verba sacra nolun, proferre, vel si proferant, illa corrumpunt et balbat cienter student proferre. Cun superposita capiti manu sacra ad lectionem

Evangeliorum conturbatum agrotus, cum plus-quam solitum palpitaverit, sensus occupantum, gattae sudoris destuunt, anxietates senit; stridores usque ad Caelum mittit, sed posternit, vel similia facit. Amen.

Orações pelos doentes e pelos espíritos errantes

Oração para assistir aos doentes na hora da morte

Esta oração é tão eficaz que nenhuma alma se perde quando é dita com devoção e fé em Jesus Cristo. É ela de tanta virtude que de todos os enfermos a quem se a ler, pode-se tirar um fio de cabelo da cabeça e o lançar dentro de um vidro d'água, para com esta água lavar as chagas dos doentes, cujas moléstias são incuráveis pela medicina, lançando-lhe uma gota e dizendo: "Eu te curo em nome do Pai, do Filho e do Espírito Santo. Amém."

Jesus, meu Redentor, em vossas mãos, Senhor, encomendo a alma deste servo, para que vós, Salvador do mundo, a leveis para o Céu na companhia dos anjos.

Jesus, Jesus, Jesus seja contigo para que te defenda; Jesus esteja na tua alma, para que te sustente; Jesus esteja diante de ti para que te guie; Jesus esteja na tua presença para que te guarde; Jesus, Jesus reina, Jesus domina, Jesus de todo o mal te defenda. Esta é a cruz do Divino Redentor: fugi, fugi, ausentai-vos, inimigo das almas remidas com o sangue preciosíssimo de Jesus Cristo.

Jesus, Jesus, Jesus, Maria, Mãe de Graça, Mãe de Misericórdia, defendei-me do inimigo e amparai-me nesta hora. Não me desampareis, Senhora, rogai por este Vosso servo (nome do enfermo) a Vosso Amado Filho, para que com Vossa intercessão saia livre do perigo de seus inimigos e das suas tentações.

Jesus, Jesus, Jesus: recebei a alma deste Vosso servo (nome do enfermo); olhai-o com olhos de compaixão, abri-lhe Vossos braços, amparai-o, Senhor, com a Vossa misericórdia, pois é feitura de Vossas mãos, e a alma, imagem Vossa.

Jesus, Jesus, Jesus: de Vós, meu Deus, lhe há de vir até o remédio; não lhe negueis a Vossa graça nesta hora, pois eu (nome do enfermo), Vos chamo, ó Deus Poderoso, para que venhais sem demora receber esta alma nos Vossos santíssimos braços; vinde em seu socorro, assim como viestes quando estava em batalha com Lúcifer.

Jesus, Jesus, em Vossas mãos, meu Deus, ofereço e ponho o meu espírito, que justo é que torne a Vós o que de Vós recebi; sede, pois, por nossa alma, justo e salvai das trevas. Defendei-a, Senhor, de todos os combates, para que eternamente vá contar no Céu as Vossas infinitas misericórdias.

Misericórdia, dulcíssimo Jesus; misericórdia, amabilíssimo Jesus; Misericórdia e perdão para todos os Vossos filhos, pelos quais sofrestes na cruz. É, pois, justo que nos salvemos. Amém.

Oração para pedir a Deus pelos bons espíritos que vêm a este mundo para serem purificados do mal que a ele fizeram

Deve-se rezar esta oração em qualquer lugar que seja preciso, ou em que ande algum espírito ou fantasma. No fim, reza-se o Credo e o Ato de Contrição.

Deus misericordioso, Deus clemente, Deus que, segundo a grandeza de Vossa infinita misericórdia, perdoais os pecados deste espírito que tem dor de os haver cometido, e lhe dais liberal absolvição das culpas e ofensas passadas, ponde os olhos da Vossa piedade neste Vosso servo que anda neste mundo a penar; abri-lhe, Senhor, as portas do Céu, ouvi-o propício e concedei-lhe o perdão de todos os seus pecados, pois de todo o coração Vo-lo pede por meio de sua humilde confissão. Relevai e redimi, ó Pai piedosíssimo, as quebras e ruínas desta alma, e os pecados que fez e contraiu, ou por sua fraqueza, ou pela astúcia e pelo engano do Demônio. Admiti-o e incorporai-o no corpo de Vossa Igreja Triunfante, como membro vivo dela, remida com o sangue precioso de Filho. Compadecei-Vos, Senhor, dos seus gemidos; que as suas lágrimas e os seus soluços Vos movam; que as suas e nossas súplicas Vos enterneçam. Amparai e socorrei a quem não tem posto sua esperança senão na Vossa misericórdia, e admiti-o em Vossas amizade e graça, pelo amor que tendes a Jesus Cristo, Vosso amado Filho, que convosco vive e reina por todos os séculos dos séculos. Amém.

Ó alma que andas a expiar tuas faltas, te encomendo a Deus Todo-Poderoso, irmão meu caríssimo, a quem peço que te ampare e favoreça como criatura Sua, para que, acabando de pagar com a morte a punição desta vida, chegues a ver o Senhor todo soberano artífice, que do pó da terra te formou; quando tua alma sair do corpo, te saia a receber o exército luzido dos Santos para acompanhar-te, defender-te e festejar-te; que o glorioso colégio dos Santos Apóstolos te favoreça, sendo juízes defensores da tua causa; as triunfadoras legiões dos invencíveis Mártires te am-

parem; a nobilíssima companhia dos ilustres Confessores te recolha no seu meio; e que com a suave fragrância dos lírios e das açucenas que trazem nas mãos, símbolo da fragrante suavidade de suas virtudes, te confortem; os coros das Santas Virgens, alegres e contentes, te recebam; toda aquela bem-aventurada companhia celestial com estreitos abraços de verdadeira amizade te dê entrada no seio glorioso dos Patriarcas; a face do teu Redentor Jesus Cristo se te represente piedosa e aprazível, e Ele te dê lugar entre os que para sempre assistem em Sua presença. Nunca chegues a experimentar o horror das trevas eternas, nem os estalos de suas chamas, nem as penas que atormentam os condenados. Renda-se o maldito Satanás com todos os seus aliados e, ao passares por diante deles, acompanhado de Anjos, trema o miserável e retire-se temeroso às espessas trevas de sua escura morada.

Vai, alma; acabe-se o teu martírio, que já não pertences a este mundo corporal, mas sim ao celestial! Livre-te, se Deus é em teu favor, e desbarate todos os inimigos que O aborrecem; fujam da Sua presença; desfaçam-se, como o fumo no ar e como a cera no fogo, os rebeldes e malditos Demônios; e os justos alegres e contentes, contigo se assentem seguramente à mesa de seu Deus. Confundam-se e retirem-se afrontados os exércitos infernais, e os ministros de Satanás não se atrevam a impedir o teu caminho para o Céu. Livre-te Cristo do Inferno, que por ti foi crucificado, livre-te desses tormentos em que andas neste mundo, a atormentares e a seres atormentado.

Cristo, Filho de Deus Vivo, que por ti deu a vida, ponha-te entre os prados e florestas do Paraíso, que nunca secam nem murcham, e como verdadeiro pastor te reconheça como ovelha do rebanho. Ele te absolva de todos os teus pecados, e te assente à Sua mão direita entre os escolhidos e predestinados; faça-te Deus tão ditoso que, assistindo sempre em Sua presença, conheças com bem-aventurados olhos a verdade manifesta da Sua divindade, e em companhia dos cortesãos do Céu gozes da doçura da Sua eterna contemplação por todos os séculos dos séculos. Amém.

Sai, alma cristã, deste mundo, em nome de Deus Pai Todo-Poderoso, que te criou; em nome de Jesus, Filho do Deus Vivo, que por ti padeceu; em nome do Espírito Santo, que copiosamente se te comunicou. Aparta-te deste corpo ou lugar em que estás, porque o Senhor te recebe no Seu reino. Jesus, ouve a minha oração e sê meu amparo, como és amparo dos Santos, Anjos e Arcanjos; dos Tronos e Dominações; dos Querubins e Serafins; dos Profetas, dos Santos Apóstolos e dos Evangelistas; dos Santos Mártires, Confessores, Monges, Religiosos e Eremitas; das Santas Virgens e esposas de Jesus Cristo e de todos os Santos e Santas de Deus, o qual se digne dar-te lugar de descanso e gozo da paz eterna na cidade santa da celestial Sião, onde O louves por todos os séculos. Amém.

Oração útil para curar todas as moléstias, mesmo que sejam de causas naturais

Faz-se o sinal da cruz.

Em nome do Pai, do Filho e do Espírito Santo. Amém. Jesus, Maria e José.

Eu, como criatura de Deus, feito à Sua semelhança e remido com o Seu sangue, ponho preceito aos teus padecimentos, assim como Jesus Cristo aos enfermos da Terra Santa e aos paralíticos de Sidônia; pois assim eu Vos peço, Senhor meu Jesus Cristo, que Vos compadeçais deste Vosso servo (nome do enfermo). Não o deixeis, Senhor, sofrer mais as tribulações da vida! Lançai antes sobre este Vosso servo a Vossa santíssima bênção e eu direi, com autorização do teu e meu Senhor, que cessem os seus padecimentos. Amabilíssimo Senhor Jesus, verdadeiro Deus, que do seio do Eterno Pai Onipotente fostes mandado ao mundo para absolver os pecados, absolvei, Senhor, os que esta miserável criatura tem cometido; Vós, que fostes mandado ao mundo para remir os aflitos, soltar os encarcerados, congregar vagabundos, conduzir para sua pátria os peregrinos, eu Vos suplico, Senhor, que conduzais este enfermo ao caminho da salvação e da saúde, porque ele está verdadeiramente arrependido; consolai, Senhor, os oprimidos; dignai-Vos livrar este servo desta moléstia de que está padecendo, da aflição e da tribulação em que o vejo, porque Vós recebestes de Deus Pai Todo-Poderoso o gênero humano para o amparardes; e feito homem, prodigiosamente, nos comprastes o Paraíso com o Vosso precioso sangue, estabelecendo uma inteira paz entre os Anjos e os homens. Assim, pois, dignai-Vos, Senhor, estabelecer uma paz entre os humores e a alma; para que (nome do enfermo) e todos nós vivamos com alegria, livres de moléstias, tanto do corpo como da alma. Sim, meu Deus, e meu Senhor, resplandeça, pois, a Vossa paz, a Vossa misericórdia sobre mim e todos nós; assim como praticastes com Esaú tirando-lhe toda a aversão que tinha contra seu irmão Jacó, estendei, Senhor Jesus Cristo, sobre (nome do enfermo), criatura Vossa, o Vosso braço e a Vossa graça, e dignai-Vos livrá-lo de todos os que lhe têm ódio como livrastes Abraão das mãos dos caldeus; seu filho Isaac, da consciência do sacrifício; José, da tirania de seus irmãos; Noé, do dilúvio universal; Lot, do incêndio de Sodoma; Moisés e Aarão, Vossos servos, e o povo de Israel, do poder de Faraó e da escravidão do Egito; Davi, das mãos de Saul e do gigante Golias; Susana, do crime e do testemunho falso; Judite, do soberbo e impuro Holofernes; Daniel, da cova dos leões; os três mancebos Sidrath, Misach e Abdenago, da fornalha do fogo ardente; Jonas, do ventre da baleia; a filha da Cananeia, da vexação do Demônio; Adão, da pena do Inferno; Pedro, das ondas do mar; e Paulo, das prisões dos cárceres. Amabilíssimo Senhor Jesus Cristo, Filho de Deus Vivo, atendei também a mim, criatura Vossa, e vinde com presteza em meu socorro, pela Vossa encarnação e nascimento; pela fome, pela sede, pelo frio, pelo calor, pelos trabalhos e aflições, pelas salivas e bofetadas, pelos açoites e a coroa de espinhos; pelos cravos, fel e vinagre, e pela cruel morte que por nós padecestes; pela lança que trespassou Vosso peito e pelas sete palavras que na Cruz dissestes, em primeiro lugar a Deus Pai Onipotente: "Perdoai-lhes, Senhor, que não sabem o que fazem." Depois ao bom ladrão, que estava convosco crucificado: "Digo-te na verdade que hoje estarás comigo no Paraíso." Depois ao Pai: "Heli, Heli, lamma sabactani?", que vem a ser: "Meu Deus, meu Deus, por que me abandonaste?" Depois à Vossa Mãe: "Mulher, eis aqui o teu filho." Depois ao discípulo: "Eis a tua mãe" (mostrando que cuidáveis de Vossos amigos). Depois dissestes: "Tenho sede", porque desejáveis a nossa salvação e das almas santas que estavam no Limbo. Dissestes depois

*a Vosso Pai: "Nas vossas mãos encomendo o meu espírito."
E por último exclamastes: "Está tudo consumado." Porque
estavam concluídos todos os Vossos trabalhos e as dores.
Dignai-Vos, pois, Senhor, que desde esta hora em diante jamais esta criatura (nome do enfermo) sofra desta moléstia
que tanto a mortifica, pois Vos rogo por todas estas coisas
e pela Vossa ressurreição gloriosa, pelas frequentes consolações que destes aos Vossos discípulos, pela Vossa admirável ascensão, pela vinda do espírito, pelo tremendo Dia de
Juízo, como também por todos os benefícios que tenho recebido da Vossa bondade (porque Vós me criastes do nada
e Vós me concedestes a Vossa santa fé); por tudo isto, meu
Redentor, meu Senhor Jesus Cristo, humildemente Vos peço
que lanceis a Vossa Bênção sobre esta criatura enferma.*

*Sim, meu Deus e meu Senhor, compadecei-Vos dela. Ó Deus
de Abraão, ó Deus de Isaac e Deus de Jacó, compadecei-Vos
desta criatura Vossa (nome do enfermo); mandai para seu
socorro o Vosso S. Miguel Arcanjo, que lhe dê saúde e a defenda desta miséria da carne e do espírito. E vós, Miguel
Santo, Santo Arcanjo de Cristo, defendei e curai esta serva (ou servo) do Senhor, que vós merecestes do Senhor ser
bem-aventurado e livrar as criaturas de todo o perigo.*

Eis aqui a Cruz do Senhor, que vence e reina +.

*Ó Salvador do mundo, salvai-o; Salvador do mundo, ajudai-me, Vós que pelo Vosso sangue e pela Vossa cruz me remistes, salvai-me e curai-me de todas as moléstias tanto
do corpo como da alma; eu Vos peço tudo isto por quantos
milagres e passadas destes sobre a Terra enquanto homem.
Ó Deus santo! Ó Deus forte! Ó Deus imortal! Tende mise-*

ricórdia de nós. Cruz de Cristo, salvai-me; Cruz de Cristo, protegei-me; Cruz de Cristo, defendei-me em nome do Pai +, do Filho + e do Espírito Santo +. Amém.

Diz-se, de joelhos, o Credo e uma Salve-Rainha a Nossa Senhora, e deita-se água-benta no enfermo.

Oração poderosa contra feitiços e malefícios[1]

Eu, servo de Deus, a quem amo de todo o meu coração, meu corpo e minha alma, lamento por Vos não amar desde o dia em que me destes o ser. Porém, Vós, meu Deus e meu Senhor, sempre Vos lembrastes deste Vosso servo.

Agradeço-Vos, meu Deus e meu Senhor, de todo o meu coração, os benefícios que de vós estou recebendo. Agora, ó Deus das alturas, dai-me força e fé para que eu possa desligar tudo quanto tenho ligado, para o que invocarei sempre o Vosso santíssimo nome. Em nome do Pai +, do Filho + e do Espírito Santo +. Amém.

É certo, nosso Deus, que agora sou Vosso servo, dizendo-vos: Deus forte e poderoso, que morais no grande cume que é o Céu, onde existe o Deus forte e santo, louvado sejais para sempre!

Vós vistes as malícias deste Vosso servo! E malícias pelas quais eu fui metido debaixo do poder do Diabo, mas eu não conhecia o Vosso santo nome. Pois eu, pelas minhas malícias e minhas grandes maldades, ligava as mulheres prenhes para que não pudessem parir, ligava as nuvens do Céu, ligava as águas do mar para que os pescadores não

---

[1] Esta é a famosa e poderosa Oração de São Cipriano. (N. da E.)

pudessem navegar para pescarem o peixe para sustento dos homens! E todas estas coisas eu fazia em nome do Demônio. Agora, meu Deus e meu Senhor, venho implorar que sejam desfeitas e desligadas as bruxarias e feitiçarias da alma ou do corpo de (dizer o nome da pessoa). Pois vos chamo, ó Deus poderoso, para que rompais todos os ligamentos dos homens e das mulheres +.

Caia a chuva sobre a face da terra para que de seu fruto as mulheres tenham seus filhos. Livre de qualquer ligamento que lhe tenha feito, desligue o mar para que os pescadores possam pescar. Livre de qualquer perigo, desligue tudo quanto está ligado nesta criatura do Senhor; seja desatada, desligada de qualquer forma que esteja; eu a desligo, desalfineto, rasgo, calco e desfaço tudo, boneco ou boneca que esteja em algum poço ou alguma vala, para secar (dizer o nome da pessoa). Todo maldito diabo seja derrotado e tudo seja livre de todos os males ou malfeitos, feitiços, encantamentos, superstições ou artes diabólicas. O Senhor tudo destruiu e aniquilou: o Deus dos altos céus seja glorificado no Céu e na Terra, assim como Emanuel, que é o nome de Deus poderoso.

Assim como a pedra seca se abriu e lançou água de que beberam os filhos de Israel, assim o Senhor muito poderoso, com a mão cheia de graça, livre este Vosso servo (dizer o nome da pessoa) de todos os malefícios, feitiços, ligamentos, encantos e tudo que seja feito pelo Diabo ou seus servos. E assim que tiver esta oração sobre si e a trouxer consigo ou a tiver em casa, seja com ela diante do Paraíso terreal, do qual saíram quatro rios, Aras, Kuras, Tigre e Eufrates, pelos quais mandastes deitar água a todo o mun-

do. E por ela Vos suplico, Senhor meu Jesus Cristo, filho de Maria Santíssima, proteção contra quem mandar entristecer ou maltratar pelo maldito espírito maligno. Nenhum encantamento nem malfeito façam nem movam má coisa contra esse Vosso servo (dizer o nome da pessoa), mas todas as coisas aqui mencionadas sejam detidas e anuladas, para o que eu invoco as setenta e duas línguas que estão repartidas por todo o mundo. Que seus contrários sejam aniquilados. Protegido pelos anjos, seja absolvido este Vosso servo (dizer o nome da pessoa) com toda a sua casa e as pessoas e coisas que nela estão. Sejam todos livres de todos os malefícios e feitiços pelo nome de Deus que nasceu em Jerusalém, por todos os Anjos e Santos e por todos os que servem diante do Paraíso ou na presença do alto Deus Pai Todo-Poderoso, para que o maldito Diabo não tenha o poder de impedir pessoa alguma. Qualquer pessoa que trouxer esta oração consigo, ou a quem ela for lida, ou onde estiver algum sinal do Diabo, de dia ou de noite, por Deus, Tiago e Jacó, que o inimigo maldito seja expulso para fora. Invoco a reunião dos Santos Apóstolos, de Nosso Senhor Jesus Cristo e de São Paulo. Pelas orações das religiosas, pela empresa e a formosura de Eva, pelo sacrifício de Abel, por Deus unido a Jesus, seu eterno Pai, pela castidade dos fiéis, pela bondade deles, pela fé de Abraão, pela obediência de Nossa Senhora quando ela gerou Deus, pela oração de Madalena, pela paciência de Moisés, sirva esta oração para desfazer os encantamentos. Santos e Anjos, valei-me; pelo sacrifício de Jonas, pelas lágrimas de Jeremias, pela oração de Zacarias, pela profecia e por aqueles que não dormem de noite e estão sonhando com Deus e Nosso Senhor Jesus Cristo, pelo profeta Da-

niel, pelas palavras dos Santos Evangelistas, pela coroa que Deus deu a Moisés em línguas de fogo, pelos sermões que fizeram os Apóstolos, pelo nascimento de Nosso Senhor Jesus Cristo, pelo seu santo batismo, pela voz que foi ouvida do Pai Eterno, dizendo: "Este é meu filho escolhido e meu amado: deve-me muito apreço porque toda gente o teme e porque fez abrandar o mar e dar frutos a terra", pelos milagres dos Anjos que junto a ele estão, pelas virtudes dos Apóstolos, pela vinda do Espírito Santo que baixou sobre eles, pelas virtudes e pelos nomes que nesta oração estão, pelo louvor de Deus que fez todas as coisas, pelo Pai +, pelo Filho +, pelo Espírito Santo +, (dizer o nome da pessoa), se te está feita alguma feitiçaria nos cabelos da cabeça, na roupa do corpo ou da cama, ou no calçado, ou em algodão, seda, linho ou lã, ou em cabelos de cristãos, ou de pagãos ou de ateus, ou em osso de criatura humana, de ave ou de outro animal, ou em madeira, ou em livros, ou em sepulturas de cristãos, ou em sepulturas de pagãos, ou em fonte ou ponte, ou altar, ou rio, ou em casa, ou em paredes de cal, ou em campo, ou em lugares solitários, ou dentro das igrejas, ou em repartimentos de rios, em casa feita de terra ou mármore, ou em figuras feitas de fazenda, ou em sapo ou salamandra, ou bicha ou bicho do mar, do rio ou do lameiro, ou em comidas ou bebidas, ou em terra do pé esquerdo ou direito, ou em outra qualquer coisa com que se possa fazer feitiços, todas essas coisas sejam desfeitas e desligadas de (dizer o nome da pessoa), servo do Senhor, tanto as que eu tenho feito como as que têm feito as bruxas e os bruxos servos do Demônio; isso tudo volte a seu próprio ser que antes tinha, ou em sua própria figura, ou em que Deus a criou.

Santo Agostinho e todos os santos e santas, pelo santo nome de Deus, façam com que todas as criaturas sejam livres do mal do Demônio. Amém.

Ladainha pela salvação do pecador

Esta ladainha, dedicada à alma de uma pessoa que acabou de falecer, será rezada três vezes seguidas, pelos parentes e amigos do morto, após a saída do féretro. Sendo um diálogo, uma pessoa fará as perguntas e as outras dirão a resposta em coro.

— *Qual é a virtude do Céu que pode salvar o pecador?*

— *O Sol, mais claro que a Lua.*

— *Qual é a virtude da Lei que pode salvar o pecador?*

— *As duas tábuas de Moisés, onde Nosso Senhor pôs os seus divinos pés.*

— *Quais são as divindades que podem salvar o pecador?*

— *A Santíssima Trindade e a Sagrada Família.*

— *Quais são os Evangelistas que podem salvar o pecador?*

— *São os quatro Evangelistas: São João, São Marcos, São Mateus e São Lucas.*

— *Quantas são as chagas de Jesus para salvar o pecador?*

— *São cinco as chagas de Nosso Senhor Jesus Cristo, que tanto sofreu para quebrar as forças de Lúcifer.*

— Quantos são os círios para salvar o pecador?

— São seis os círios bentos que iluminaram em torno da sepultura de Nosso Senhor Jesus Cristo, e nos iluminaram para nos livrar das astúcias de Lúcifer.

— Quantos são os sacramentos para salvar o pecador?

— São sete os Sacramentos da Eucaristia, e sem eles ninguém consegue a salvação.

— Quantos são os meses para se conseguir a salvação?

— São nove os meses em que a Virgem Maria trouxe no ventre o seu amado Filho, Jesus Cristo, e por esta virtude somos livres do poder de Satanás.

— Quantos são os mandamentos para salvar o pecador?

— São dez os mandamentos da Lei de Deus, e quem neles crê não vai para as profundezas do Inferno.

— Quantas são as virgens que pedem o perdão do pecador?

— São onze mil virgens que pedem incessantemente ao Senhor que perdoe nossos pecados.

— Quantos são os Apóstolos que pedem perdão para o pecador?

— São doze os Apóstolos que acompanham sempre Nosso Senhor Jesus Cristo até a hora da sua morte e depois na sua eterna redenção.

— Quantos são os raios de Sol que iluminam a alma do pecador, para que se arrependa de seus pecados?

— *São treze os raios de Sol que eternamente iluminam nossas almas e esconjuram os poderes das trevas.*

Outras orações

Rezas fortes

Oração das horas abertas

Antes de quaisquer trabalhos de Magia, deve o iniciado fazer esta reza. Ela abre os caminhos, fecha o corpo às más influências e tem o dom de não deixar que nada interrompa os trabalhos de magia negra ou branca. É a fabulosa oração das horas abertas, que deve ser dita ao meio-dia. Não ensine esta reza: cada um a aprende por si. Trata-se de uma oração muito pessoal.

Ó Virgem dos céus sagrados, Mãe do nosso Redentor, que entre as mulheres tens a palma, traze alegria à minha alma, que geme cheia de dor. E vem depor nos meus lábios palavras de puro amor, em nome do Deus dos Mundos e também do Filho amado, onde existe o sumo bem. Sê para sempre louvada nesta hora bendita. Amém.

Oração da Trindade

Para rezar às três horas da tarde.

Santíssima Trindade me acompanhe em toda a vida na Terra. Sempre me guarde do mal, de mim tenha piedade. O Pai Eterno me ajude, o Filho a bênção me lance, o Espírito Santo me alcance. Proteção, honra e virtude, em vez do mal, faça-se em mim. Santíssima Trindade me ilumine e acompanhe nesta hora e sempre. Amém.

Grande vibração

Para rezar às seis horas, hora da Ave-maria.

Nesta hora de grande vibração, quando os pássaros cantam, procurando os ninhos, quando os trabalhadores deixam o arado e os campos e o homem da cidade volta também para casa, minha Mãe, Sublime Mistério, sê a minha Medianeira; sê a minha Esperança, e mostra-me o caminho da verdade. Maria, Sublime Mistério, ajuda-me a ser bom, protege-me na hora das aflições, da rotina, das lutas, pela força da Trindade, ó Mãe, Maria Medianeira.

Na perigosa hora

Para rezar à meia-noite.

Nesta hora perigosa, ó Anjo de minha guarda, Gênio protetor que me acompanha, me livre das visões do mal, sonho aterrador. Com Deus eu me deito, com Deus me levanto. Com a graça de Deus e do Espírito Santo. Amém.

Oração da cabra preta

Reza-se esta oração com uma vela acesa e uma faca de ponta.

Cabra preta milagrosa que pelo monte subiu, trazei-me (dizer o nome da pessoa), que da minha mão sumiu. (dizer o nome da pessoa), assim como o galo canta, o burro rincha, o sino toca e a cabra berra. Assim tu hás de andar atrás de mim. Assim como Caifás, Satanás, Ferrabrás e o Maioral do Inferno que fazem todos se dominar, fazei (dizer o nome da pessoa) se dominarem, para me trazer cordeiro, preso debaixo do meu pé esquerdo. (dizer o nome da pessoa), dinheiro na tua e na minha mão não há de faltar, com sede tu nem eu havemos de acabar, de tiro e faca nem tu nem eu não há de nos pegar, meus inimigos não hão de me enxergar. A luta vencerei com os poderes da cabra preta milagrosa. (dizer o nome da pessoa), com dois eu te vejo, com três eu te prendo e com Caifás, Satanás, Ferrabrás.

Grandes orações cristãs

Pai-nosso

Pai-nosso, que estais no céu, santificado seja o Vosso nome. Venha a nós o Vosso reino. Seja feita a Vossa vontade, assim na Terra como no Céu. O pão nosso de cada dia nos dai hoje. Perdoai as nossas ofensas, assim como nós perdoamos a quem nos tem ofendido. Não nos deixeis cair em tentação, mas livrai-nos do mal. Amém.

Ave-maria

Ave-maria, cheia de graça, o Senhor é convosco. Bendita sois vós entre as mulheres e bendito é o fruto do vosso ventre, Jesus. Santa Maria, Mãe de Deus, rogai por nós, pecadores, agora e na hora da nossa morte. Amém.

Salve Rainha

Salve, Rainha, mãe de misericórdia, vida, doçura, esperança nossa, salve! A vós bradamos, os degredados filhos de Eva. A vós suspiramos, gemendo e chorando neste vale de 1ágrimas. Eia, pois, advogada nossa, esses vossos olhos misericordiosos a nós volvei, e depois deste desterro mostrai-nos Jesus, bendito fruto do vosso ventre, ó clemente, ó piedosa, ó doce sempre Virgem Maria. Rogai por nós, Santa Mãe de Deus.

Credo

Creio em Deus Pai, Todo-Poderoso, criador do Céu e da Terra; e em Jesus Cristo, seu único filho, nosso Senhor, que foi concebido pelo poder do Espírito Santo; nasceu da Virgem Maria; padeceu sob Pôncio Pilatos; foi crucificado, morto e sepultado; desceu à mansão dos mortos; ressuscitou ao terceiro dia; subiu ao Céu e está sentado à direita de Deus Pai, Todo-Poderoso, de onde há de vir a julgar os vivos e os mortos. Creio no Espírito Santo, na Santa Igreja, na comunhão do santos, na remissão dos pecados, na ressurreição da carne e na vida eterna. Amém.

Ato de contrição

Meu bom Jesus, crucificado por minha culpa, estou muito arrependido por ter pecado, pois ofendi a vós tão bom, e mereci ser castigado neste mundo e no outro; mas perdoai-me, Senhor, não quero mais pecar. Amém.

OITAVO LIVRO DE SÃO CIPRIANO
DOS EXORCISMOS

Sobre o modo de fazer as esconjurações

Preceito ao Demônio ou Demônios para que não mortifiquem o enfermo durante o tempo em que se esconjura

Deve-se repetir muitas vezes durante os esconjuros, principalmente às mulheres grávidas, para que não aconteça algum vômito com os fortes ataques que os Demônios causam nesta ocasião.

Eu, como criatura de Deus feita à Sua semelhança e remida com o Seu Santíssimo Sangue, vos ponho preceito, Demônio ou Demônios, para que cessem os vossos delírios, para que esta criatura não seja jamais por vós atormentada com as vossas fúrias infernais.

Pois o nome do Senhor é forte e poderoso, por quem eu vos cito e notifico que vos ausenteis deste lugar para fora. Eu vos ligo eternamente no lugar que Deus Nosso Senhor vos destinar; porque com o nome de Jesus vos piso e rebato, e vos aborreço mesmo, do meu pensamento para fora. O

Senhor seja comigo e com todos nós, ausentes e presentes, para que tu, Demônio, não possas jamais atormentar as criaturas do Senhor. Fugi, fugi, partes contrárias, que venceu o leão de Judá e a raça de Davi.

Amarro-vos com as cadeias de S. Paulo e com a toalha que limpou o santo rosto de Jesus Cristo para que jamais possais atormentar os viventes.

Diz-se o Ato de Contrição e, em seguida, a oração poderosa contra feitiços e malefícios.

Primeira esconjuração

Esta esconjuração deve ser feita pelo religioso com todo o respeito e fé; e, quando veja que o enfermo está aflito e o Demônio ou mau espírito não quer sair, deve-lhe tornar a ler o preceito ao Demônio, ou a oração que está em latim.

Eu, da parte de Deus Nosso Senhor Jesus Cristo, absolvo o corpo de (dizer o nome da pessoa) de todos os feitiços, encantos, encanhos, empates que fazem e requerem homens e mulheres. Em nome de Nosso Senhor Jesus Cristo, Deus de Abraão, Deus muito grande e poderoso! Glorificado seja, para sempre sejam em seu Santíssimo Nome destruídos, desfeitos, desligados, reduzidos a nada, todos os males de que padece este Vosso servo (dizer o nome da pessoa); venha Deus com seus bons auxílios, por amor de misericórdia; que tais homens ou mulheres que são causadores destes males sejam já tocados no coração, para que não continuem com esta maldita vida!

Sejam comigo os Anjos do Céu, principalmente S. Miguel, S. Gabriel, S. Rafael e todos os Santos, Santas e Anjos do Senhor, e os Apóstolos do Senhor, S. João Batista, S. Pedro, S. Paulo, Sto. André, S. Tiago, S. Matias, S. Lucas, S. Filipe, S. Marcos, S. Simão, Sto. Anastácio, Sto. Agostinho, e por todas as ordens dos Santos Evangelistas: João, Lucas, Marcos, Mateus, e por todos os Querubins Miguéis, criados por obra e graça do Divino Espírito. Pelas setenta e duas línguas que estão repartidas pelo mundo, por esta absolvição e pela voz que deu quando chamou Lázaro do sepulcro, por todas estas virtudes seja tornado tudo ao seu próprio ser que dantes tinha ou à sua própria saúde que gozava antes de ser arrebatado pelos Demônios, pois eu, em nome de Todo-Poderoso, mando que tudo cesse do seu desconcerto sobrenatural.

Ainda mais pela virtude daquelas santíssimas palavras por que Deus Nosso Senhor chamou: Adão, Adão, Adão, onde estás? Por estas santíssimas palavras absolvamos, por esta virtude de quando Jesus Cristo disse a um enfermo: "Levanta-te e vai para tua casa e não queiras mais pecar", de cuja enfermidade havia de estar três anos, pois absolva-te Deus + que criou o Céu e a Terra, e Ele tenha compaixão de ti, criatura (dizer o nome da pessoa). Pelo profeta Daniel, pela santidade de Israel, e por todos os Santos e Santas de Deus, absolvei Vosso servo (ou serva) (dizer o nome da pessoa) e abençoai toda a sua casa + e todas as mais coisas sejam livres do poder dos Demônios, por Emanuel, pois Deus seja com todos nós. Amém.

Pelo Santíssimo Nome de Deus Nosso Senhor Jesus Cristo, que todas as coisas aqui nomeadas sejam desligadas, desenfeitiçadas, desalfinetadas de todos os empates que sejam formados por Arte do Demônio ou seus companheiros, seja tudo destruído; que o mando eu da parte do Onipotente, para que já, sem apelação, sejam desligados e se desliguem todos os maus feitiços e ligamentos e toda a má ventura, por Cristo Senhor Nosso. Amém.

Segunda esconjuração

Esconjuro-vos, Demônios excomungados, ou maus espíritos batizados, que os laços maus, feitiços, encantamentos do Diabo, da inveja, sejam feitos em ouro, ou prata, ou chumbo, ou em árvores solitárias, seja tudo destruído e desapegado e não prenda coisa ao corpo de (dizer o nome da pessoa), ou se acaso o feitiço ou encantamento está nalgum ídolo celeste ou terrestre, seja tudo destruído da parte de Deus, pois todo o Inferno ruim ou toda a sua linguagem eu confio em Jesus Cristo, nome deleitável! Assim como Jesus Cristo aparta e expulsa da Terra o Demônio e todos os seus feitiços, assim por estes deliciosíssimos nomes de Nosso Senhor Jesus Cristo fujam todos os Demônios, fantasmas e todos os espíritos malignos em companhia de Satanás e de seus companheiros para as suas moradas, que são nos Infernos e onde estarão perpetuamente em companhia de todos os feiticeiros e feiticeiras que fizeram a feitiçaria a esta criatura (dizer o nome da pessoa) ou nesta casa; e tudo quanto a mesma casa encerra fica desfeito e anulado, esconjurado, quebrado e abjurado, debaixo do poder da Santíssima Obediência, pelo poder do Creio em Deus Padre, das Três Pessoas da Santíssima Trindade e do Santíssimo Sacramento do Altar. Amém.

Com toda a santidade eu vos esconjuro e degredo, Demônios malditos, espíritos malignos, rebeldes ao meu e teu Criador.

Pois eu vos ligo e torno a ligar e prendo e amarro às ondas do mar, e que vos levem para as areias grossas do mar coalhado, onde não canta galinha nem galo, ou para o vosso destino, ou lugar que Deus Nosso Senhor Jesus Cristo vos destinar.

Levanto, quebro, abjuro e esconjuro todos os requerimentos, empates, preceitos e obrigas que fizestes a este corpo de (dizer o nome da pessoa). Desde já ficais citados, notificados e obrigados, tu e os teus companheiros, para seguirdes o caminho que Jesus vos destinar, isto sem apelação nem agravo, pelo poder de Deus Nosso Senhor Jesus Cristo, de Maria Santíssima, do Espírito Santo e as Três Pessoas Divinas da Santíssima Trindade, que é um só Deus verdadeiro em quem eu firmemente creio e por quem eu levanto pragas e raivas, vinganças e medos, ódios e más vistas; quebro e abjuro todos os requerimentos, embargos, empates, preceitos e obrigas, pelo poder do Santo Verbo Encarnado e pela virtude de Maria Santíssima e de todos os Santos e Santas e Anjos e Querubins e Serafins criados por obra e graça do Espírito Santo. Amém.

Quando o religioso acabar o que acima fica escrito, pode ser que o espírito possessor grite e diga: "Eu não sou Satanás, mas sim uma alma perdida; porém ainda tenho salvação!"

O religioso então deve perguntar-lhe: "Queres que ore por ti?" Responde-lhe a alma: "Sim, quero." Após esta resposta, ponham-se todos de joelhos e digam a oração pelos bons espíritos, pois que muitas vezes sucede estar-se a esconjurar uma alma que precisa de orações e não de esconjurações.

Terceira esconjuração

Eis a Cruz do Senhor +; fugi, fugi, ausentai-vos, inimigos da natureza humana.

Eu vos esconjuro em nome de Jesus, Maria, José, Jesus de Nazaré, Rei dos Judeus. Eis aqui a Cruz + de Nosso Senhor Jesus Cristo. Fugi, partes inimigas, venceu o leão da tribo de Judá e a raça de Davi. Aleluia, Aleluia, Aleluia, exaltado seja o Senhor, nos abençoe, nos guarde e nos mostre a Sua Divina Face, se vire para nós com o Seu Divino Rosto e se compadeça de nós. O rei Davi veio em paz, assim como Jesus se fez homem e habitou entre nós e nasceu da Santa Virgem Maria pela Sua bendita misericórdia.

Santos Apóstolos, bem-aventurados do Senhor, rogai ao Senhor que me valha para que eu possa destruir tudo quanto está feito. S. João, S. Mateus, S. Marcos, S. Lucas, eu vos rogo que vos digneis livrar-nos e conservar-nos livres de todos os acontecimentos dos Demônios.

Tudo esperamos de quem vive e reina com o Padre e o Espírito Santo, por todos os séculos dos séculos. Amém.

A bênção de Deus Onipotente, Pai, Filho e Espírito Santo, desça sobre nós e nos abençoe continuamente. Jesus, Jesus, a Vossa paz e a Vossa virtude e Paixão, o sinal da Cruz, a inteireza da Bem-Aventurada Maria Virgem, a bênção dos Santos escolhidos de Deus, o título de Salvador Nosso na cruz, "Jesus de Nazaré, Rei dos Judeus", seja triunfal hoje e todos os dias entre os meus inimigos visíveis e invisíveis, contra todos os perigos da nossa vida e de nosso corpo, e em todo o tempo e lugar. Eu terei o sumo gosto e a alegria em Deus meu salvador.

Jesus, Jesus, Jesus, sede por nós, Jesus, Jesus, Criador e compreendedor. Jesus, Rei do Universo, porá os maus sobre o Inferno e impedirá que o Demônio atormente as suas criaturas. Que o Senhor seja contigo para que te defenda e esteja dentro de ti, para que te conserve, te conduza, acompanhe e guarde, que esteja sobre ti e que te abençoe, Jesus, Filho de Maria, Salvador do Mundo, pelos merecimentos da Bem-Aventurada Maria Virgem e dos Santos Anjos, Apóstolos, Mártires, Confessores e das Virgens, o qual vive e reina numa perfeita unidade com o Pai e o Espírito Santo pelos séculos dos séculos. Amém.

A bênção do Deus Onipotente, Pai, Filho e Espírito Santo, desça sobre nós e permaneça continuamente. Virgem Santíssima, Nossa Senhora do Amparo, eu, o maior dos pecadores, Vos peço que rogueis a Vosso Amado Filho que quebre todas as forças dos Demônios para que jamais possam atormentar esta criatura.

Dou fim a esta santa oração e darão fim as moléstias nesta casa feitas pela bichação dos espíritos malignos.

Oração ao Senhor, em louvor por ter livrado o enfermo do poder de Satanás ou de seus aliados, a qual se deve rezar de joelhos e com devoção

Senhor meu Jesus Cristo, dou-Vos infinitas graças, pois, pelos merecimentos de Vossa paixão santíssima, de Vosso precioso sangue, e por Vossa bondade infinita, Vos dignastes livrar-me do Demônio, de feitiços e de seus malefícios; e assim Vos peço e suplico agora que Vos digneis preservar-me e guardar-me, para que o Demônio daqui por diante não possa jamais molestar-me de modo algum: porque eu pretendo e quero viver e morrer debaixo da proteção do Vosso Santíssimo Nome. Amém.

Rezar um Pai-nosso e uma Ave-maria.

Quando é preciso fechar a morada

Quando, no fim de todas estas orações, o enfermo não ficar imediatamente livre, o religioso, no fim de três dias, deve ir perguntar pelas suas melhoras; para saber se ainda está possesso do Demônio, deve tornar-lhe a ler a oração que está em latim. Se ainda houver malefício, é o caso de uma morada aberta (ou seja, o corpo aberto aos malefícios) e deve logo tratar de a fechar da forma que se segue, depois de lhe tornar a ler a oração poderosa contra feitiços e malefícios.

Modo como se há de fechar a morada

Toma-se uma chave de aço, em ponto pequeno, e deita-se-lhe a bênção da forma seguinte:

O Senhor lance sobre ti a Sua santíssima bênção e o Seu Santíssimo poder para que te dê a virtude eficaz, para que toda a morada ou porta por onde entra Satanás por ti seja fechada, jamais o Demônio ou seus aliados por ela possam entrar, pois, abençoada seja em nome do Padre, do Filho e do Espírito Santo. Amém. Jesus seja contigo.

Deita-se água-benta em cruz sobre a chave.

Palavras santíssimas que o religioso deve dizer quando estiver a fechar a morada

A chave deve estar sobre o peito do enfermo, como a fechar uma porta, enquanto se diz:

Ó Deus Onipotente, que do seio do Eterno Pai viestes ao mundo para salvação dos homens, dignai-vos, Senhor, pôr preceito ao Demônio ou aos Demônios, para que eles não tenham mais o poder e o atrevimento de entrar nesta morada. Seja fechada sua porta, assim como Pedro fecha as portas do Céu às almas que lá querem entrar sem que primeiro expiem as suas faltas.

O sacerdote finge que está fechando uma porta no peito do enfermo, e continua falando:

Dignai-vos, Senhor, permitir que Pedro venha do Céu à Terra fechar a morada onde os malditos Demônios querem entrar quando muito bem lhes parece. Pois eu, em Vosso Santíssimo Nome, ponho preceito a esses espíritos do mal, para que desde hoje e para o futuro não possam mais fazer morada no corpo de (dizer o nome da pessoa), que lhe será fechada esta porta perpetuamente, assim como lhe é fechada a do reino dos espíritos puros. Amém.

No fim da oração, o sacerdote escreve num papel o nome de Satanás e queima-o, dizendo:

— Vai-te, Satanás, desaparece assim como o fumo da chaminé.

No fim de tudo isso, se o enfermo ainda não estiver curado, tornem a dizer-lhe a oração poderosa contra feitiços e malefícios.

NONO LIVRO DE SÃO CIPRIANO
DOS PACTOS E INVOCAÇÕES

O grande segredo da magia é a Arte de fazer pactos com os espíritos para deles obter ajuda em toda classe de experimentos e para que eles desvendem segredos, mostrem tesouros e operem prodígios.

Modo de fazer pactos com os espíritos sem sofrer nenhum dano

Preparação

Quem quiser fazer um pacto com um dos espíritos principais, deve ter a varinha mágica, o punhal, a pena e a tinta para escrever pactos. Depois providenciará um ímã; duas velas em castiçais; os talismãs Dominatur e Dragão vermelho; duas coroas feitas com ramos de sabugueiro, verbena ou alfavaca (uma única ou essas plantas misturadas); uma pele de cabrito; um pote com carvões; um punhado de incenso e folhas de louro; e um pergaminho virgem. Também deverá ter consigo todas as instruções, invocações e orações que aqui vão descritas, para ler durante o ritual. Para sua maior segurança, especialmente quando fizer pacto com Lúcifer, o mago deverá ter mais um talismã Dominatur para pendurar ao pescoço.

Escolherá então um lugar onde não vá ser incomodado. O melhor é o alto de uma montanha ou uma encruzilhada perto de um rio; mas o ritual também pode ser realizado numa casa abandonada ou no lugar escolhido para executar todos os experimentos mágicos.

Escritura do pacto

Antes de mais nada, o mago escreverá o pacto no pergaminho, com a tinta dos pactos. Em seguida, fará um pequeno talho em um ponto da pele, molhará a pena no próprio sangue e assinará o pacto.

Pacto com Lúcifer para obter dele tudo que se quer

O texto do pacto é o seguinte: "Quero que o grande Lúcifer me dê riqueza, poder, sabedoria, os dons da ciência secreta e tudo que eu lhe pedir. Em troca lhe prometo minha alma para o dia em que eu morrer. Mas se Lúcifer não atender meu pedido, ficarei livre para voltar a implorar a misericórdia divina."

Pacto com um dos espíritos subordinados a Lúcifer

O texto do pacto é o seguinte: "Prometo ao grande (escrever o nome do espírito) recompensá-lo durante vinte anos por todos os pedidos que me atender."

Convém lembrar que o mago deverá designar e invocar o espírito que possa atender ao tipo de pedido que pretende lhe fazer, conforme está indicado no nono livro desta obra.

Ritual

Traçado do círculo

Tendo todo o material reunido no local adequado, pouco antes da meia-noite, o mago abrirá a pele no chão. Nela traçará, com o ímã, o círculo da Arte, com os nomes Alfa e Ômega, Adonai, Eloim e Jeová nele escritos. Dentro do círculo desenhará um triângulo, que deve ser de tamanho suficiente para que o mago fique de pé dentro dele.

Colocará um dos talismãs de cada lado do triângulo, por dentro do círculo. Por cima de cada talismã porá um dos castiçais e acenderá as velas. No centro do triângulo colocará o pote com os carvões, que acenderá, jogando por cima o incenso e o louro para perfumar o círculo.

Invocação

Nessa fase do experimento, é importante que o mago mantenha a fé e a firmeza. É comum que os espíritos invocados apareçam sob formas ameaçadoras de pessoas, animais e até monstros. Mas se o mago se mantiver firme, o espírito se verá forçado a abandonar essa forma e atender ao seu chamado.

Para sua proteção, o mago se colocará no meio do triângulo, com a varinha na mão direita, e recitará a grande invocação aos espíritos. A parte inicial da invocação será um pouco diferente, conforme a intenção seja fazer o pacto com o próprio Lúcifer ou com um de seus assistentes. No primeiro caso, o mago começará a invocação desta forma:

— Imperador Lúcifer, dono e senhor de todos os espíritos rebeldes, rogo que me sejas favorável na apelação que vos faço, pois desejo fazer pacto contigo. Rogo a ti, príncipe Belzebu, que me protejas na minha empresa. Duque Astarot, sede-me propício e faz com que esta noite o grande Lúcifer me apareça e me conceda, por meio do pacto que lhe vou apresentar, o que eu lhe pedir.

No segundo caso, o início da invocação será assim:

— Imperador Lúcifer, dono e senhor de todos os espíritos rebeldes, rogo que me sejas favorável na apelação que faço ao teu grande ministro, (dizer o nome do espírito), pois desejo fazer pacto com ele. Rogo a ti, príncipe Belzebu, que me protejas na minha empresa. Duque Astarot, sede-me propício e faz com que esta noite o grande (dizer o nome do espírito) me apareça sob a forma humana e me conceda, por meio do pacto que lhe vou apresentar, o que eu lhe pedir.

A partir deste ponto, em qualquer dos casos, o mago continuará da seguinte forma:

— Grande (dizer o nome do espírito), eu te rogo que deixes tua morada, onde quer que estejas, para vir falar-me, do contrário eu te obrigarei, pela força do Todo-Poderoso Alfa e Ômega, e dos anjos da luz Adonai, Eloim e Jeová, a me obedecer. Obedece-me logo, ou vais ser eternamente atormentado pela força das palavras de que o sábio Salomão se servia para obrigar os espíritos rebeldes a aceitar seus pactos; assim, pois, aparece agora, ou vou te atormentar pelo poder das palavras sagradas: Agion, Telegran, Vaycheo, Sutimulaton, Ezpares, Tetragramaton,

Oyran, Irion, Emanuel, Cabaot. Adonai, te adoro e invoco.

Ditas estas palavras, o espírito aparecerá e perguntará o que o mago deseja. Este deverá responder:

— Eu te chamo para fazer um pacto contigo, a fim de que concedas tudo o que eu desejo.

Se o invocado for Lúcifer, dirá que somente atenderá ao pedido se o mago concordar em lhe dar sua alma quando morrer; se for um de seus comandados, a condição será se entregar a ele pelo tempo de vinte anos, para fazer o que quiser com seu corpo e sua alma. Então o mago jogará para ele o pergaminho com o pacto escrito e assinado.

Se o espírito teimar em não obedecer, o mago deverá repetir a invocação, até que ele apareça. Então, o mago lhe dirá:

— Prometo consagrar a ti algumas moedas toda segunda-feira, e só te invocar uma noite em cada semana. Em troca, quero que atendas agora ao meu primeiro pedido.

Feita essa oferta, certamente o espírito irá concordar, e dirá que o mago pode recolher o pacto, pois ele já o assinou. O mago fará então seu primeiro pedido.

Encerramento

Terminada a negociação e satisfeito o pedido, o mago lerá a despedida ao espírito:

— Grande (dizer o nome do espírito), estou contente contigo por agora. Te deixo em paz e permito que vás para onde quiseres, sem fazer ruído nem deixar mau cheiro. Não esqueças o que me prometeste no pacto, porque, se faltares à menor coisa, eu te atormentarei eternamente com as palavras sagradas do sábio Salomão.

Por fim, antes de sair do círculo protetor, o mago dirá:

— Deus Todo-Poderoso, Pai celeste que criastes todas as coisas para servirem ao homem, dou-Vos as mais humildes e reverentes graças por Vossa grande bondade, pois permitistes que, sem perigo, eu fizesse pacto com um dos teus espíritos rebeldes, forçando-o a dar-me tudo que me for necessário. Eu Vos agradeço, Deus Todo-Poderoso, o bem com que me cumulastes esta noite, concedendo a mim, insignificante criatura, Vossos poderosos favores. Agora conheci a força e o poder de Vossas grandes promessas quando dissestes: "Buscai e encontrareis, batei e a porta se abrirá." Como mandastes socorrer ao pobre, dignai-Vos inspirar-me verdadeiros sentimentos de caridade, e fazei que eu possa empregar numa obra santa parte dos bens que com Vossa grande misericórdia quisestes presentear-me. Fazei, poderoso Deus, que eu goze em paz dessas riquezas de que sou possuidor, e não permiti que nenhum espírito rebelde me prejudique no que me pertence. Inspirai-me também, grande Deus, os sentimentos necessários para poder desprender-me das garras do Demônio e de todos os espíritos malignos. Eu me ponho sob Vossa santa proteção, Soberano Senhor, Pai +, Filho +, Espírito Santo +. Amém.

Dito isto, com verdadeira fé e sinceridade, o mago pode sair sem susto daquele lugar, seguro de que não será molestado por espíritos maus. Mas se ouvir algum ruído ou outra forma de molestação, faça o sinal da cruz e o espírito irá embora.

Como usar os serviços de espíritos e fantasmas

Como gerar um diabinho

Tomar um pergaminho virgem, e nele fazer a escritura da sua alma ao Demônio com o próprio sangue. Escrever da seguinte maneira: "Eu, com o próprio sangue do meu dedo mindinho, faço escritura a Lúcifer, imperador do Inferno, para que ele me faça tudo quanto eu desejar nesta vida, e, se isto me faltar, lhe deixarei de pertencer (assinar)."

Depois de escrever, pegar um ovo de uma galinha preta castiçada de um galo da mesma cor e escrever no dito ovo a escritura que se fez no pergaminho. Tudo pronto, abrir um pequeno buraco no ovo e deitar lá dentro uma gota de sangue do dedo mindinho da mão direita. Depois, embrulhar o ovo em algodão em rama e pôr dentro de uma pilha de estrume ou debaixo de uma galinha preta.

Deste ovo nascerá um diabinho, que depois deve ser guardado dentro de uma caixa de prata com pó da mesma prata, e se introduzirá todos os sábados, dentro da caixa, o dedo mindinho, para que o diabinho possa mamar. Assim, depois de o possuir, poderá ter tudo quanto quiser deste mundo.

Como gerar dois diabinhos

Tomar um gato preto que tenha acabado de morrer. Tirar-lhe os olhos e colocar cada um deles dentro de um ovo de galinha preta, observando que cada olho deve ficar sozinho em um ovo.

Depois de feita esta operação, guardá-los em uma pilha de estrume de cavalo. É preciso que o estrume esteja bem quente para ali ser gerado o diabinho. Em seguida, pronunciar estas palavras:

— Ó grande Lúcifer, eu te entrego estes dois olhos de um gato preto para que tu, meu grande amigo Lúcifer, me sejas favorável nesta apelação, que faço a teus pés. Meu grande ministro e amigo Satanás, eu vos entrego a mágica preta para que vós lhe ponhais todo o vosso poder, vossa virtude e vossas astúcias que vos foram dadas por Jesus Cristo; pois eu vos entrego estes dois olhos de um gato preto, para deles nascerem dois diabos para serem minha companhia eternamente. Entrego minha mágica preta a todos os diabos do Inferno, mancos, catacegos, aleijados e a tudo quanto for infernal, para que daqui nasçam dois diabos para me dar dinheiro, porque não quero dinheiro pelo poder de Lúcifer, meu amigo e companheiro doravante.

Uma vez tudo isto dito, já no fim de um mês, mais dia menos dia, vão nascer dois diabinhos com a figura de um lagarto pequeno. Logo que estejam nascidos os diabinhos, colocá-los dentro de um canudinho de marfim e dar-lhes de comer ferro ou aço moído.

Quando os dois diabinhos lhe pertencerem, já pode fazer tudo quanto lhe agradar.

Como invocar fantasmas para lhes fazer perguntas

Para invocar os fantasmas dos mortos deve-se usar o anel de Salomão no dedo anular da mão direita. A invocação é feita na presença do corpo do morto cujo fantasma se deseja chamar.

Depois de elevar o espírito a Deus, coloca-se a mão no peito do cadáver, sobre o coração, e se diz:

— Eu te conjuro, criatura que foste e não és mais, da parte dos espíritos cujos nomes estão gravados neste anel mágico e imantado, que atendas ao meu chamado e respondas as perguntas que vou te fazer. Eu te conjuro pela segunda e terceira vezes para que teus lábios formulem as respostas que te peço, pelo poder maravilhoso deste anel, que representa o que Salomão possuiu em vida.

Ainda com a mão sobre o coração do defunto, farás as perguntas, e, se fores digno e virtuoso, ele te responderá no ato.

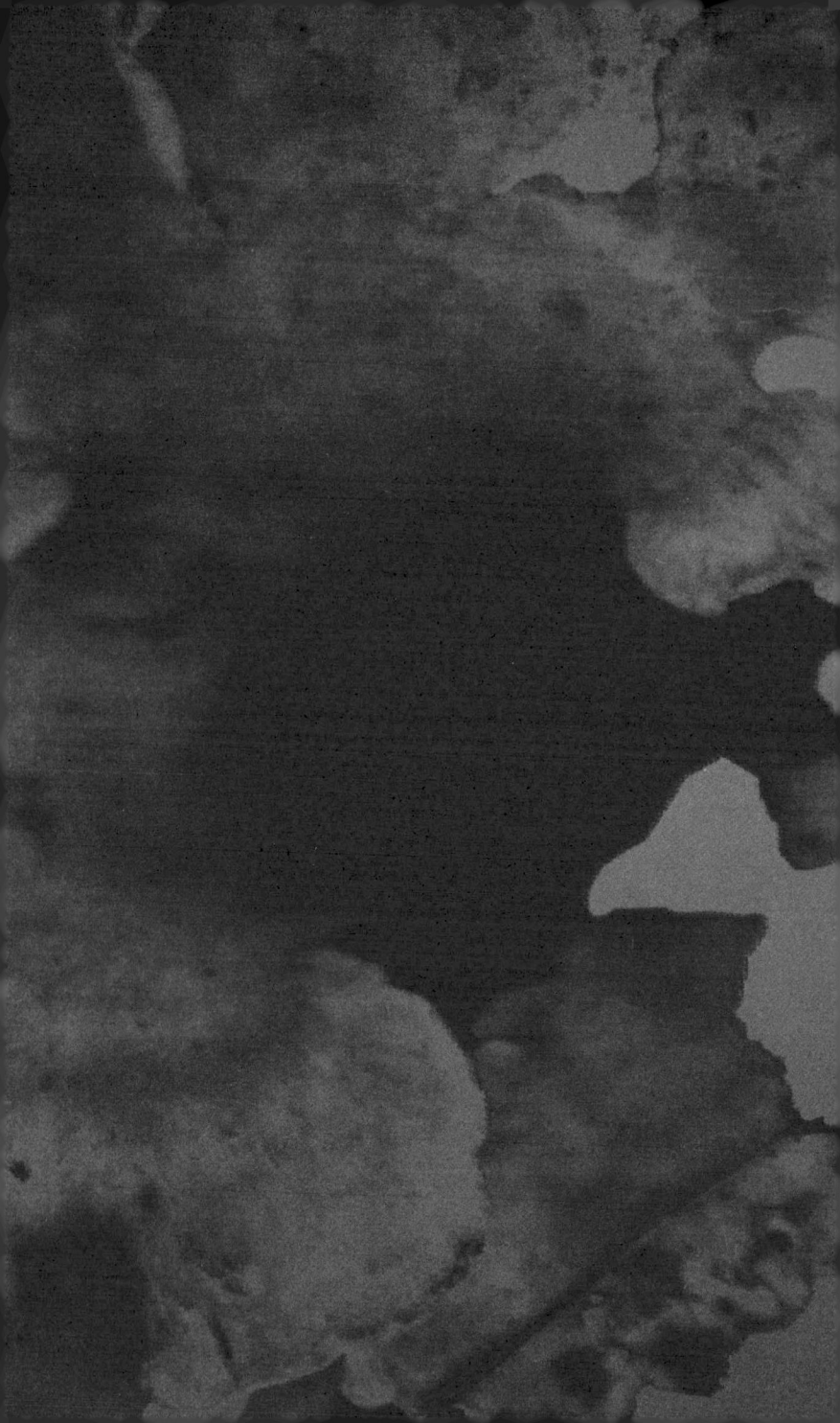

DÉCIMO LIVRO DE SÃO CIPRIANO

DOS FEITIÇOS DE AMOR E GRAÇA

Feitiços para atrair amores

Para despertar paixões desenfreadas

Pegue um pedaço de seda vermelha e, usando a faca de cabo branco, corte ao mesmo tempo dois pedaços pequenos de fazenda em forma de coração, dobrando-a para que os corações saiam idênticos. Coloque, entre os corações, uma pitada de alecrim enrolado numa pétala de uma rosa recém-colhida e que tenha sido esfregada com alho e, com linha e agulha, dê exatamente nove pontos e prenda-os juntos. Use esse saquinho preso com um alfinete do lado esquerdo da sua roupa de baixo e espere pelos resultados.

Segredo de atração

Pegue um raminho fresco de verbena. Amasse-o bem para extrair seu suco. Esfregue as mãos no suco de verbena e toque na pessoa de seu desejo, que ficará logo enamorada.

Feitiço de amor de Astarté

Pegue uma folha de alface e prenda-a na boca. Vire-se para o leste e diga:

— Sempre que o Sol se levantar, meu verdadeiro amor estará comigo. Sempre que o Sol se levantar estarei ao lado do meu amado.

Vire-se para o oeste e diga:

— Sempre que o Sol se deitar, meu verdadeiro amor estará comigo. Sempre que o Sol se deitar estarei ao lado do meu amado.

Em seguida corte a folha com a faca de cabo branco e espere pela oportunidade de misturar a folha na comida do seu amado. Por razões óbvias, as saladas são melhores para essa finalidade. Se o dono do seu coração comer só um pedacinho da folha, ele se apaixonará perdidamente por você.

Feitiço de amor de Afrodite

Enrole duas agulhas dentro de pétalas de rosa vermelha (quantas forem preciso), as pontas em sentido contrário uma da outra, e amarre como um embrulho com fio de lã. Costure o embulho dentro de um saquinho de couro para ser usado preso ao pescoço. Desde que o feitiço esteja sendo usado, seu dono receberá o amor de qualquer pessoa que desejar.

Feitiço de amor de cera

Faça dois corações de cera e "batize-os" com o seu próprio nome e o do seu amado, escrevendo um nome em cada. Em seguida, junte os dois corações espetando três alfinetes neles. Enrole os corações num pedaço de seda, de modo que as pontas dos alfinetes não furem sua carne, e use-os de encontro a seu próprio coração. Seu amado ficará furiosamente apaixonado.

Feitiço de amor da bruxa

Pegue uma vela vermelha que tenha a forma de uma mulher e unte-a com seu perfume favorito. Deixa a vela queimar durante dez minutos, enquanto estiver pronunciando o seguinte:

— Bruxa vermelha, bruxa vermelha, aceite minha oferenda, para ajudá-la a trazer meu amado (nome do amado) só para mim e para todo o sempre.

Para melhores resultados, o feitiço deve ser executado ao pôr do Sol. Repita o feitiço todas as noites à mesma hora, entoando a invocação até a vela queimar completamente.

Feitiço das imagens de cera

Pegue duas velas, uma em forma de homem e outra de mulher. Inscreva nas velas o seu nome e o do seu amado nas cabeças das figuras, utilizando a faca ou a agulha da Arte. Então coloque as velas juntas, uma de frente para a outra, acenda-as e, observando-as queimar, repita o seguinte:

— Queima, chama, queima, enche meu amor e eu de desejo.

Repita alternadamente o seu nome e o do seu amado diversas vezes, então diga o verso acima mais uma vez, substituindo "meu amor e eu" pelos nomes de vocês. Então apague as velas.

Este feitiço deve ser executado todas as noites até as velas terem queimado completamente.

Experimento de amor

Para fazer um experimento de amor ou para conseguir o amor de uma pessoa, seja homem ou mulher, devem-se escolher as horas de Vênus ou da Lua. Faz-se com cera virgem, chumbo ou cobre uma figura que representará a pessoa por quem se deseja ser amado. Feita a figura, dir-se-ão as seguintes palavras:

— Noga, Ies, Astropolim, Asmo, Cocav, Bermona, Tentator e Soigator, eu vos conjuro, ministros do amor e do prazer, por aquele que é vosso soberano e senhor, a que consagreis esta cera como deve ser, a fim de que adquira a virtude desejada, que deverá obter pela potência do muito poderoso Adonai, que vive e reina por todos os séculos dos séculos.

Em seguida, o mago escreverá na parte do peito e do ventre da figura, com a pena e a tinta dos pactos, estas palavras: "Quero que [nome do amado(a)], a quem esta figura representa, não possa viver nem sossegar sem ser ao meu lado, e que me ame eternamente. Quero que estas letras que tracei tenham a virtude mágica suficiente para que [nome do amado(a)] só possa querer a mim, e que seja querido(a) somente por mim."

Em seguida, dirá a seguinte oração:

— Ó, tu, muito poderoso rei Pavmon, que reinas e dominas na parte ocidental do universo! Ó tu, Egim, rei muito forte do império gelado e cujo frio mandas para a terra! Ó tu, Asmodeu, que dominas o meio-dia! Ó tu, Aymemom, rei muito nobre, que reinas no oriente, e cujo reino deve durar até o fim dos séculos! Eu vos invoco e vos suplico que concedais a esta figura todos os encantos, feitiços e sortilégios, para que, por sua mediação, eu possa lograr que [nome do amado(a)] só possa querer a mim, conseguindo por vossa influência que venha à minha casa.

Feito isso, porá a imagem debaixo da cabeceira da cama e, passados três dias, verá coisas admiráveis. Se esta experiência for feita com cuidado, nem a terra, nem o ferro, nem as correntes impedirão que a pessoa enfeitiçada venha ao mago, podendo obter dela tudo que desejar.

Experimento de graça e agrado

Este experimento serve para agradar e se fazer querer por todos em geral, podendo dedicá-la a alguma pessoa pela qual queira ser amado em especial. Devem-se escolher as horas de Vênus ou da Lua, por serem as mais convenientes para ser dedicadas às experiências de amor. As palavras seguintes serão escritas em um pergaminho virgem, com a pena molhada na tinta dos pactos: "Rogo-te, Adonai, que deposites neste pergaminho imaculado os misteriosos eflúvios de graça e penetração com que o poderoso rei Alfa e Ômega, senhor e soberano de todas as ciências e artes, te dotou, para que concedas graciosamente aos mortais que sejam dignos de teus dons. Eu, o mais mísero de todos, espero ser favorecido por ti com a graça necessária para merecer o apreço geral e particularmente o de (dizer o nome da pessoa), cujo carinho desejo possuir desde este momento, e que seja eterno como é o soberano senhor Alfa e Ômega das ciências cabalísticas. Assim seja."

Uma vez que o pergaminho esteja escrito, será dobrado cuidadosamente em quatro dobras e será colocado dentro de um pano de seda encarnada, que será fechado com um alfinete novo e posto sobre o lado esquerdo do peito, em cima do coração. Se a operação for bem feita, e se és digno dos dons da graça, não passará muito tempo sem que teu desejo seja alcançado.

Poderosa fórmula para conquistar uma pessoa

Este elixir é o mesmo que foi usado em Neckar, filha do rei da Pérsia, e que fez grande sucesso.

Toma-se um gato preto virgem, com os olhos verdes, que tenha acabado de morrer. Corta-se-lhe o rabo, que será posto sobre brasas, dizendo:

— Ó, tu, gato protetor dos mágicos, deves obedecer ao meu mando.

Depois, pegam-se as orelhas, que serão enterradas a cinco pés embaixo da terra, e antes de cobri-las se diz:

— Devem ser dois os namorados que tu protegerás.

Depois arrancam-se com todo o cuidado os olhos, que serão postos em um caldeirão com 5 litros de água apanhada à meia-noite em uma fonte cristalina. Com fogo de 250 graus se faz fervê-la 24 horas seguidas à mesma temperatura, colocando em seguida o resíduo deste líquido em um prato para esfriar. Durante cinco noites seguidas, à meia-noite em ponto, leva-se o prato ao luar, fazendo a seguinte prece:

— Lúcifer, fazei que eu consiga o meu intento com este elixir que vos ofereço.

Quando se faz este elixir, deve-se ter sempre em mente o seu fim, pois que, em caso contrário, não se obtém o efeito desejado. Para alcançar o objetivo, pingam-se cinco gotas dentro de um copo com água e se faz com que a pessoa o cheire. Ela imediatamente ficará cheia de desejo por quem a enfeitiçou.

Elixir do gato preto para casos de amor

Quando um gato preto estiver com uma gata da mesma cor, isto é, quando ligados pela cópula carnal, é preciso ter então uma tesoura pronta para lhes cortar um bocado de pelo, do gato e da gata. Depois, misturar esses pelos e queimá-los com alecrim; pegar a cinza e deitá-la dentro de um vidro com um pouco de espírito de sal amoníaco; tapar bem o vidro para conservar-se este espírito sempre muito forte. Depois de tudo isto pronto, pegar no vidro com a mão direita e dizer o seguinte:

— Pelos, com a minha própria mão fostes queimados, com uma tesoura de aço fostes do gato e da gata cortados, toda pessoa que cheirar esta cinza comigo se há de encontrar. Isto pelo poder de Deus e de Maria Santíssima. Quando Deus deixar de ser Deus é que tudo isso me há de faltar; e para golão, traga matão, vai do pato chião a molitão.

Logo que tudo isso esteja cumprido, fica o vidro com uma força de feitiço, mágica e encanto. Quando lhe ocorrer o desejo por uma criatura, basta destampar o vidro e sob qualquer pretexto lhe dar a cheirar.

Vamos supor que um indivíduo deseja que sua namorada tome o cheiro desse vidro, mas não encontra maneira própria para o levar a efeito; neste caso, começa a conversar, fazendo alusão à água de colônia. Feito isto, tira o vidro da algibeira e diz com toda a seriedade:

— Quer ver que cheiro tão agradável?

Ora, como em geral as pessoas são bastante curiosas, cheiram imediatamente o conteúdo do vidro, e, então, o objetivo será alcançado. Dessa forma pode-se cativar todas as pessoas que se desejar. Deve-se notar que este encanto, que é eficaz, encerra muita virtude, tanto fazendo o homem à mulher, como a mulher ao homem.

Feitiço do cão preto para se fazer amar

Cortem-se de um cão preto as pestanas, as unhas e um bocado de pelo do rabo; juntam-se estas três coisas e queimam-se com alecrim. Depois de tudo reduzido a cinzas, recolham-nas dentro de um vidro bem tampado com uma rolha de cortiça, pelo espaço de nove dias, no fim dos quais estará pronto o feitiço.

Para saber o modo de se aplicar, vamos supor que um homem ou uma mulher deseje amar alguém e não o consiga por qualquer motivo. Se a pessoa fuma, basta pegar uma pitada da cinza, misturar com tabaco e fazer um cigarro; quando estiver falando com a pessoa a quem deseja enfeitiçar, jogue-lhe umas fumaças; logo verá que a pessoa fica enfeitiçada. Deve-se fazer por três vezes, ou cinco, ou sete, nove ou mais, sempre um número ímpar.

Sendo pessoa que não fume, deve-se prodecer da seguinte maneira: em um sinal qualquer da pessoa (roupa, cabelo etc.) a quem se deseja enfeitiçar, coloca-se um pouco da cinza; depois um fio de retrós verde deve ser enrolado em volta do dito sinal, dizendo-se as seguintes palavras: "(Nome da pessoa), eu te prendo e te amarro com as cadeias de São Pedro e de São Paulo, para que tu não tenhas sossego nem descanso em parte alguma do mundo, debaixo da pena de obediência a preceitos superiores." Ditas estas palavras, nove vezes, estará finalmente a pessoa enfeitiçada.

Bruxedo do sapo para obrigar a amar contra a vontade

É muito simples fazer este feitiço, que tem poder sobre todos os outros feitiços. Faz-se com pano verde um sapo, pondo olhos, boca e tudo mais para que pareça natural. Depois de pronto, pegá-lo com a mão direita e passá-lo por debaixo do ventre cinco vezes, dizendo as seguintes palavras:

— Sapo, sapinho, assim como eu te passo por debaixo do meu ventre, assim (dizer o nome da pessoa) não tenha sossego nem descanso enquanto para mim não se virar com todo o seu coração, seu corpo, sua alma e sua vida.

Depois de se dizerem as palavras acima, pega-se a agulha da Arte, enfia-se-lhe um fio de linha verde e cosem-se os olhos do sapo, cobrindo-os completamente, e guarda-se o sapo em lugar oculto.

Mágica com sangue de morcego para fazer amar

Conseguir um morcego e uma morcega já mortos, de maneira que se lhes aproveite o sangue; depois, juntai o sangue de um e de outro, misturai-lhe um pouco de espírito de sal amoníaco, e deitai tudo isto num vidrinho de 100 mililitros, o qual deveis trazer sempre na algibeira.

Quando um rapaz quiser encantar uma moça, ou uma moça encantar o seu amante, basta só dar-lhe o vidro a cheirar. Desta forma fica a pessoa tão encantada que nunca mais a pode deixar.

Pílula maravilhosa para conquistar um homem

Amassa-se uma cabeça de enguia com um dedal de sementes de cânhamo e duas gotas de láudano. Dessa mistura se fazem bolinhas do tamanho de um grão de milho, que são as pílulas.

A mulher procurará obter do homem que escolheu uma moeda, uma medalha, um alfinete ou qualquer outro objeto ou fragmento, contanto que seja de prata e que ele o tenha trazido consigo há 24 horas, pelo menos. Aproxima-se então do homem, tendo a moeda na mão direita e oferecendo-lhe com a outra um cálice de vinho onde tenha desmanchado uma pílula maravilhosa. Logo que o indivíduo tenha cheirado este vinho, há de forçosamente amar a mulher, não lhe sendo jamais possível esquecê-la enquanto durar o encanto, cujos efeitos se podem renovar sempre.

Se, por acaso, o homem for tão forte que resista à ação do medicamento, ou o medicamento não o apaixonar imediatamente, a mulher então, se o tiver junto de si, deve oferecer-lhe uma xícara de chocolate, na qual colocará uma pitada de canela em pó, cinco dentes de cravo, uma pitadinha de baunilha e uma pitadinha de noz-moscada ralada. Depois de pronto, tiram-se os dentes de cravo e colocam-se duas gotas de tintura de cantáridas. Se o indivíduo quiser ou pedir alguma coisa para comer, deve-se dar de preferência pão de ló.

Às vezes, se a mulher não tiver muita pressa de prender o homem, basta o chocolate com cravo, baunilha e canela. O chocolate pode ser substituído por café, porém, neste caso, ele é preparado com erva-doce e junta-se simplesmente uma gota de tintura de cantáridas.

Se a mulher recear que o homem lhe escape e desejar conservá-lo apaixonado por muito tempo, repetirá o primeiro medicamento de quinze em quinze dias; nos intervalos, convida-lo-á algum dia para almoçar ou cear. Se for almoço, servirá uma fritada ou omelete preparada da seguinte maneira: bater os ovos bem batidos; depois derramar o conteúdo no seu próprio corpo, do alto da espinha dorsal, indo apará-los embaixo, onde acaba a espinha. Faz-se depois a fritada e põe-se na mesa, ainda quente. Se for jantar, servirá almôndegas feitas assim: na carne moída põem-se ovos batidos, e depois, antes de levar os bolos ao fogo, passa-se, um por um, no corpo suado, no peito, nas costas e na barriga, fazendo-os demorar um pequeno espaço de tempo debaixo dos sovacos. O café servido ao almoço e no fim do jantar será coado na fralda da camisola da própria mulher, que deve ter dormido com essa camisola pelo menos duas noites.

Agulha mágica para o amor

É muito simples esta mágica. Deve-se enfiar uma linha feita de linho pelo fundo de uma agulha; depois passar a agulha por entre a pele de um defunto, três vezes, dizendo as seguintes palavras:

— (Diz-se o nome do defunto), esta agulha no teu corpo vou passar, para que fique com força de encantar.

Depois de feita a dita operação, guardar a agulha, e poderá operar com ela as seguintes feitiçarias:

Quando passar por uma mulher e desejar que ela o acompanhe, basta lhe dar um ponto no vestido ou em outra parte qualquer, e deixar pendurada uma ponta de linha; ela o seguirá por toda parte. Quando quiser que a mulher não mais o acompanhe, deve tirar-lhe a ponta da linha que ficou pregada na fazenda.

Quando desejar que a namorada não deixe de amá-lo e não ame a outro, pegue em uma roupa ou um lenço da dita namorada e dê-lhe três pontos em forma de cruz, dizendo, ao dar o primeiro ponto: "(Nome do defunto), quando tu falares é que (nome da pessoa amada) me há de deixar." Ao dar o segundo ponto: "(Nome do defunto), quando Deus deixar de ser Deus é que (nome da pessoa amada) me há de deixar." E ao dar o terceiro ponto: "(Nome do defunto), enquanto estes pontos aqui estiverem dados e o teu corpo na sepultura, (nome da pessoa amada) não terá sossego nem descanso enquanto não estiver na minha companhia."

Desta forma você poderá beneficiar ou encantar todas as pessoas que lhe agradarem.

Este feitiço não só tem poder para fazer o bem, mas também para fazer o mal. Tudo depende do palavreado da pessoa. Por exemplo, em lugar de se dizer: "Quando este defunto falar é que me hás de deixar", diga-se: "Quando este defunto falar é que tu, (dizer o nome da pessoa), hás de viver e ter saúde." E tudo o mais assim.

Encanto da coruja

Fazer a imagem de uma coruja com um maço de ervas. Depois de bater a meia-noite, enterrá-la no quintal, semeando em cima cinco grãos de milho branco, em forma de quadrado, um em cada canto e outro no centro. Depois de nascerem os pés de milho, serão regados todos os dias antes de nascer o Sol, dizendo ao mesmo tempo a seguinte oração:

— Eu (o nome da pessoa), batizado por um sacerdote de Cristo, que morreu cravado na cruz para nos remir do cativeiro em que os déspotas da terra nos tiveram encarcerados, juro sobre estes cinco troncos donde sai o pão aos sopros de Deus e acalentado pelos risos do Sol, que serei fiel a (dizer o nome da pessoa), para que ele não deixe de me amar, nem que tenha outros amores enquanto eu existir, pela virtude da coruja preta.

Quando as espigas estiverem maduras, debulham-se as dos quatro cantos e os grãos dão-se a uma ou mais galinhas pretas, que tenham esporões, evitando que os galos lhes toquem, por ter sido ao canto deste animal que o discípulo negou a Cristo. As espigas do pé de milho do centro do quadrado secam-se ao fumeiro, embrulham-se em qualquer pedaço de pano que tenha suor da pessoa que se quer enfeitiçar, e guardam-se, dizendo:

— Por Deus e pela Virgem, me arrependo de todos os meus pecados. Amém.

Pomba preta encantada para levar carta à amada

É preciso criar em casa, de pequena, uma pomba preta fêmea, não lhe dando mais nada a comer senão semente de boiamento (aquela que boia quando é posta de molho em água, e que pode ser painço ou sorgo), e de beber, água-benta.

Depois que ela estiver criada a ponto de poder voar, escreva uma carta à namorada pedindo qualquer coisa. Feita a operação, ponha a carta no bico da pomba e defume-a com incenso, mirra e benjoim. Depois, pondo o seu pensamento na pessoa a quem quiser que a carta seja entregue, solte a pomba. É certo que a dita pomba vai levar a carta aonde é destinada e tornará a voltar à casa do seu dono; e que a pessoa que receber a carta forçosamente há de fazer o que se lhe pede nela.

Observar que se não deve mandar a pomba senão a partir das dez da manhã e até às duas horas da tarde.

Como enfeitiçar uma pessoa com quem se deseja casar

Pegam-se sete rosas vermelhas, uma garrafa de mel e uma vela de brancura imaculada. Leva-se tudo a uma encruzilhada, onde as rosas são colocadas. Abre-se o mel e acende-se a vela, dizendo:

— (O nome da pessoa com quem quer se casar), assim como as rosas são rubras, rubro será o seu coração para mim. (Dizer o nome da pessoa), assim como o mel é doce, você sentirá doce a minha voz e o meu amor. (Dizer o nome da pessoa), assim como eu acendo esta luz, ilumino o caminho para você chegar até mim.

Feitiço poderoso para um homem atrair uma mulher

Faça duas figuras de cera, uma com sua própria forma e outra com a forma da mulher desejada. A última deve ser feita em uma atitude de joelhos, as mãos atadas às costas. Sua própria figura deve permanecer sobre ela apontando um alfinete para sua garganta. Sobre os membros da mulher gravar os nomes Astaroth e Asmodeus e então enfiar treze agulhas de bronze na sua cabeça, nos olhos, nos ouvidos, na boca, nas mãos, nos pés, nas partes traseiras e nas partes íntimas; ao cravar cada agulha, recite as palavras:

— Eu transpasso (o nome da mulher), que ela possa pensar em mim.

As duas figuras devem ser presas numa placa de metal com um pedaço de barbante contendo 365 nós; são então enterradas na sepultura de alguém que tenha morrido ainda na juventude ou que tenha encontrado a morte de maneira violenta. Então recite esta oração:

— Jogo em suas mãos este encantamento, deuses subterrâneos, Koré Perséfone, Ereshkigal e Adônis, Hermes, o subterrâneo, Thoth e o poderoso Anubis que manteve as chaves dos que estavam em Hades, os deuses do submundo e Demônios, aqueles arrebatados prematuramente, homens, mulheres, moços e moças, ano após ano, mês após mês, dia após dia, hora após hora. Eu te conjuro a aparecer ao meu comando, quem quer que sejas, homem ou mulher. Dirija-se àquele lugar, àquela rua e àquela casa e traga-a para cá e amarre-a. Traga (nome da mulher) para cá, para quem tu tens a essência mágica, para me amar. Não permita que durma com outro, não permita que tenha relações amorosas com outro, apenas comigo. Não deixe beber, nem comer, nem amar, nem ser forte ou boa, nem dormir a não ser comigo, porque eu te conjuro pelo nome dele, horrível e aterrador, que, quando for ouvido, fará com que toda a terra se abra; os Demônios, ao ouvir seu nome pavoroso, tremerão de medo, e os rios e rochas ao ouvi-lo explodirão.

E logo a seguir a mulher virá a você, satisfazendo seus desejos.

Feitiço do espelho para encantar a mulher amada

Arranje um pequeno espelho de mão, retire sua moldura e escreva o nome da jovem que você deseja, três vezes, nas costas. Recoloque a moldura. Então encontre dois cachorros que estejam copulando e segure o espelho de modo a refleti-los nele. Esconda por nove dias num lugar por onde a jovem passe e a seguir traga-o sempre com você. Então, a qualquer momento que se aproximar dela, verá com surpresa que ela concordará com todos os seus desejos.

Bruxedo para obter o amor de uma mulher

Consiga alguns cabelos da mulher cujo amor deseja. Pela madrugada, pouco antes de o Sol nascer, tome um pedaço de papel virgem. Espete o dedo e, com seu próprio sangue, escreva seu nome no papel; escreva também o nome dela, mas este com cera virgem. Queime os cabelos e o papel juntos, até virarem cinzas. Depois dê um jeito para que ela beba ou coma alguma coisa oferecida por você, após o que ela não terá mais descanso até que tenham estado juntos para a alegria de seu coração.

Feitiço do toque da maçã

Os feiticeiros mais hábeis conseguem seus intentos amorosos com simplicidade, apenas tocando a moça desejada com a maçã por eles preparada como logo a seguir veremos: Retire a maçã da árvore antes que caia e escreva sobre ela as palavras Aleo + Deleo + Delato e diga:

— Eu te conjuro, maçã, com estes três nomes que estão escritos em ti, que qualquer mulher ou moça virgem que te toque e te prove possa me amar e queimar de amor por mim como cera derretida.

Maçã encantada do amor

A maçã ácida é considerada boa para este objetivo e, se comida com queijo e pepino, induz a sonhos eróticos e forte estímulo sexual. Isso se comprova preparando-se a maçã ácida desse modo: corte a maçã em quatro partes e em cada uma escreva Sathiel + Sathiel + Obing + Siagestar. Diga:

— Eu te conjuro que tu não ficarás em paz até que eu tenha o amor da mulher que te comer.

Feitiço do beijo encantado

Ponha verbena na boca e beije qualquer jovem dizendo estas palavras:

— *Pax tibi sum sensum conterit in amore me.*

Depois disso, ela o amará.

Fórmula de amor

Diz-se que certa combinação de letras escritas à mão é muito eficiente para conquistar uma mulher. Escreva em pequenos quadrinhos as seguintes letras:

N.A.P.A.R.A.B.O.C.L.P.E.A.

Escreva com a mão direita; como tinta use seu próprio sangue.

Antes de o Sol nascer ou depois do poente, toque as partes íntimas e diga:

— *Ei signore me et stat in vaniet tibi.*

Para conquistar uma amante que virá encontrá-lo em qualquer lugar para seu prazer

Tome um pedaço de papel branco virgem, do tamanho de sua mão, e faça duas imagens, uma de si mesmo e outra da mulher que deseja como amante. Com o sangue do dedo mínimo da mão esquerda, escreva, na sua própria imagem, seu nome, e na outra, o nome dela. Entre as imagens escreva: Satã, Lúcifer, Donskton. Deve fazê-lo de modo que, dobrando-se o papel, as imagens fiquem superpostas. Faça sua imagem na sexta-feira, na primeira hora, sob a influência de Vênus, e a outra na sexta-feira seguinte à mesma hora. Feito isto, três vezes por dia — de manhã (na primeira hora do dia), após o meio-dia e à noite, após escurecer — pise sobre o papel com um dos pés e depois com o outro pé, recitando esta conjuração:

— Satã, Lúcifer, Donskton, príncipes que expulsaram Adão e Eva do Paraíso, eu lhes recomendo o nome dela, que sofra sem dormir, que não tenha descanso, que não beba, que não suporte mais, que não fique quieta até que tenha concordado e feito meu desejo sempre que eu o queira.

Ritual mágico para obter um amor

Para uma bela jovem se entregar aos prazeres da carne no dia a dia, um feitiço qualquer resolve, mas mulheres mais velhas, ainda ansiosas pelos prazeres do sexo, precisam recorrer a segredos mais fortes. O mais antigo ritual consiste em que a mulher se dispa e corra em redor da sua casa ou de seu grupo de casas sem ser vista por ninguém. Se conseguir isto e gritar alto três vezes "Heosin, Heosin, Lauder,

Lauder", tocando os seios e a região púbica de cada vez, conseguirá seu homem. Claro, o ritual é mais fácil de ser executado à noite (de madrugada), mas a mulher que o levar a cabo durante o dia conseguirá um grande amor.

Encanto da água para ver um amor futuro

Vá a um rio ou lago à meia-noite. Caminhando nua dentro dele, verá o rosto do homem se refletir na água parada.

Encanto da terra para ver um amor futuro

Quase à meia-noite, sem ser vista, vá para o quintal levando um pedaço de bolo (bolo de natal é o melhor). Sente-se no chão e ponha o bolo na boca. Quando der meia-noite, uma visão do homem que será seu aparecerá prodigiosamente, e estará ao seu dispor por algum tempo.

Encanto do sangue para ver um amor futuro

Para ver a feição de seu amante, a jovem deve ir na noite de São Jorge a um cruzamento de estrada. Lá, deve despir-se; primeiro penteie seus cabelos para trás e então repita a operação, passando o pente nos pelos pubianos. A seguir pique um dedo da mão esquerda e deixe pingar três gotas de sangue no chão, dizendo: "Dou meu sangue a meu amado, a quem verei e será meu."

Então a feição de um homem aparecerá vagarosamente do sangue e desaparecerá também muito devagar.

Magia do sangue para que as mulheres façam o que se quiser

Tome o sangue de uma lebre e o sangue de tartarugas macho e fêmea, em partes iguais. Misture-os e aqueça na chama de uma lamparina acesa no centro de uma casa onde haja mulheres. Isso fará com que as mesmas façam "coisas maravilhosas". O realizador da experiência escolherá o que lhe agradar.

Feitiços para amarrar amores

Poção de amor na teia de aranha

Tome uma aranha e sua teia completa, e cuide para que não arrebente. Coloque a aranha dentro da casca de uma noz, e tampe-a com cera.

Depois ferva a teia da aranha em um pouquinho de azeite de oliva. Dê um jeito de a mulher tomar a poção, pingando o azeite na comida dela sem que ela perceba. Isso faz com que a parceira venha a amá-lo pelo tempo em que a aranha estiver fechada no interior da casca da noz.

Bruxedo para a mulher madura recuperar o amor do seu homem

Quando o homem de sua escolha estiver dormindo, entre no quarto e recite as seguintes palavras:

— Kay o Kam, avriavel. Kiya mange lel beshel.

A seguir dispa-se. Com uma tesoura, corte um cacho de cabelo dele. Não perturbe o seu repouso nem permita que alguém na casa se levante e descubra você. Use este cacho na bolsa, amarrado em um anel, e o homem será seu ao menor comando.

Séria advertência: se a mulher for descoberta em sua missão, ou acordar o homem enquanto estiver no quarto, o feitiço se voltará contra ela. Sua bela cabeleira pode cair, ficando uma mulher careca.

Bruxedo do sapo para fazer casamento

Caso uma moça deseje se casar com o seu namorado, ou um rapaz com sua namorada, o mais breve possível, mas a pessoa amada não tenha grande pressa de se casar, ou porque não quer se prender, ou ainda porque não quer essa pessoa em particular, facilmente se obrigará o outro a casar-se, na maior brevidade possível. É fazer assim:

Primeiro, arranjar um sapo de pano, madeira ou barro. Apanhar um objeto do namorado (ou namorada) e atá-lo em volta da barriga do sapo. Depois de feita essa primeira operação, amarrar os pés do sapo com uma fita vermelha. Colocá-lo dentro de uma panela com terra misturada com leite de vaca. Depois de feitas todas as operações, dizer as seguintes palavras com o rosto sobre a panela:

— (Dizer o nome da pessoa), assim como eu tenho este sapo preso dentro desta panela, sem que possa ver o Sol nem a Lua, assim tu não verás mais pessoa alguma, nem casada, nem solteira, nem viúva. Só terás o pensamento em mim, e assim como este sapo tem as pernas presas, assim tu terás as tuas e não poderás dar passadas senão para minha porta; e assim como este sapo vive dentro desta panela, consumido e mortificado, tal qual viverás tu, enquanto comigo não casares.

Logo pronunciadas as palavras acima, tampar a panela muito bem tampada; depois, quando der certo, entregar o sapo no mato.

Bruxedo do sapo para que seu homem goze só com você

Arranjar um sapo de pano e coser-lhe os olhos com linha de seda preta, de modo que fiquem totalmente cobertos. Dizer as seguintes palavras:

— Bicho imundo, em nome do Diabo, a quem vendi o meu corpo e não o meu espírito, cosi os teus olhos, o que devia ter feito a (o nome da pessoa) para que ele não goze senão comigo, e fique impotente para todas as demais mulheres.

Colocá-lo dentro de uma panela hermeticamente fechada, dizendo:

— (Nome da pessoa) estás aqui, preso e atado e não mais verás a luz do Sol, nem o pálido clarão da Lua sem que me ames. Fica, Diabo, Diabo, Diabo.

Pendurar a panela num lugar alto e escondido.

Magia do sapo preto para apressar o casamento

Pega-se uma miniatura de um sapo preto e ata-se-lhe em volta da barriga qualquer objeto do namorado (ou da namorada) com duas fitas, uma escarlate e outra preta; coloca-se depois o sapo na panela de barro e proferem-se estas palavras com a boca na tampa.

— (Nome da pessoa), se amares a outra(o) que não a mim, ou dirigires a outras(os) os teus pensamentos, ao Diabo, a quem consagrei a minha sorte, peço que te encerre no mundo das aflições, como acabo de aqui fechar este sapo, e que de lá não saias senão para unir-te a mim, que te amo de todo o meu coração.

Proferidas estas palavras, tampa-se bem a panela e guarda-se num canto. No dia em que o casamento se ajustar, tira-se o sapo da panela e se o coloca em lugar seguro, porque, se se estragar, o casamento, por muito bom que tivesse de ser, tornar-se-á intolerável; será uma união desgraçada tanto para o marido como para a mulher.

Feitiço do mocho para a mulher cativar o homem amado

O mocho é o animal agoureiro por excelência, e por este fato não se deve evocar sem terem decorrido seis meses depois de ter morrido qualquer pessoa da família, do contrário pode-lhe aparecer a figura do parente. A mulher poderá usar desta receita, que é provada, porém deve estar no seu perfeito estado físico, isto é, quando lhe tiverem desaparecido as regras pelo menos há quatro dias.

Deve-se obter um mocho de papo branco que tenha morrido. A muher irá vesti-lo de flanela de forma que só o pescoço fique de fora, guardando-o por um espaço de treze dias, de modo que não se estrague; depois do dia 13, que é fatídico, corta-se-lhe o pescoço de um só golpe, sobre um cepo, e mete-se a cabeça em álcool até o dia 13 do mês seguinte.

Chegando este dia, corta-se-lhe o bico e queima-se junto com carvão que serviu para fazer a ceia da pessoa a quem se quer prender.

Nessa ocasião os dois olhos do mocho devem estar ao pé do fogão ou fogareiro, um de cada lado, e a mulher que fizer tal operação deve abanar o lume com um abano feito da fralda da camisa com a qual tenha dormido pelo menos cinco dias.

É necessário advertir que esta operação deve ser feita de joelhos, dizendo a oração seguinte:

— Pelas chagas de Cristo, juro que não tenho motivo de queixa de (nome da pessoa), e se faço isto é pelo muito amor que lhe consagro e para que não tome afeição a outra mulher.

Isto feito, deve se fazer toda diligência para que o homem não desconfie do responso e durma sossegado, e o feitiço produza efeito.

Feitiço que se faz com morcego para casar

Suponhamos que uma namorada deseja casar-se com seu namorado com grande brevidade. Faça-se da maneira seguinte:

Agarra-se um morcego que tenha morrido, e passa-se-lhe pelos olhos uma agulha enfiada numa linha. Depois de feita esta operação, a agulha e a linha ficam com grande força de feitiço.

Para fazer o feitiço, pega-se num objeto da pessoa que se quer enfeitiçar e, usando a agulha e a linha, dão-se-lhe cinco pontos em cruz, dizendo-se as palavras seguintes:

— (Nome da pessoa), eu te enfeitiço pelo poder de Astarot, para que não vejas Sol nem Lua enquanto não casares comigo, isto pelo poder da mágica feiticeira antiga.

Depois de tudo isto executado como fica escrito, a pessoa enfeitiçada não tem uma hora de sossego enquanto não casar.

Se por acaso já não quiserdes casar com a pessoa a quem enfeitiçastes, deveis queimar o objeto em que se fez o feitiço.

Feitiço do escaravelho para proteger amantes clandestinos

Enrole um escaravelho num lenço de seda e enterre-o num jarro de botões de rosa secos. Coloque o jarro, que pode estar disfarçado, no lado nordeste da casa do seu amado, o que servirá para proteger seus amores secretos durante o período de um ano, quando o feitiço deverá ser renovado se você desejar continuar o romance.

Feitiço do ouriço-cacheiro

Quando um homem estiver zangado com a mulher que estima e não quiser procurá-la primeiro, deve arranjar a pele de um ouriço-cacheiro com todos os espinhos, borrifá-la com sumo de hera-do-diabo (jiboia) e, trazendo-a consigo, a mulher aparecer-lhe-á em toda parte, e pedir-lhe-á com humildade que seja seu amiguinho, e é capaz de sacrificar-se e fazer tudo quanto se lhe pedir.

O enfeitiçador, para que isto dê bom resultado, deve dizer todos os dias, ao levantar da cama, a seguinte oração:

— Meu virtuoso São Cipriano, eu imploro, em nome da tua grande virtude, que não desampares um mártir do amor louco, assim como tu estiveste pela encantadora Elvira.

Para que sua mulher não pense em outro homem

Se você não quer a seu lado uma mulher depravada que vai para a cama com parceiros diversos, faça isto: consiga alguns pelos dos órgãos genitais e das sobrancelhas de um lobo. Corte pelos da sua própria barba e queime todos juntos; depois adicione a um refrigerante e dê à mulher. Enquanto ela não souber do feitiço, não desejará outro homem.

Feitiços terríveis para amarrar amores

1. Enterre o pé de um texugo morto recentemente debaixo da cama onde vocês se deitam juntos e um grande amor se acenderá em seus órgãos íntimos.
2. Um sapo vermelho que vive na sarça (roseira brava) e na amoreira silvestre (espinheira) está cheio de feitiçarias e é capaz de coisas maravilhosas; há um pequeno osso de seu lado esquerdo que, se amarrado a um homem, excita a sensualidade, a luxúria.
3. Pegue um pequeno pedaço de carne peçonhenta, do tamanho de um figo e de cor negra, e prenda na testa de um potro recém-nascido; uma hora depois queime a carne; reduzida a pó, junte a um líquido qualquer e dê a beber ao homem desejado. Nele nascerá um amor ardente.

Feitiços para aquecer amores

Para assegurar a continuação do impulso sexual da amante

Fazer uma imagem de cera virgem, aspergir água-benta e escrever o nome da mulher na testa da imagem e seu próprio nome no seio. Pegar quatro agulhas novas e espetar uma delas nas costas, outra na frente e as duas outras à direita e à esquerda. Então dizer a conjuração:

— Satã, Lúcifer, Donskton, príncipes que expulsaram Adão e Eva do Paraíso, eu lhes recomendo o nome dela, que sofra sem dormir, que não tenha descanso, que não beba, que não suporte mais, que não fique quieta até que tenha concordado e feito meu desejo sempre que eu o queira.

A seguir fazer uma fogueira, escrever com as cinzas do carvão o nome dela e juntar sementes de mostarda e um pouco de sal sobre a imagem; juntar os carvões outra vez enquanto saltam e se avolumam; o desejo dela aumentará de intensidade até o máximo.

Feitiço para aumentar a sensualidade

Tenha à mão uma vela vermelha ou laranja, de tamanho grande, um dente de alho e um pedaço inteiro de giz. Em seguida, pegue um retrato ou alguma roupa usada do seu amado. Execute o seu ritual num aposento fracamente iluminado, sobre um tapete que tenha sido esticado defronte do retrato ou da peça de roupa. Comece acendendo a vela e, segurando-a com a mão esquerda, levante a vela até a altura do seu coração. Segure tanto o alho quanto o giz com a sua mão direita. Fixe o olhar no retrato ou na roupa do seu amado e, abaixando-se ainda com a vela na mão, desenhe um círculo à sua volta, usando o giz. Imagine que o círculo é seu próprio universo particular. Concentre-se no seu pequeno mundo onde não há ninguém mais além de você, até sentir seu poder brotar. Então repita o seguinte verso:

— Acenda o fogo, brilha a chama. Vermelho é a cor do desejo.

Bruxedo para recuperar sua masculinidade perdida

Recolha o sangue de um bode recém-morto e beba uma boa quantidade do líquido. Use o restante para untar seus órgãos sexuais a fim de impregná-los com todo o selvagem vigor do forte animal.

Bruxedo de avelã para aquecer uma mulher fria

Quando um homem sente ainda paixão por uma mulher, e ela começa a desgostar-se dele, tem de fazer o seguinte:

Pega-se 20 gramas de raiz de sobreiro, uma mão cheia de sementes de sarganha brava, 24 pelos do peito com a raiz, 30 gramas de farinha de amendoim, uma cantárida e uma avelã. Tudo moído e bem misturado, até se fazer uma bola, deixa-se ao relento pelo tempo de três noites, evitando que pegue chuva ou orvalho. Ao fim deste prazo, abre-se um buraco no colchão da cama e aí se põe o encanto, dizendo:

— Pelas chagas de Cristo e pelo amor que voto a (nome da pessoa), te escondo, sobreiro, ligado à sarganha, com fios do peito, amendoim, cantárida e fruto de aveleiro; quero, pela virtude de Cipriano, que esta mulher se ligue a mim pelo amor e pela carne.

Depois de fazer isto, raras vezes sucede que a mulher não principie a olhar o homem com mais fogo e amor.

Esta receita é igualmente boa para aumentar o entusiasmo às esposas, que nos tratos amorosos recebem o marido com frieza.

Filtros de ervas para o amor

Erva-cidreira

O chá de erva-cidreira ajuda bastante a trazer de volta o vigor pedido. Ponha erva-cidreira de molho no vinho para aumentar seus poderes revigorantes.

Verbena

Encontrada ao longo da maioria dos rios, lagos e lagoas, a verbena pertence a Vênus, a Deusa do Amor, tendo sido consagrada há séculos. Essa associação manifesta forças que intensificam seus poderes mágicos.

Para as senhoras

Embora os homens pareçam viver mais preocupados com o problema sexual do que as mulheres, uma mulher que se sente pouco feminina pode descobir que poções e outras bebidas contendo alcaçuz são bastante eficazes.

Raiz mágica do lírio florentino

Misture pó de raiz de lírio na comida e na bebida para inspirar amor. Para uma maior intensificação de suas atividades sexuais, espalhe um pouco do pó nos lençóis de sua cama e jogue uma pitada sobre as roupas de seu amado.

Essência de Vênus

Misture almíscar, guaiaco e um composto de óleo e pó de espermacete. Queime a mistura num recipiente de cobre enquanto estiver fazendo amor.

Filtro de murta

Faça um chá de folhas de murta e beba-o durante três dias. Essa era a bebida favorita da Deusa do Amor, Vênus. Para tornar sua bebida mais saborosa, acrescente as suas ervas preferidas.

Para influenciar seu bem-amado

Transforme em pó sementes de coentro e jogue uma pitada na bebida de seu amado para estimular um desejo sexual incontrolável.

Para incitar impulsos românticos

Utilizando aspargos recém-colhidos, faça um suco e beba à vontade. Agrião é igualmente eficaz quando transformado em caldo e bebido todas as vezes em que quiser incitar os impulsos românticos.

Feitiços para aumentar o apetite sexual da amante

1. Dê-lhe para usar uma faixa que tenha sido untada com óleo de erva-de-são-joão.
2. Pendure um sapato de mulher sobre a cama onde se deita com ela, e encha-o com folhas de arruda.
3. Tome quatro penas de andorinha e cozinhe. Pegue penas de dois pássaros quando eles estiverem acasalando, e mergulhe-as em óleo de rosas. Misture tudo. Esta poção será aplicada nos seios e nas partes íntimas da mulher: aí ela realizará todos os seus loucos desejos da maneira que você escolher.
4. Descubra onde existe um casal de cachorros negros. Quando eles estiverem acasalando, recolha o esperma liberado, passe num pedaço de pão e coma junto com sua jovem amada; tal receita produzirá um prodigioso tesão para o amor.

Bruxedo para aquecer uma mulher

Quando uma mulher não deseja seu homem, faça com que ela coma um pouco de sebo de bode; depois, passe um pedaço do mesmo sebo no órgão íntimo da companheira, após o que a mulher estará sempre preparada para receber seu homem.

Feitiços para matar amores

Para forçar o afastamento de uma mulher que não mais deseja

Pegar um ovo de galinha preta, ferver em urina, dar metade a um cachorro e metade a um gato, e dizer:

— Como estes se odeiam mutuamente, possa haver ódio entre (o nome da mulher) e eu.

Para livrar-se de um(a) rival

Arranje alguns fios de cabelo da pessoa. Faça uma fogueira com ramos secos de louro e hortelã, e nela queime os cabelos. Isso fará com que seu amor jamais deseje encontrar novamente essa pessoa.

Para separar seu marido ou amante de outra mulher

Consiga um pequena porção de sangue de sapo. Prepare duas bonecas, uma vestida como um homem e outra vestida como uma mulher, representando o casal. Salpique nelas o sangue e lance sobre eles o encanto que desejar, ao mesmo tempo enfiando seus unhas na boneca que represente sua rival, naquelas partes que desejar tornar impotente. Tome sempre cuidado para não tocar em áreas em que ferimentos possam causar a morte; relativamente ao seu marido ou amante, será necessário apenas machucá-lo de forma menos séria, apenas para fazê-lo sofrer um pouco e arrepender-se daquilo que fez de errado.

Ovos de formiga para se livrar de quem não quer mais

Quando uma mulher estiver cansada de aturar um homem e quiser livrar-se dele sem escândalo e mesmo sem se expor à sua vingança, tem que praticar o seguinte:

Em primeiro lugar, deve mostrar-se desinteressada quando ele a convidar para atos de amor.

Logo que faça isto, deite doze ovos de formiga e duas malaguetas dentro de uma cebola-albarrã furada. Dentro de uma panela de barro bem calafetada, ponha a cebola sobre o lume.

Ao deitar-se e logo que o parceiro esteja dormindo, vá destapar a boca da panela e, voltando à cama, passe o braço direito pelo peito do homem, dizendo estas palavras em pensamento:

— Em nome do príncipe dos Infernos, a quem faço testamento da alma; te esconjuro, com a cebola-albarrã, a malagueta e os ovos de formiga, para que ponhas o vulto bem longe de mim, porque me aborreces tanto como a cruz aborrece ao anjo das trevas.

Para fazer com que seu(sua) rival caia no desagrado da pessoa amada

Atraia-o(a) até um cemitério e faça com que ele(a) fique na sombra da cruz de uma sepultura. Dentro de pouquíssimo tempo ele(a) começará a se comportar mal e acabará desprezado(a) pela pessoa amada.

Feitiços contra a infidelidade

Para se vingar de um amante infiel

Compre uma vela e transpasse-a com uma agulha três vezes, repetindo o seguinte:
— Que em três partes se quebre esta vela, que três vezes sofra quem não me foi fiel.
Queime a vela em seguida.

Para vingar-se de um(a) antigo(a) namorado(a) que resolveu casar-se com um(a) rival

Quebre a casca de um caranguejo em pedaços bem pequenos e depois transforme tudo numa farinha bem fina que deverá ser misturada na comida dele(a). Ao mesmo tempo, dê um jeito de guardar um punhado dos cabelos dele(a) e ponha-o dentro de um ninho de pássaro, para que o casamento jamais dê certo. O(a) antigo(a) namorado(a) jamais conseguirá esquecê-la(o), imaginando o quanto poderia ter sido feliz se tivesse permanecido ao seu lado.

Para tornar impotente um(a) amante infiel

Dê três nós seguidos numa fita de couro, repetindo, enquanto o faz, o seguinte:
— Com esses três nós crio um laço muito forte que somente poderá ser desmanchado por mim, se eu estiver disposto(a).

Depois esconda a fita num lugar que só você conheça, de maneira que possa ser a única pessoa a poder desmanchar o feitiço, se tal for do seu interesse. Enquanto o feitiço não for desmanchado, ao enfeitiçado somente será possível manter relações com você, com mais ninguém.

DÉCIMO PRIMEIRO LIVRO DE SÃO CIPRIANO

DOS FEITIÇOS DE PODER E DOMÍNIO

Feitiços para influenciar pessoas

Para neutralizar inimigos

Imaginemos que uma pessoa qualquer deseja neutralizar um inimigo seu, mas não quer que ele seja sabedor do que se lhe prepara. Faz-se isso facilmente, da seguinte forma:

Pega-se um boneco com a forma de um gato preto e um pedaço grande de corda. Amarra com uma ponta da corda as patas do boneco, e a seguir vai enrolando-o e prendendo-o em todo o corpo do boneco. Depois desta operação executada, leva-o a uma encruzilhada em subida e, logo que ali chegar, fala da maneira seguinte:

— Eu, (dizer o próprio nome), da parte de Deus Onipotente, ordeno ao Demônio que me apareça aqui já, debaixo da santa pena da obediência a preceitos superiores. Eu, pelo poder da mágica preta, mando-te, Demônio ou Lúcifer, ou Satanás ou Barrabás, que te metas no corpo da pessoa a quem eu desejo anular e de lá não te retires enquanto eu não te mandar, e me faças tudo aquilo que eu te propuser durante a minha vida.

Diz-se o que se deseja que ele faça à criatura, e se continua assim:

— Ó grande Lúcifer, imperador de tudo que é infernal, eu te prendo e amarro no corpo de (nome da pessoa) assim como tenho preso este gato. No fim de me fazeres tudo aquilo que eu quiser, ofereço-te este gato preto que trago aqui quando tudo estiver pronto.

Quando o Demônio se desempenhar da obrigação imposta, ir ao lugar onde foi invocado e repetir duas vezes:

— Lúcifer, Lúcifer, Lúcifer, aqui tens o que te prometi.

E, tão logo ditas estas palavras, entregar o boneco, junto com sete velas acesas.

Feitiço do sapo para vencer um inimigo

Eis aqui a receita para se fazer este feitiço:

Pegue-se um boneco na forma de um sapo, cosa-se a sua boca com retrós preto, e, depois de estar a boca cosida, dizem-se as palavras seguintes:

— Sapo, eu, (dizer o próprio nome), pelo poder de Lúcifer, de Satanás, Barrabás, Caifás e do diabo manquinho, e principalmente em nome do príncipe Belzebu e de Roberto do Diabo, por todos te rogo que (nome da pessoa a quem se quer enfeitiçar) não tenha mais uma hora de sossego enquanto me não deixar em paz. A tua vida prendo dentro da boca deste sapo, e assim ficarás até que me deixes em paz, pelo poder de Lúcifer.

Põe-se depois o sapo dentro de uma caixa de madeira bem fechada, como se fosse um caixão, por cima de um papel com o nome da pessoa escrito, e assim se deixará, em lugar seguro, para manter essa pessoa controlada.

Mas vamos supor que, depois de preparado o feitiço, a pessoa se arrependa de tê-lo aplicado. Facilmente se desfará tudo. Basta tirar o sapo da caixa e descoser sua boca, dizendo o seguinte:

— Sapo, eu, (dizer o próprio nome), pelo poder de Lúcifer, de Satanás, Barrabás, Caifás e do diabo manquinho, e principalmente em nome do príncipe Belzebu e de Roberto do Diabo, por todos te rogo que (nome da pessoa a quem se enfeitiçou) volte a ter sossego e siga seu caminho em paz. A tua vida está livre deste sapo, e assim ficarás enquanto me deixares em paz, pelo poder de Lúcifer.

Mágica com boneco para influenciar alguém

Uma das maneiras mais conhecidas de se influenciar uma pessoa é fazer um boneco o mais parecido possível com ela, boneco este em que se faz o que se deseja que aconteça com a pessoa. Por exemplo, se a intenção é curar a enfermidade de um órgão, pode-se espetar um alfinete na parte do boneco que corresponde ao órgão, simbolizando uma operação médica. Se, ao contrário, quisermos afastar, neutralizar ou de alguma outra forma tirar a pessoa do nosso caminho, basta fazer o mesmo ritual, pedindo o que se quer.

Óleo dos bichos para fazer aparecer fantasmas

Pegar todos os bichos que puder (melhor os que são mais peçonhentos). Depois de todos presos, colocá-los dentro de uma caçarola, com um copo de azeite. Deixar ferver bem, até ficar pela metade. Depois guardar o óleo que ficar em um frasco bem tampado.

Quando quiser enfrentar adversários, deve-se acender com esse óleo um pavio de lamparina. Todas as pessoas que estiverem presentes na ocasião ficam tão assustadas que nem saem do lugar.

A razão do susto é que aparecem ali grandes fantasmas, há tremores de terra, e os bichos que foram guisados aparecem também, dando grandes chiados e querendo ferrar as pessoas que ali estão; porém não se deve ter medo, porque tudo aquilo é por causa da luz que está a arder.

Mágica do vidro encantador

Preparar um vidro de pequeno tamanho, para se tornar mais cômodo a quem o trouxer na algibeira, e colocar dentro um pouco dos seguintes ingredientes: espírito de sal amoníaco, raspa de pedra d'ara, alecrim, funcho, pó de mármore, semente de feto, semente de malva, semente de mostarda, sangue do dedo mindinho, sangue do dedo grande do pé esquerdo, uma raiz de cabelo da cabeça, raspa das unhas dos pés e das unhas das mãos e raspa de um osso (será melhor da caveira de um defunto).

As quantidades devem ser medidas de maneira que o vidro não fique totalmente cheio. Anotar que, de todos os ingredientes de que já falamos, deve-se usar a menor porção possível, porque produz melhor efeito.

Depois que o vidro estiver preparado, dizer as palavras seguintes:

— Tu, vidro sagrado, que pela minha própria mão foste preparado, o meu sangue em ti está preso e amarrado à raiz do meu cabelo e dentro em ti foi derramado. Toda pessoa que por ti for tocada comigo há de ficar encantada. A.N.R.V. *Ignoratus tuum vos assignaturum meo.*

Depois de tudo pronto, exatamente como já acabamos de explicar, guardar o vidro muito bem guardado e depois poderá encantar a quem bem entender: dando-o a cheirar a qualquer criatura, logo a pessoa o seguirá por toda parte.

O vidro não só tem poder para encantar, como para fazer mal. Tudo depende do pensamento da pessoa que o dá a cheirar: se para o bem, sucede-lhe o bem; se for para o mal, sucede-lhe o mal.

Mágica da raiz de salgueiro

A raiz de salgueiro tem uma grande virtude que poucos feiticeiros conhecem. Cortada uma raiz de salgueiro e posta de noite num sítio muito escuro, começa-se a ver uns vapores como que de enxofre a evolarem-se no ar, que se parecem com labaredas, e que se chamam fogo-fátuo.

A pessoa que quer afastar a outra da sua vida esparge um pouco de água-benta em cima da raiz de salgueiro, dizendo:

— Pelo fogo que aquece o sangue e pelo frio que gela, quero que, enquanto os fogos-fátuos desta raiz se não apagarem, (nome da pessoa) não tenha nem um momento de satisfação até ir para longe de mim.

Se, ao contrário, a mágica for para atrair alguém, deve-se dizer com a mão sobre o coração:

— Pelo fogo que aquece o sangue e pelo frio que gela, quero que, enquanto os fogos-fátuos desta raiz se não apagarem, o coração de (nome da pessoa) deite fagulhas de entusiasmo por mim, como as que estão saindo agora desta abençoada raiz.

NOTA: A raiz de salgueiro dura geralmente seis meses com estas evaporações, isto é, enquanto verde. Por isso, bom será estar-se prevenido com outra para substituir aquela que já não emite evaporação.

Para afastar uma pessoa que se detesta e que causa prejuízos

Compre uma vela em forma de crânio e escreva na testa o nome do inimigo que deseja destruir. Acenda a vela e espere até que ela se derreta inteiramente, sempre imaginando que o que está sendo destruído à sua frente é a intenção má de seu inimigo, que assim será impiedosamente vencido.

Feitiço para neutralizar um inimigo

Escreva o nome da pessoa num pedaço de papel ou pergaminho, e perfure-o muitas vezes com um prego. A seguir, queime esse papel dentro de um prato fundo até que fique reduzido a cinzas. Triture as cinzas até que elas virem pó e espalhe-as sobre um túmulo no cemitério mais próximo, repetindo sem cessar o seguinte:

— Entrego essas cinzas a vocês, fantasmas adormecidos, invoco-os, espíritos, para que acordem! Tomem o que é seu! Espíritos do Diabo; ó figuras das sombras, levantem desse túmulo e venham ao meu auxílio!

O resultado não tardará, conforme seu pedido.

Bruxedo para vencer um inimigo

Colocar um retrato dele num dos cantos do telhado, num dia de chuva, de maneira que a água que desce da calha caia diretamente em cima do retrato, enquanto se repete o seguinte:

— Da mesma forma que esta água destrói o seu retrato, você desaparecerá da minha vida.

Feitiço forte para vencer um inimigo

Compre num açougue ou mercado um osso com ainda bastante carne grudada nele. Enterre o osso repetindo sempre o seguinte:

— Da mesma forma que os vermes vão roer toda a carne desse pedaço de osso, comerão toda a carne que estiver junto dos ossos de meu(minha) inimigo(a) (nome da pessoa), até que nada mais exista de seu corpo sobre a terra.

Encanto para afastar totalmente um inimigo

Coloque um punhado de cabelo da pessoa embaixo de uma pedra de cobrir um túmulo e mande rezar uma cerimônia religiosa como se ele estivesse morto. Em pouco tempo a pessoa desaparecerá da sua vida.

Para forçar um inimigo a mudar de atitude

Coloque um punhado de cabelo da pessoa dentro de um ninho de pássaro ou debaixo de uma raiz nova de árvore, de forma que o cabelo fique logo enterrado debaixo da árvore quando as raízes começarem a se desenvolver.

Com isso, a pessoa vai se sentir perturbada e inquieta até que mude completamente de atitude em relação a você.

Segredos do poder magnético

Truques para desenvolver o poder de enfeitiçar com o olhar

Existem animais que possuem o poder de enfeitiçar e paralisar suas presas com o olhar. Tendo um desses animais como seu familiar, podereis usar dessa sua virtude. Os melhores animais para este fim são o sapo, a serpente, a lagartixa e o gato, especialmente se for preto.

Segredo da água magnetizada

Apanha-se uma garrafa quase cheia de água do mar e coloca-se sobre uma mesa; assenta-se a pessoa em uma cadeira, de forma que não esbarre na mesa. Feito isto, ponha as pontas dos dedos no gargalo da garrafa, e os dedos da outra mão quase ao fundo da dita garrafa, fixando a vista nela; assim se deixará ficar por um espaço de três horas. Logo que a água comece a fazer espuma e a garrafa a mover-se, estará pronta a mágica do magnetismo.

Depois que a água ficar completamente magnetizada, basta só beber um ou dois goles dela para se ficar completamente magnetizado e, durante o sono, obter-se tudo quanto se deseja, havendo primeiro o cuidado, antes de se beber a água, de dizer-se o que se deseja naquele momento ou depois. Logo que se acordar, estarão completamente satisfeitos os favores almejados.

Modo de magnetizar uma pessoa

A pessoa que se pretende magnetizar deve sentar-se numa cadeira frente ao magnetizador, ficando este suficientemente afastado e sem entrar em contato com ela.

O magnetizador, geralmente, fica de pé, e se porventura necessitar sentar-se, deve procurar sempre um lugar mais alto do que o do magnetizando, de modo que o movimento dos braços, que é obrigatório ser feito, não se torne demasiado fatigante e dê bom resultado.

Em seguida, fixa os olhos no magnetizando com grande tenacidade, com uma vontade sobre-humana, firme e determinada de obter o que se deseja.

Ao cabo de alguns segundos coloca as ponta dos dedos sobre o umbigo da pessoa que quer magnetizar e, passados mais alguns segundos, levanta as pontas dos dedos muito devagar e inclina-as ao pescoço do paciente por espaço de cinco minutos, tornando a descê-las ao umbigo, onde as conservará por mais cinco minutos.

Depois de haver feito tudo quanto ficou dito, chegue-se o magnetizador um pouco mais para o paciente e incline-se sobre ele, para que se estabeleça assim a corrente elétrica entre um e outro corpo.

Durante todo este tempo, o magnetizador não deverá cessar, nem um instante, de olhar fixamente para o paciente, e terá o pensamento preso no que está executando.

Daí a poucos minutos, o paciente dormirá um sono profundo. Então, o magnetizador poderá perguntar ou ordenar (nos limites do possível) tudo o que for da sua vontade e que não viole os conhecimentos do magnetizado.

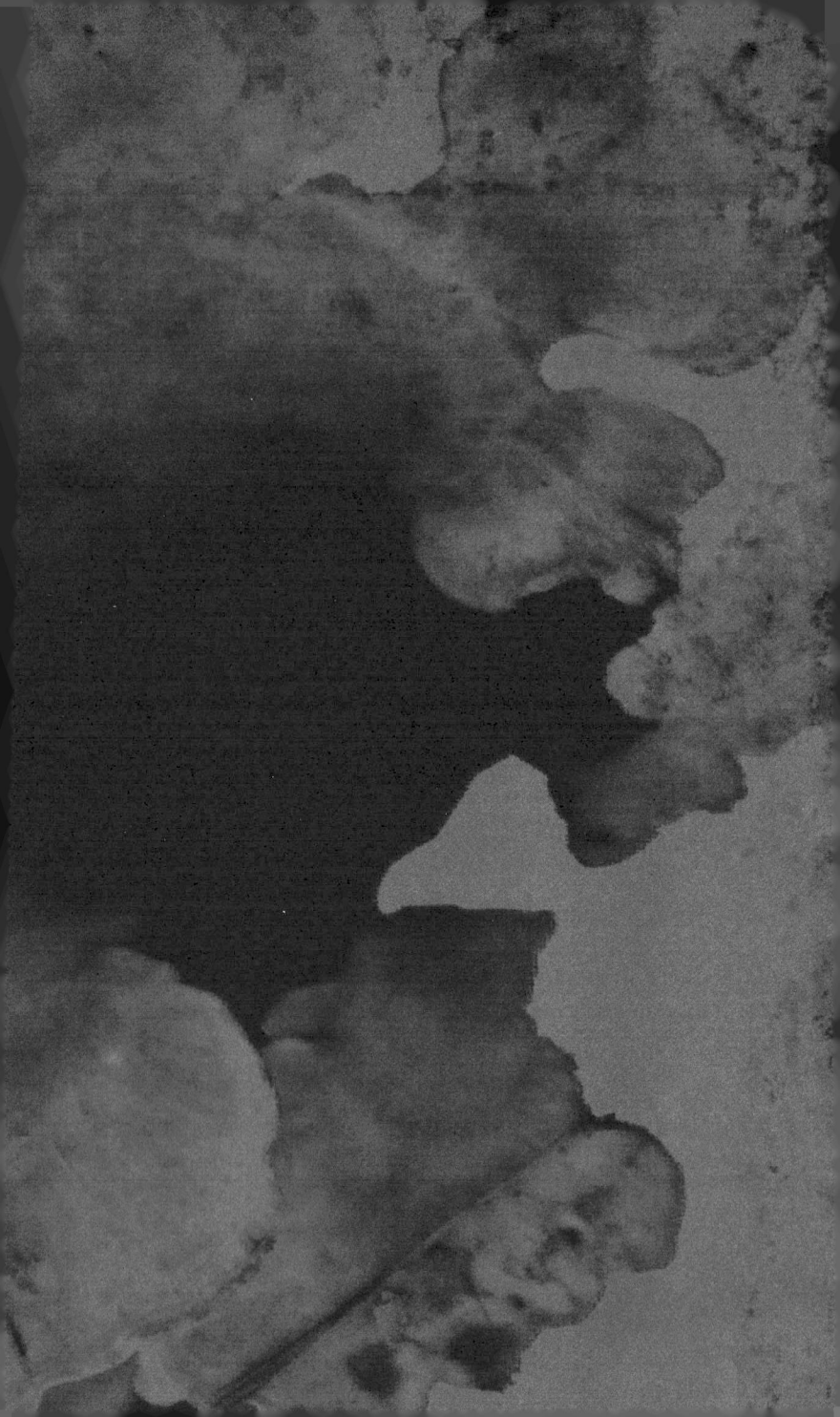

DÉCIMO SEGUNDO LIVRO DE SÃO CIPRIANO

DOS FEITIÇOS DE RIQUEZA E SUCESSO

Segredos da mandrágora

Consagradas a Circe, feiticeira conhecida por seus poderes mágicos, as raízes venenosas dessa planta, que lembra um corpo humano, se retorcem de forma incomum. Por isso são usadas para preparar um poderoso amuleto, o homúnculo, que proporciona sorte, proteção e fortuna.

Grandes cuidados são necessários para obter a raiz de mandrágora, pois diz-se que o grito que ela solta, ao ser tirada da terra, pode matar quem o ouve. Então, aquele que a vai colher deve seguir um ritual minucioso.

Numa sexta-feira, pouco antes da aurora, o bruxo deverá ter consigo uma barra de osso, um bocado de cera mole, uma corda forte e um pano de linho branco, e fará a colheita em absoluto segredo. Chegando junto à planta numa noite de Lua cheia, deverá antes de tudo observar a direção do vento, pois terá de se colocar contra ele, para não respirar os vapores embriagantes da planta. Após traçar o círculo da Arte em volta da mandrágora, usará a barra de osso para cavar em torno dela, até expor ao máximo suas raízes. Então amarrará a corda no colo da planta e a puxará com força, sem tocar na raiz. Convém que neste momento o feiticeiro grite com toda força ou toque uma buzina, para não ouvir o grito que a planta possa soltar.

A planta assim arrancada é embrulhada no pano e levada para casa. Aí o bruxo retira as partes aéreas (galhos e folhas.) A raiz limpa é posta a secar lentamente, enterrada em areia mantida quente em fogo lento ou pelo calor do Sol. Ela deve ser deixada em seu feitio natural: raízes esculpidas para terem a forma humana mais marcada não têm qualquer poder.

Estando pronto, o homúnculo será consagrado em cerimônia realizada num sábado, sob o poder de Saturno. O homúnculo será alimentado com um pouco de leite misturado com mel e uma gota do sangue do seu dono, e, depois da consagração, irá proteger a casa e seus moradores.

O homúnculo poderá ser vestido com uma túnica vermelha, e deverá ser guardado dentro de uma caixa embrulhada num pano de seda vermelha ou branca. Uma vez por ano, deverá ser banhado com vinho. Algumas moedas postas junto do homúnculo propiciarão prosperidade ao seu dono.

Magia do sapo para ter sucesso em qualquer empreendimento

Numa sexta-feira, logo após a Lua cheia do mês de setembro, tome-se um sapo que tenha morrido, e cortem-se-lhe a cabeça e os pés. Deitem-se esses pedaços de molho pelo tempo de 21 dias em óleo de sabugueiro, retirando-se, depois deste prazo, às primeiras badaladas da meia-noite e expondo-se depois por três noites seguidas aos raios da

Lua. Calciná-los num pote de barro que não tenha sido usado; misturar depois igual quantidade de terra de cemitério, mas justamente do lugar em que esteja enterrada alguma pessoa da família a quem se destina a receita.

Fica a certeza de que o espírito do defunto velará pela sua pessoa e por todas as coisas que venha a empreender.

Mágica do azevinho

À meia-noite em ponto deve-se cortar o azevinho com faca de aço e, depois de cortado, abençoá-lo em nome do Pai, do Filho e do Espírito Santo; depois deve-se levá-lo junto ao mar e passá-lo por sete ondas; enquanto estiver fazendo esta operação, rezar o Credo sete vezes, fazendo sempre cruzes com a mão direita sobre as ondas e o azevinho.

O azevinho tem virtude para tudo que o seu possuidor desejar. Quem trouxer um ramo de azevinho consigo tem fortuna em todos os negócios que fizer e em tudo que diz respeito à felicidade. Se tocar com ele uma outra pessoa, com a fé viva de que o há de seguir imediatamente, a dita pessoa o seguirá para toda parte que desejar.

Uma pessoa estabelecida que possuir o azevinho e o tiver pendurado na loja, deve todos os dias, de manhã, quando chegar à loja, dizer: "Deus te salve, azevinho, criado por Deus", e desta forma a loja será muito afortunada.

Mágica do trevo para obter fortuna

Pega-se um trevo de quatro folhas verdinho e lava-se em águas de três procedências: do mar, de cachoeira e de chuva. A seguir coloca-se o trevo junto a uma pedreira e diz-se:

— Pelas sete pragas, pelas sete maravilhas, que eu de posse deste trevo ache a fortuna.

Usa-se este trevo na algibeira, sem que ninguém o saiba.

Feitiço para fazer o dinheiro voltar aumentado

Faça uma bolsa de pele de toupeira e escreva nela "Belzebu, Zetus, Caiphas" com o sangue de um morcego; jogue algum dinheiro numa estrada em até três dias e três noites, pronunciando as palavras: "Vade et Vine." No dia seguinte, olhe na bolsa e o dinheiro terá retornado num valor cem vezes maior.

DÉCIMO TERCEIRO LIVRO DE SÃO CIPRIANO

DOS FEITIÇOS DE AÇÃO E PROTEÇÃO

Experimento de voo

Esta experiência deve ser executada nas horas noturnas, depois da meia-noite. Antes de iniciar o trabalho, e uma vez tendo tudo preparado, se dirá a seguinte invocação:

— Atha, Milech, Nigheliona, Assermaloch, Bassamoin, Eyes, Saramelachin, Baarel, Emod, Egen, Gemos. A vós todos, espíritos invisíveis que percorreis sem cessar o firmamento e toda a criação, quero invocar nesta hora para que me adorneis, se me achais suficientemente digno, com vossas asas poderosas a fim de que eu possa conhecer a força e a eficácia deste experimento. Também vos chamo, ó magnânimos Cados, Elói, Zenath e Adonai, suplicando-vos reverentemente que me doteis da virtude necessária para que eu possa aperfeiçoar esta obra que desejo executar e levar ao sucesso.

Ditas essas palavras, o mago tomará a espada com a mão esquerda, apresentando-a sucessivamente aos quatro pontos cardeais, ou seja, Oriente, Poente, Sul e Norte, e dirá:

— É chegada a hora de que este experimento termine, não há nada que me ligue à Terra; só me falta que vós, espíritos invocados neste instante supremo, me adorneis com as asas impalpáveis e potentes para poder navegar ao vosso lado. Jot, Jot, Jot, ordena aos espíritos que cumpram meu desejo.

O mago estenderá as mãos no ar e cerrará os olhos, concentrando todo o seu espírito no voo que em breve poderá notar perfeitamente que está executando. Durante a viagem, cuidará de não abrir os olhos, pois, se esquecer este detalhe, cairá irremissivelmente da altura onde estiver e seguramente será o último instante da sua vida. Quando quiser terminar a experiência, dirá:

— Cesse já minha viagem e repousem meus pés de novo no mesmo ponto de onde saí.

No mesmo instante o mago notará que se encontra em terra, podendo então abrir os olhos sem medo.

Para este experimento é conveniente preparar um copo grande de vinho, no qual se deitará um cálice de licor e que se beberá nos intervalos das invocações. Se a concentração de espírito for feita com grande força de vontade, notar-se-ão coisas maravilhosas; mas se não se concentrar bem, será difícil chegar a um bom resultado da experiência.

Experimento de invisibilidade

Tendo preparado todos os instrumentos para esta experiência, o mago dirá de todo coração as seguintes palavras:

— Scaboles, Hebrion, Elde, Eringit, Baboli, Cemitrien, Metinoboy, Sabaniteut, Heremobol, Cane, Methe, Baluti, Catea, Timeguel, eu me dirijo a vós, espíritos excelsos, a fim de que, com o império que exerceis sobre todas as criaturas, me ajudeis nesta obra, para que, por vossa mediação, eu possa ser invisível.

Em seguida dirá:

— Eu vos invoco, vos conjuro e vos contrato, espíritos de invisibilidade, para que sem tardar vos consagreis a este experimento, para que eu possa ser invisível sem nenhum temor. Novamento vos conjuro pelo poder de Lúcifer, vosso soberano Senhor, e, pela obediência que lhe deveis, que me concedais vossa ajuda, consagrando esta experiência o mais rápido possível. Fiat, fiat, fiat.

Dito isso, tomará a espada com a mão esquerda e executará a mesma operação descrita no experimento de voo. O mesmo deverá ser feito com o copo de vinho, pois este representa o sangue, e o licor que se lhe agrega, o espírito, e possui grande eficácia em todas as artes mágicas.

Terminadas estas cerimônias, deverá dizer:

— Ó, espíritos invisíveis e impalpáveis! Eu, o mais insignificante dos mortais, vos suplico pela última vez que cubrais meu corpo com o fluido misterioso que possuís, para que nenhuma pessoa humana possa ver-me no tempo que durar esta prova de invisibilidade.

Mágica das favas para tornar uma pessoa invisível

Colha cinco favas negras. Comece o ritual numa quarta-feira antes de o Sol nascer. Enterre no quintal um gato preto que tenha morrido. Coloque uma fava em cada olho, outra debaixo da cauda e outra em cada ouvido. Depois de tudo isso feito, deve-se cobri-lo de terra e, durante nove dias, regá-lo todas as noites, ao dar meia-noite, com aguardente, até que as favas estejam germinadas. Então cortá-las, levá-las para casa e colocá-las uma a uma na boca, olhando-se no espelho.

Quando parecer-lhe que vai se tornar invisível, é porque a fava que está na boca é a que tem a força da mágica. E assim, uma vez escolhida a fava, quando quiser entrar em qualquer parte sem que ninguém o veja, basta pôr a dita fava na boca.

Isto se dá por uma virtude oculta, sem ser necessário fazer pacto com o Demônio, como fazem as bruxas.

Convém ficar atento para quando se vai regar as favas: hão de aparecer muitos fantasmas, com o fim de lhe dar sustos para que não consiga o seu propósito. A razão é muito simples: é que o Demônio tem inveja de quem vai usar desta mágica, sem que antes se entregue a ele de corpo e alma, como normalmente fazem as bruxas. É bom não se assustar, pois nada lhe fará mal algum, basta que se faça o sinal da cruz.

Talismã para se tornar invisível

Pegue um pedaço de chumbo. Escreva sobre ele "Athatos, Stivos, Thern, Pantocraton" e coloque em seu sapato esquerdo. Então pode sair por aí sem ser visto.

O segredo mais simples da invisibilidade

É a declamação da seguinte invocação enquanto se está dentro do círculo mágico devidamente consagrado:

— *Athel, Bathel, Nothe, Jhoram, Asey, Cleyungit, Gabellin, Semeney, Mencheno, Bal, Labenenten, Nero, Meclap Helateroy, Placin, Timgimiel, Plegas, Peneme, Fruora, Hean, Ha, Ararna, Avira, Ayla, Seye Peremies, Seney Leves-*

so, Huay, Baruchalu, Acuth, Tural, Buchard, Caratim, per misericordiam abibit ergo mortale perficiat que hoc opus ut invisibiliter ire possim. O tu Pontation, Magister invisibilitaris cum Magistris tuis, Tenem, Musach, Motagren, Bries vel Brys, Domedis, Ugemal, Abdita, Patribisib, Tangadentet, Ciclap, Cliente, Z, Succentat, Colleig, Bereith et Plintia, Gastaril, Oletel. Conjuro te Pontation, e ipsos Ministros invisibilitatis per illum qui contremere facit orben per Coelum et terram, Cherubin et Seraphim et per illum qui generare facit in vergine et Deus est cum homine, ut hoc experimentum perfectae perficiam, est in quaecumquae hora voluero, sim invisibilis; Iterum conjuro te et tuos Ministros, pro Stabuches et Mechaerom, Esey, Enitgiga, Bellis, Semonei, ul Statim venais cum dictis ministris tuis et perficias hoc opus sicut scitis, et hoc experimentum me invisibilem facit, ut nemo me videat. Amém.

Mágica do osso de gato preto para viajar invisível

Arranjar um gato preto que tenha morrido. Fazer ferver uma panela d'água com flores de videira, usando lenha de salgueiro. Logo que a água esteja a ferver, colocar dentro o gato e deixar cozer até que se lhe separem os ossos da carne.

Depois de tudo feito, deve-se coar todos os ossos em pano de linho e se colocar diante de um espelho; pôr depois um osso de cada vez na boca, não sendo necessário introduzi-lo todo, mas pô-lo só entre os dentes. Quando a sua imagem desaparecer do espelho, deve guardar o osso que está entre os dentes, porque é esse que tem a mágica.

Quando se quiser ir para qualquer parte sem ser notado, basta pôr o citado osso na boca e dizer:

— Quero já estar em tal parte (dizer o lugar) pelo poder da mágica preta que libera.

Unguentos para voar

Providenciar os elementos de uma das receitas abaixo:
1. Óleo, salva, uma pitada de acônito, folhas de choupo e cinzas.
2. Salsa-brava, cálamo-aromático, quinquefólio, beladona e óleo.
3. Óleo, cicuta, um fruto de meimendro e potentilha.

Triturar tudo junto e guardar.

Em uma noite de Lua, esfregar todas as partes do corpo vivamente até ficarem vermelhas e bem quentes. Assim, quando os poros se abrirem, sua carne ficará livre e acessível. A gordura ou o óleo abrirão caminho para dentro, e seu efeito será mais intenso. Por meio disso, sentir-se-á levado a voar.

Receitas para provocar visões e profecias

1. Dissolver um pouco de pó de meimendro-negro em água. Tomando essa bebida, cria-se uma pressão na cabeça como se um corpo pesado estivesse sobre ela. As pálpebras vão se fechando, a visão fica vaga e os objetos parecem distender-se. Quando o indivíduo adormece, é rodeado de aparições fantásticas, e pode também visualizar eventos futuros.
2. Para possibilitar ao homem visões no ar e em qualquer lugar, tome coentro, meimendro-negro e a casca da romã; triture tudo junto e faça uma fumigação que mostrará toda sorte de maravilhas.

3. Tome raiz de cana e raiz de erva-doce com casca de romã, meimendro-negro, sândalo vermelho e papoula preta. Alguns atribuem a esta mistura as qualidades de evocar espíritos e fantasmas se fumigada em torno de túmulos e sepulturas.
4. Anis-estrelado e zimbro misturados possibilitam a visão de coisas secretas chamadas espíritos.
5. Fumigar com cardamomo, e comer em seguida, causa alegria e ao mesmo tempo reúne os espíritos.
6. Se deseja ver um homem sob a forma de certo animal, tome o olho de um mocho, o olho de um peixe e o fel de um lobo. Amasse-os com as mãos, misture todos juntos e guarde em um pote. Quando for aplicar, pegue a gordura do animal escolhido; derreta, misture com a preparação acima e unte com ela uma vela. Depois, acenda no meio da casa, e o homem aparecerá na forma do animal cuja gordura foi usada.
7. Quem se defumar com sementes de linho e psílio, ou com raízes de violeta e salsa selvagem, verá acontecimentos futuros.

Mão da glória

É um acessório horrível da antiga magia negra, que poderia paralisar aqueles a quem fosse mostrado, e que era usado aparentemente na execução de roubos. Era preparada como se descreve a seguir.

Toma-se a mão de um criminoso enforcado em um patíbulo à beira da estrada; embrulha-se num pedaço de pano de um funeral e torce-se bem para remover o sangue. Põe-se a mão num vaso de barro com azinhavre (verdete), nitrato, sal e pimentas compridas, em forma de pó. Deixa-se na vasilha durante quinze dias, então retira-se a mão, que é exposta ao Sol até que esteja absolutamente seca. Se o Sol não for bastante forte, põe-se no forno quente com samambaia e verbena. A seguir, faz-se uma vela com a gordura do enforcado, cera virgem, sésamo (gergelim) e esterco de cavalo, e prende-se entre os dedos da mão, que se usa como um candelabro para segurar a vela acesa, e então, por toda parte onde seu dono passar com este instrumento maléfico, tudo ficará imóvel.

Para se tornar lobisomem

Procure uma árvore abatida na floresta e recite o seguinte feitiço:

— No mar, no oceano, numa ilha, em Bujan, na pastagem vazia brilha a Lua, em um curral, na floresta, num vale sombrio. Vagueando pelos estábulos um lobo peludo, de presas brancas e afiadas, procurava animais de chifres; mas o lobo não entra na floresta, não entra no vale sombrio. Lua, Lua, Lua de chifres dourados, interrompe o percurso das balas, tira o fio das facas dos caçadores. Quebra o cajado dos pastores, espalha medo selvagem sobre todo o gado, nos homens, em todas as criaturas rastejantes, que não possam caçar o lobo cinzento, que não possam dilacerar sua pele quente! Minha palavra está mais comprometida que adormecida, mais comprometida que a promessa de um herói!

Então pule três vezes sobre a árvore e corra para a floresta, transformado em lobo.

Feitiços de defesa

Para combater o poder da feitiçaria

Tomar três jarras de pedra pequenas, colocar em cada uma o fígado de uma rã todo cravado de alfinetes novos e o coração de um sapo todo cravado de espinhos da árvore de espinhos sagrados. Arrolhar e selar cada jarra. Então enterrá-las em três covinhas de três cemitérios anexos a igrejas, a sete polegadas da superfície e a sete polegadas do pórtico. Durante este processo repita o Pai-nosso de trás para diante. Quando os corações e fígados degenerarem, ao mesmo tempo decairá o poder da feitiçaria.

Encanto egípcio do gato preto

O gato é uma das divindades mais adoradas pelos egípcios, sendo ligado ao Sol, à guerra e à magia. Este é um antigo feitiço egípcio, que invoca a proteção do gato preto para pessoas e lugares.

Para fazê-lo, providenciai um pequeno vaso de barro com terra, um copo com água de chuva, um dente de alho fresco, uma maçã e uma vela. Numa terça-feira, acendei a vela ao lado do vaso. Plantai nele o dente de alho e regai com a água. Depois, cortai a maçã em quatro pedaços e enterrai-os nos quatro cantos do vaso, cercando o alho. Dizei então a seguinte oração:

— Gato preto, que tens sete vidas, pela força de tua magia, que eu seja esperto e ladino e que meus inimigos não me ataquem, pois contra eles eu tenho sete vidas e sete defesas: a do alho, a da água, a da luz, a do fogo, a da terra, a da maçã e a da força da chave de Salomão.

Mágica do cão preto protetor, que vos seguirá aonde quer que possais ir

Esta mágica cria um espírito protetor sob a forma de um animal, que será um cão.

Procurai um cão que esteja morto. Arrancai seu olho direito, sem o esmigalhar; colocai-o dentro de uma caixinha que trareis no bolso. O cão, ou melhor, o espírito sob a forma de cão vos seguirá por toda a parte aonde fordes.

Quando quiserdes dispensar o cão, fazei-lhe três acenos com a dita caixinha.

Mágica do sapo para alguém revelar o que deseja fazer

Toma-se o coração de um pombo e a cabeça de um sapo; depois de bem secos e reduzidos a pó, enche-se um saquinho, que se perfumará juntando ao pó um pouquinho de almíscar.

Coloca-se o saquinho debaixo do travesseiro da pessoa, quando estiver dormindo, e, mal passado um quarto de hora, pode-se já saber o que se deseja descobrir.

Tão logo a pessoa deixe de falar, retira-se o saquinho de baixo do travesseiro para não expor a criatura a uma febre cerebral, que poderá causar-lhe até a morte.

Feitiçaria das rosas vermelhas

Tomam-se três rosas vermelhas, um frasco de água de chuva, um punhal, uma garrafa de aguardente e um Santo Antônio de chumbo. Coloca-se tudo no mato e invoca-se o príncipe das trevas, pedindo o que se quer. Só se deve pedir coisas boas, ou seja, proteção para si e para os seus, pois esta mágica é poderosa e poder atrair forças más se a pessoa que a usar pedir o mal.

Feitiço para proteger a casa contra inimigos ocultos

Coloca-se uma chave de aço numa vasilha com água de arruda e espada-de-são-jorge, e faz-se a invocação de casa verde:

— A casa verde dos gnomos lance sobre ti a paz. Que o que esta chave fechar nada de mal abra. Que quem a carregue, pela força da água, do fogo, da terra e do ar, seja protegido de bala, de ferro, de aço de punhal, da inveja e da maldade.

Truques para se defender do olho-mau

Tenha sempre consigo um trevo, um broto de alecrim ou um ramo de salva.

Cuspa três vezes na sola de seu sapato direito antes de calçá-lo.

Tenha sempre um tablete de cânfora no bolso.

Tenha sempre uma moedinha velha e furada no meio para usar como talismã.

Use uma miniatura do órgão sexual masculino feita de prata no seu chaveiro ou no bracelete.

Lenho santo contra feitiços

Pega-se uma cruzinha de arruda, uma maçã (pinha) de cipreste e um cravo vermelho, e se armam esses dois feitiços (pinha e cravo) no braço horizontal da cruz. Deve-se usar atrás da porta da casa.

Mágica das ervas santas

Pegam-se sete galhos de erva-de-santa-maria, sete pregos velhos, sete taliscas de carvalho, sete lascas de limalha de ferro e sete agulhas. Enterra-se tudo num mato.

Serve para quebrar o encanto de todas as maldades.

Segredo da água do mar para eliminar mazelas

Recolhe-se na praia água do mar, numa garrafa branca e bem limpa. A seguir leva-se a garrafa para dentro de casa e, começando da porta dos fundos para a porta da frente, vai-se jogando a água nos cantos de cada quarto e de cada sala, dizendo:

— Assim como a água apaga o fogo, assim como o mar é sagrado, eu afasto daqui tudo que não seja limpo e bom. Amém.

DÉCIMO QUARTO LIVRO DE SÃO CIPRIANO

DOS TESOUROS E OBJETOS OCULTOS OU ENCANTADOS

Modos de buscar tesouros e coisas ocultas

Se quiserdes achar tesouros ocultos, podereis começar buscando pessoas que conheçam lendas de lugares encantados perto ou longe de onde viveis. Também podereis apelar para livros sábios que contenham listas de tesouros e para vossos espíritos familiares, pedindo que vos levem a algum deles. A seguir estão alguns segredos para que tenhais sucesso nessa busca.

Espelho secreto de Salomão para ver coisas ocultas

Fareis esse espelho em 48 dias, desde o primeiro dia de uma Lua nova até a Lua cheia do ciclo seguinte. Tomareis uma placa de aço perfeitamente polida e escrevereis nas bordas dos quatro lados os nomes divinos: Jeová, Eloim, Metatron e Adonai. Feito isso, embrulhareis o espelho em um pano branco e limpo, e, quando virdes a Lua nova, uma hora após o pôr do Sol, chegareis numa janela, olhareis a Lua e direis:

— Ó, rei eterno e universal! Vós que dominais todas as coisas e conheceis todos os mistérios, dignai-vos conceder-me o dom do olhar que tudo vê, e faz com que o anjo Azrael se digne aparecer-me no espelho.

Tende preparados carvões novos, feitos de madeira de louro, e acesos, nos quais jogareis perfumes por três vezes, dizendo a cada vez:

— Nisto, por isto, e com este espelho, penso e desejo ser sábio, pela Vontade Suprema e pela intermediação do anjo de luz Azrael.

Feito isto, soprai no espelho e dizei:

— Vem, Azrael, a este espelho, em nome de Deus Todo-poderoso, e mostra-me as coisas que permanecem ocultas aos meus olhos.

A seguir colocareis a mão esquerda sobre o espelho e elevareis a direita para o céu, dizendo:

— Deus Todo-Poderoso, ordenai a Azrael que compareça a este espelho, e enchereis de alegria este vosso servo, que louva a Vós que reinais por todos os séculos. Amém.

Repetireis esta experiência por todos os 48 dias, à mesma hora, findos os quais, o mais tardar, lhe aparecerá o anjo Azrael na forma de um belo menino. Então podereis pedir-lhe que mostre o que quiserdes no espelho.

Como descobrir tesouros e outras coisas enterradas com a forquilha mágica

Para fazer esse experimento, devereis ter feito uma forquilha mágica segundo as regras da Arte.

Quando quiserdes buscar tesouros, água e outros objetos ocultos sob a terra, segurareis cada um dos ramos da forquilha com uma das mãos, de modo que o vértice ou centro da mesma fique voltado para o chão, mas sem tocá-lo. Se, passados cinco minutos, não sentirdes nenhum movimento na forquilha, virai-a com a ponta para cima e esperai para ver se ocorre algum movimento.

Se a vara oscilar, por mais levemente que seja, estará indicando onde existe água ou metal sob a terra. Se a vara permanecer em repouso, deve-se tentar a operação em outro lugar.

Vela mágica para encontrar objetos encantados

Tereis de fazer uma vela grossa de cera de abelha muito pura e natural, fixada em um bastão de aveleira em feitio de meia-Lua. Se esta vela for acesa em um lugar subterrâneo e as chamas brilharem de modo vivo, como a centelha de um raio, é sinal de que há um tesouro neste local, e quanto mais perto do tesouro, mais a chama irá brilhar, apagando-se finalmente quando estiver bastante perto.

Modo de desencantar tesouros

Todas as pessoas que assistirem ao desencanto de tesouros devem ficar dentro de um triângulo, tal com o representado no desenho que deve ser riscado no chão. A pessoa estando cercada pelos limites do triângulo, fique certa: nada de mal lhe acontecerá.

Logo em seguida deve pronunciar a oração escrita a seguir.

Primeira esconjuração e desligação da terra

Terra, tudo darás e tudo comerás, disse o Senhor meu Deus. Ne reminescaris, Domine, delicat nostra, vel parentum nostrorum, neque vindictam sumas de peccatis nostris proper nomem tuum.

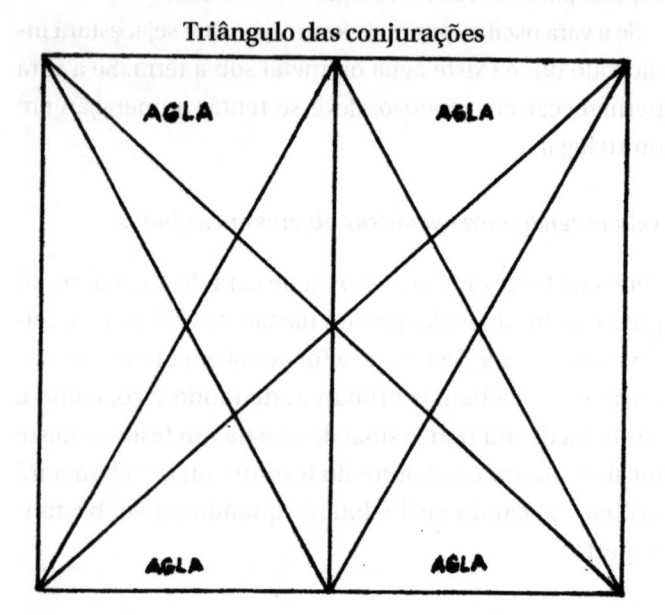

Triângulo das conjurações

```
AGLA        AGLA



AGLA        AGLA
```

Rezará então um Pai-nosso e continuará com a segunda oração.

Segunda esconjuração

Ecce crucem Domine vies sui seu Radix do veil nomine Jesu omne genus tutantur coeronus Jesu Christus in gloria est Dei patri viest Deus ille crucom Domine te tribu Judá Radix David fugite partes adversa veribilium in nomine Jesu omne genus tutantur coelestum terrestrum Infernorum omnia Lingua Confititur quia Dominus Jesu Christus, in

gloria es Pater, amen; o Senhor seja comigo e com todos nós. Amém.
Jesus, Maria, José, em nome de Deus Pai, Deus Filho e Deus Espírito Santo. Amém.
Em virtude de Deus Pai Santo, três pessoas distintas e um só Deus verdadeiro, por virtude da Virgem Maria e de todos os Santos Apóstolos Evangelistas, patriarcas, profetas, mártires e confessores, eu, criatura de Nosso Senhor Jesus Cristo, remido com o Seu santíssimo sangue e feito à Vossa semelhança, em Vosso santíssimo nome desencanto este tesouro que está diante de mim enterrado; eu mando, debaixo do santo poder de obediência, que se abra já esta terra onde está depositado um tesouro, que os antigos aqui enterraram; eu, pela vista destas luzes, mando que já me sejam entregues debaixo do poder de Nosso Senhor Jesus Cristo. Jesus! Jesus! Jesus! Jesus! Sede comigo, vinde em meu socorro! Jesus! Jesus! Jesus! Jesus! Ouvi minha oração, e cheguem a vossos ouvidos os rogos deste grande pecador. Jesus, valei-me! Jesus, acudi-me! Vinde de novo em meu socorro! Jesus! Jesus! Jesus! Mil vezes Jesus! Sede comigo! Jesus, sem vós nada posso fazer! Jesus, eu com o Vosso santíssimo poder mando que já seja aberto este tesouro.
Mando em nome de todos os Santos, do Deus de Abraão, do Deus de Jacó e do Deus de Isaac, e em virtude de todos sejam desatadas e desligadas todas as coisas deste mundo, para que eu encontre o que procuro. Amém.

Ao fim desta oração aparecem imensos fantasmas, para experimentar se deixais ficar a riqueza e fugis, mas não tenhais o mínimo susto, porque, quando o Demônio vir que assim fazeis, logo foge e vos deixa tudo à vossa disposição.

Depois de tirardes a riqueza, mandai, em nome de Jesus e São Cipriano, que torne tudo ao seu natural, e no fim reparti a riqueza sem que haja soberba, porque foi por Deus e por São Cipriano que a obtiveste.

DÉCIMO QUINTO LIVRO DE SÃO CIPRIANO

DA ARTE DE ADIVINHAR PELOS SINAIS DA FISIONOMIA E DO CORPO

Sobre os sinais da fisionomia

Os olhos rasgados em forma de amêndoa indicam indolência, melancolia e ternura.

Os olhos redondos e grandes denotam vivacidade, espírito, leviandade, indiscrição.

Os olhos encovados anunciam paixões violentas e más.

Geralmente, pode depositar-se confiança nos indivíduos cujo olhar é direito e desanuviado; mas não no dos que nunca olham de frente e parecem querer evitar as nossas vistas.

Os olhos pequenos são indício de caráter vingativo e teimoso, coração insensível, espírito muito egoísta.

Os olhos pouco abertos, com as pálpebras pesadas e quase a fecharem-se, são indício de gênio indolente, espírito sem franqueza; pelo contrário, os olhos grandes e muito abertos, de pálpebras finas e em que se distinguem as veias, dão a nota da vivacidade, de coração ardente, imaginação altiva, alma generosa.

Nariz redondo indica um caráter fraco, temperamento sensual, especialmente se tem o extremo avermelhado e as fossas muito abertas.

Nariz comprido e delgado mostra teimosia, espírito satírico, curiosidade; mas, se por acaso for curvo na extremidade, denota espírito limitado, e contudo muita propensão para as ciências naturais.

Nariz pequeno e arrebitado é sinal de astúcia e também de espírito, inteligência e alegria.

Nariz rombudo indica obstinação reunida a fraqueza de espírito, grande amor-próprio e má cabeça.

Nariz comprido e grosso é sempre acompanhado por lábios grossos, e os que tiverem estes sinais tornam-se notáveis pela sua muita bondade, meiguice e caridade sem limites.

Sobrancelhas espessas denotam grande caráter e grande energia; as muito rareadas, imaginação ardente e leviandade; as unidas, violência e ciúme.

As testas esguias e estreitas demonstram espírito limitado, coração frio e temperamento propenso à devassidão.

Testa quadrada e direita denota coração árido, muito agenciador, mas egoísta; pela sua perseverança, conseguirão adquirir boas posições na sociedade, mas não prestarão serviços a ninguém; não conhecerão amor nem amizade.

Fronte larga, de altura regular e levemente arqueada, anuncia espírito pouco vulgar; os que forem assim favorecidos prometem vir a ter grande influência; far-se-ão distinguir por seus méritos e talentos e poderão subir às mais altas dignidades. Serão firmes seus princípios e nunca se desviarão do caminho da honra.

Fronte elevada, mas estreita, indica espírito, imaginação e ao mesmo passo imprudência e falta de cálculo; serão sonhadores ou poetas, porém péssimos maridos e maus pais.

Os que tiverem a fronte baixa e estreita e o cabelo das sobrancelhas quase junto, serão de limitado espírito; terão, porém, em compensação, grande habilidade para trabalhos manuais, e amor ao trabalho e à economia. Entre estes, alguns chegam a fazer-se avarentos.

Boca grande e lábios grossos indicam gulodice, gênio falador e mentiroso.

Boca grande, com lábios delgados e descorados, é prenúncio de coração falso, egoísmo, maldade, espírito desordeiro e língua depravada.

Boca muito pequena raras vezes denota espírito; na maior parte dos casos, só se poderá depositar confiança na pessoa cuja boca não seja nem muito grande nem muito pequena, com beiços redondos e bem coloridos, porque são estes os sinais de um bom caráter, de um coração terno, de um espírito jovial, franco e sincero.

Os dentes também têm a sua significação. Não poderá ser feliz quem que se apaixonar por alguém cujos dentes sejam curtos e pontiagudos; não há dinheiro que satisfaça as exigências e os caprichos das pessoas que possuam tal espécie de dentes.

Dentes caninos muito pronunciados e fora do nível dos outros dentes denunciam instintos baixos e vulgares, espírito inconstante.

Dentes fortes, brancos, bem dispostos, mas pouco unidos, são indício de boa saúde, grande predisposição para a avareza; são também sinal de tendência para a loucura.

Queixo redondo e pontiagudo anuncia coração seco, espírito sardônico.

Queixo comprido que não tenha uma covinha indica bondade, sensualidade e ausência de espírito.

Queixo saído para fora e revirado indica coragem, gênio desordeiro, temperamento ardente e voluptuoso.

Queixo estreito e metido para dentro é sinal de espírito acanhado e tímido, mas de coração sensível e franco.

Queixo largo e quadrado é prova de que o homem é forte, mas não tem nenhuma delicadeza de sentimentos.

Queixo em linha reta desde o lábio inferior até a extremidade das faces denota rigidez de espírito e dureza de coração; encontra-se vulgarmente nas pessoas cuja testa é plana e lisa, tendo os olhos pequenos e encovados, os beiços finos e descorados. Deve-se evitar todo o contato com as pessoas que tiverem estes sinais.

Orelhas grandes, malcontornadas e arredadas da cabeça são indício de preguiça e curiosidade.

Orelhas redondas, pequenas, bem-contornadas, anunciam gênio estudioso, independência, caráter amável.

Sobre os sinais do corpo

Mãos compridas, secas, enrugadas e magras, denotam maus instintos, avareza, dando-se o caso de os dedos serem recurvados.

Os pés estão quase sempre em relação com as mãos; são preferíveis os estreitos e bem-arqueados, ainda que sejam compridos; devemos, porém, fugir dos pés largos e chatos, que de ordinários fazem perder a forma a toda a qualidade de calçado.

Os homens altos, trigueiros ou pálidos são muito desembaraçados no falar, porém indolentes e tanto mais fracos de caráter, quanto mais energia aparentam; são fanfarrões, faladores, mas covardes; amam os prazeres, o luxo, as mulheres e mesa lauta.

Sendo pálidos e um pouco gordos, são de caráter tímido, brando, fraco, e têm tão pouca energia como força física.

Os baixos, quer claros, quer morenos, são violentos, arrebatados, mas susceptíveis de afeições profundas e duradouras, de empresas importantes e sérias; mas têm o contra de penderem para a vaidade e para o ciúme.

As mulheres muito altas raras vezes têm as qualidades mais típicas do seu sexo; pelos gostos aproximam-se mais dos homens, com os quais se assemelham um pouco.

As mulheres baixas, pelo contrário, são graciosas, amáveis, encantadoras, mas ordinariamente namoradeiras, de gênio bulhento; têm mais energia e vivacidade que as mulheres altas, e sabem melhor suportar os reveses da fortuna. Em geral parecem débeis, porém são robustas.

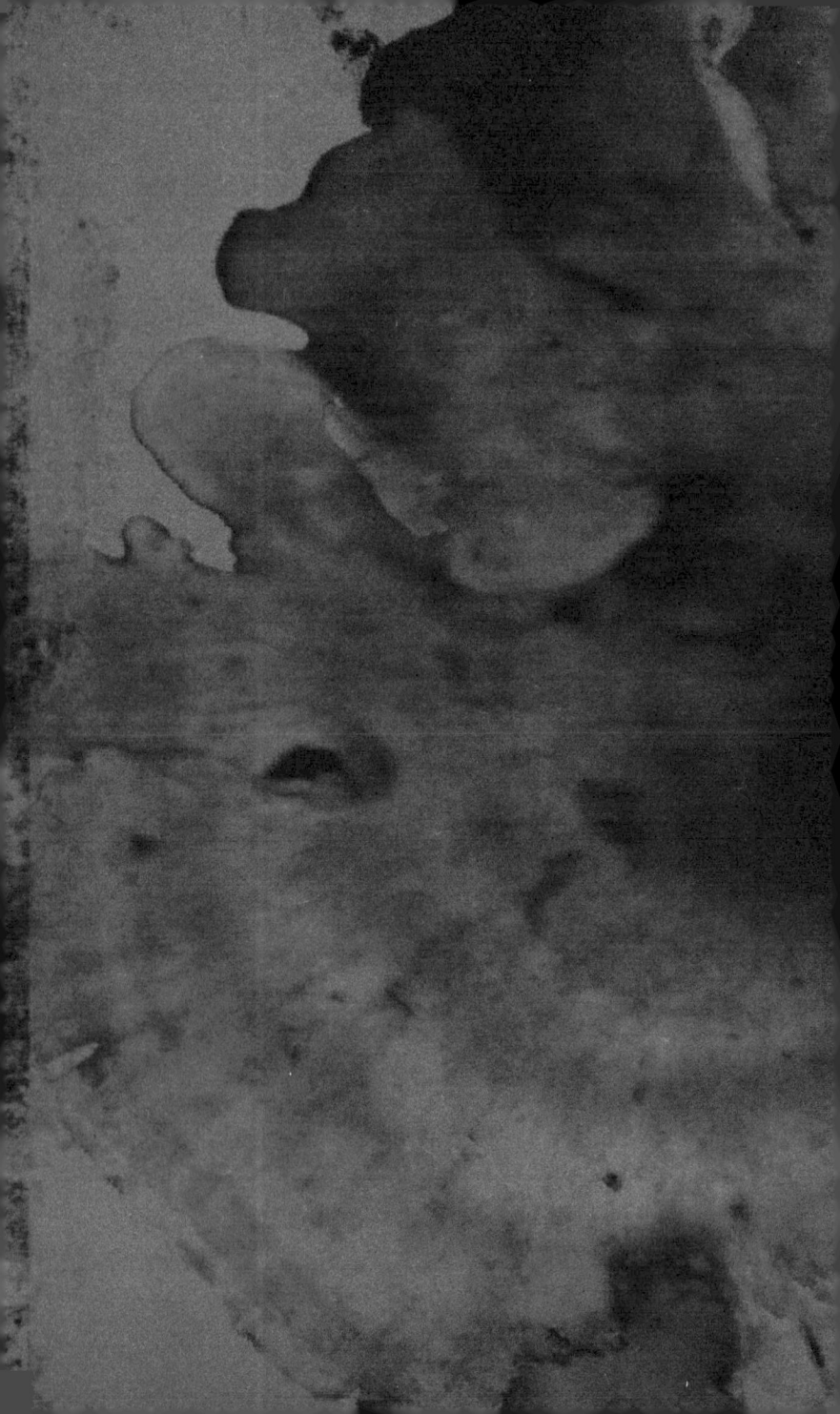

DÉCIMO SEXTO
LIVRO DE SÃO CIPRIANO

DA ARTE DE ADIVINHAR PELAS MÃOS

Como saber os astros regentes do destino pela mão

Sobre a forma da mão

Mão estreita, comprida, com dedos lisos, é regida pelo Sol.

Mão redonda, pálida, gorda e mole, com polegar curto, é regida pela Lua.

Mão triangular, maleável e pálida, com dedos nodosos, é regida por Mercúrio.

Mão ovalada, rosada, com covinhas e os dedos muito lisos, evidencia a marca de Vênus.

Mão quadrada, vermelha e seca, com dedos firmes e carnudos, é regida por Marte.

Mão retangular, firme e forte, com os dedos retos, é regida por Júpiter.

Mão seca, comprida, com dedos nodosos e longos, é regida por Saturno.

Sobre os dedos da mão

O polegar é regido por Vênus. Sendo débil indica falta de energia e firmeza.

O indicador é regido por Júpiter. Muito longo anuncia desejo de dominar.

O médio é regido por Saturno. Sendo longo e forte indica prudência e melancolia.

O anular é regido pelo Sol. Muito longo e fino denuncia espírito invejoso.

O mínimo é regido por Mercúrio. Sendo gordo, anuncia sucesso como funcionário.

Como descobrir o significado dos sinais encontrados na mão

Sobre as linhas da mão

1 - **Anel de Vênus** - Sendo visível, significa amor feliz. Interrompido, quer dizer amor inconstante. Partido significa inteligência prática.
2 - **Linha do coração** - Quando se mostra inteira e duplicada, anuncia herança. Simples e sem nenhuma falha, vida feliz e prolongada. Partida, falta de coração.
3 - **Linha da cabeça** - Direita e extensa indica grande inteligência. Com falha, gênio de invenções científicas.
4 - **Linha da saúde** - Corada significa boa saúde. Interrompida, enfermidade.
5 - **Linha da fatalidade** - Extensa, quer dizer riqueza inesperada. Quando termina na linha do coração, afirma casamento rico.
6 - **Linha da vida** - Longa e firme, anuncia vida longa e feliz. Fina e pálida, prenuncia saúde frágil. Funda ou muito corada, espírito violento.
7 - **Pulseira tríplice** - O número de linhas indica a duração da existência, pois cada uma delas prevê 20 a 30 anos de vida, conforme seja mais ou menos forte.

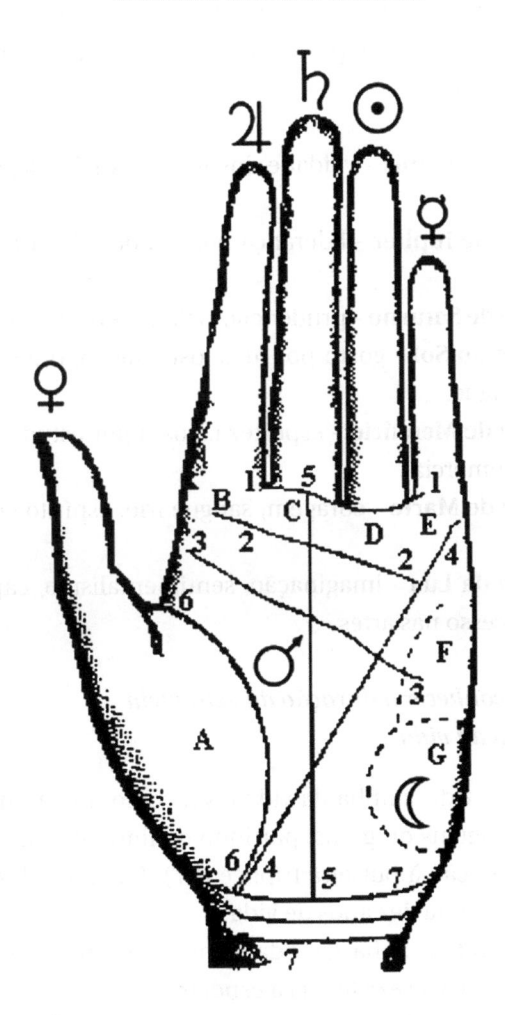

Linhas e montes da mão

Sobre os montes da mão

As saliências carnudas da mão têm significado especial quando são bem pronunciadas. Quando um monte aparece baixo e débil, seu possuidor carece das qualidades a ele relacionadas.

A) **Monte de Vênus** - vaidade, instintos sexuais exagerados.

B) **Monte de Júpiter** - liderança política ou religiosa, orgulho.

C) **Monte de Saturno** - prudência, isolamento, economia.

D) **Monte do Sol** - gosto por luxo, ostentação, riqueza e celebridade.

E) **Monte de Mercúrio** - esperteza, gosto por estudo, espírito comercial.

F) **Monte de Marte** - coragem, sangue frio, espírito colérico.

G) **Monte da Lua** - imaginação, sentimentalismo, capricho, sucesso nas artes.

Modo de conhecer a duração da existência pela linha da vida

É preciso dividir a linha da vida (LV), como no desenho, em partes iguais ou graus, partindo da linha de Saturno (LS) em direção à pulseira tríplice (PT). Cada um destes graus representa dez anos de vida.

O sítio onde a linha da vida termina completamente mostra os anos de existência a esperar.

Se a linha da vida, ao terminar, está voltada para o centro da mão, é bom sinal de saúde.

Como calcular o tempo de vida pela mão

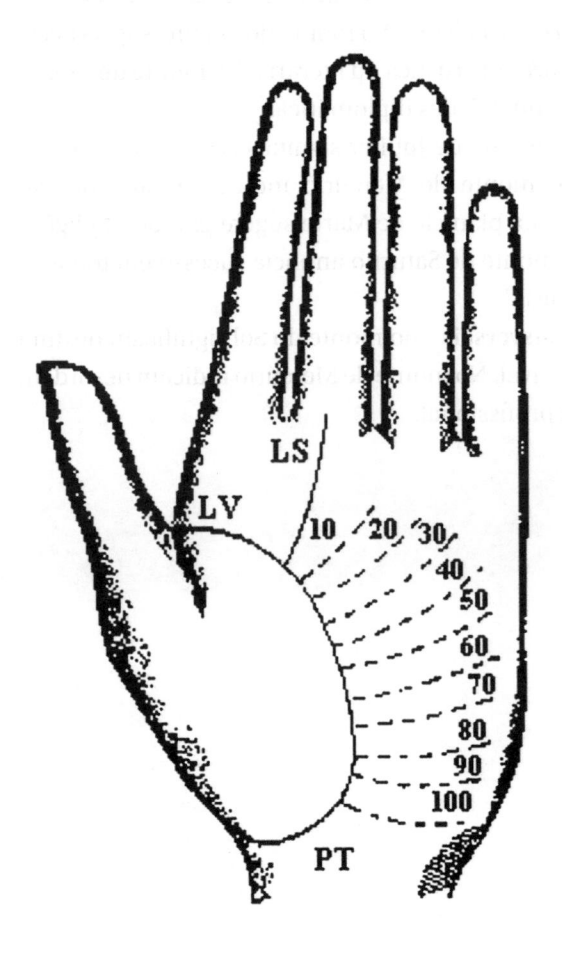

Outros sinais que podem ser encontrados na mão

Estrela - no monte da Lua significa fascínio e sucesso. No monte de Júpiter indica sucesso na política.

Triângulo - entre os montes de Vênus e da Lua indica inspiração e misticismo. No monte do Sol pressagia sucesso em carreira artística ou literária. No monte de Júpiter anuncia qualidades diplomáticas.

Cruz - no monte de Júpiter significa sucesso na vida social. No monte de Mercúrio indica imoralidade. No monte e na planície de Marte sugere grande inteligência. No monte de Saturno anuncia sucesso em todas as atividades.

Riscos transversais - no monte do Sol significam destino desfavorável. No monte de Mercúrio indicam desordem na vida profissional.

DÉCIMO SÉTIMO LIVRO DE SÃO CIPRIANO

DA ARTE DE ADIVINHAR PELOS CORPOS CELESTES

Sobre a influência dos planetas

Esta influência se faz sentir quando um dos sete luminares do Céu se destaca na hora do nascimento da pessoa, ou quando se precisa ou deseja realizar algum empreendimento.

Sol

Representa vida, calor, luz. Proporciona felicidade, êxito, ganhos, bem-estar, nobreza e heroísmo. Torna grande, famoso e poderoso.

Lua

Representa fecundidade, reprodução e crescimento. Preside os sonhos, a vida interior e os ganhos com jogos. Torna lento, fraco, melancólico.

Mercúrio

Representa estudos, viagens, negócios, comércio e movimento. Governa comerciantes, ladrões, doenças e perdas. Dá esperteza, eloquência e sutileza.

Vênus

Representa harmonia, atração, fusão. Domina o amor, a beleza, a diplomacia e o bom-gosto. Torna alegre, guloso e ágil.

Marte

Representa força, conquista, domínio, guerra e violência. Influencia combates, disputas e questões judiciais. Faz triunfar sobre os inimigos.

Júpiter

Representa fortuna, expansão, vitalidade e família. Governa as riquezas, honras e grandezas. Dá valor, dignidade, sucesso e longevidade.

Saturno

Representa inércia, proibição, trabalho e realismo. Anuncia frio e tristeza. Aumenta o trabalho e predispõe para enfermidades.

Sobre a influência das estrelas

Esta influência se faz sentir conforme o Sol se coloca em cada uma das constelações do Zodíaco, ao longo do ano.

Áries

De 21 de março a 19 de abril. Os que nascem neste signo são inquietos e nervosos. Os homens têm grande amor ao trabalho, porém são de umas exigências ridículas e de um ciúme insuportável. São fortes, vigorosos e mais altos que baixos. As mulheres costumam ser excelentes administradoras, esposas fiéis e mães extremosas, embora pouco elegantes. São sanguíneas e fortes.

Touro

De 20 de abril a 20 de maio. Os que nascem sob esta influência são de compleição delicada e fraca, altura maior que a comum, e linfáticos. Os homens são, em geral, bondosos e dados ao descanso. Apreciam mais o aconchego em família do que a convivência com estranhos. São pouco aptos para empresas de grande movimento, mas geralmente estimados pelo seu excelente comportamento. Quanto às senhoras, são baixas e roliças, buliçosas e amigas de bailes e outros divertimentos; e farão por vezes desesperar os maridos, ainda que sejam cumpridoras dos seus deveres.

Gêmeos

De 21 de maio a 20 de junho. Os que vêm à luz sob este signo são biliosos e muito achacados de incômodos cerebrais. Costumam ser pouco reservados nas palavras, mas de um gênio bondoso e meigo. Tanto homens quanto mulheres são inteligentes e habilidosos, muito leais em seus negócios e capazes de se sacrificar pelas pessoas amigas.

Os homens são de grande corporatura e as mulheres também altas e de olhos grandes.

Câncer

De 21 de junho a 22 de julho. Os nascidos sob a força deste signo são inconsiderados e teimosos, a ponto de praticarem atos indecorosos para levarem a efeito os seus caprichos. Têm o sestro de andar atrás de mulheres, sem se importarem com a categoria delas. São de temperamento bilioso e valentes. As mulheres são franzinas, meigas e dedicadas, embora muito sentimentais e exigentes.

Leão

De 23 de julho a 22 de agosto. Os que nascem influenciados por este signo são ambiciosos. Os homens, vigorosos, são quase geralmente dados aos negócios em larga escala, no que costumam ajuntar boas fortunas em pouco espaço de tempo. Em geral são enfatuados e podem obsequiar os amigos, desde que fiquem no comando. As mulheres são geralmente ativas, porém pouco meigas com os maridos, embora lhes tenham muito amor; o seu ideal é a vida sossegada do lar. São de temperamento débil.

Virgem

De 23 de agosto a 22 de setembro. Os que nascem sob a influência deste signo são de tipo comum; não têm qualidades físicas nem morais que os distingam entre si. Apenas uma qualidade os torna distintos entre os nascidos sob outros signos: é que todos são trabalhadores e honrados. O homem será bom filho, bom marido e, por via de regra, bom pai.

Libra

De 23 de setembro a 22 de outubro. Os que vêm à luz neste mês são muito caprichosos, e quase sempre alegres e folgazões. As mulheres costumam ser formosas, com os olhos tentadores. Devem ser muito inteligentes e namoradeiras, mas pouco constantes. Os homens são inteligentes e cheios de energia. Homens e mulheres evitam os confrontos, e preferem resolver seus assuntos pela diplomacia e até pela simulação.

Escorpião

De 23 de outubro a 21 de novembro. Os que nascem neste mês são dados à guerra e a tudo quanto é luta; são de mau gênio e por tudo se irritam. Os homens abandonarão coisas importantes por prazeres frívolos. São grossos de corpo, cheios de vigor e elegantes. As mulheres são esbeltas, bem-feitas, extremamente bonitas. Apesar de serem boas donas de casa, são muito afeitas aos prazeres da carne, e por isso podem ser inconstantes.

Sagitário

De 22 de novembro a 21 de dezembro. Os que nascem sob este signo têm um caráter muito mutável: tão depressa choram como riem. Têm predileção por modos de vida que raramente poderão levar a efeito. Gostarão de viajar, mas não conseguirão nunca ir a lugares distantes. Os homens são de altura regular e simpáticos. As mulheres devem ser altas, de rosto redondo e agradável. Homens e mulheres serão de uma dignidade pouco vulgar e extremamente amáveis. O seu temperamento será bilioso e procriarão muita prole.

Capricórnio

De 22 de dezembro a 19 de janeiro. Os indivíduos nascidos sob a influência deste signo são honestos, mas desatentos e tímidos a tal ponto que se tornam inábeis para tratar ou dirigir negócios de responsabilidade. Os homens prometem ser, em geral, de aspecto soberano. Serão desconfiados de tudo e de todos, e por isso perderão muitos negócios vantajosos. As mulheres serão de altura comum, elegantes e espirituosas. Hão de ser amantes do luxo, mas boas esposas e boas mães. Terão vários filhos; o seu temperamento será bilioso, assim como o dos homens.

Aquário

De 20 de janeiro a 18 de fevereiro. Todos os que nascem sob este signo são de gênio arrebatado e muito sanguíneos. Os homens devem ser pálidos e de compleição nervosa, mas pacíficos. Usarão sempre de pouca sinceridade, mesmo com os seus amigos. As mulheres serão descuidadas e volúveis, e serão de uma formosura e elegância extraordinárias.

Peixes

De 19 de fevereiro a 20 de março. Quem vem ao mundo sob este signo é fanfarrão e desconfiado. Será de uma inteligência pouco vulgar, mas egoísta. Amará tudo quanto lhe proporcione a realização de seus prazeres e caprichos, sem se importar com os meios de os conseguir; será capaz até de praticar indignidades, para não aturar trabalho duro. Homens e mulheres serão sedutores, persuasivos, de temperamento muito explosivo e, em geral, se farão amar com facilidade.

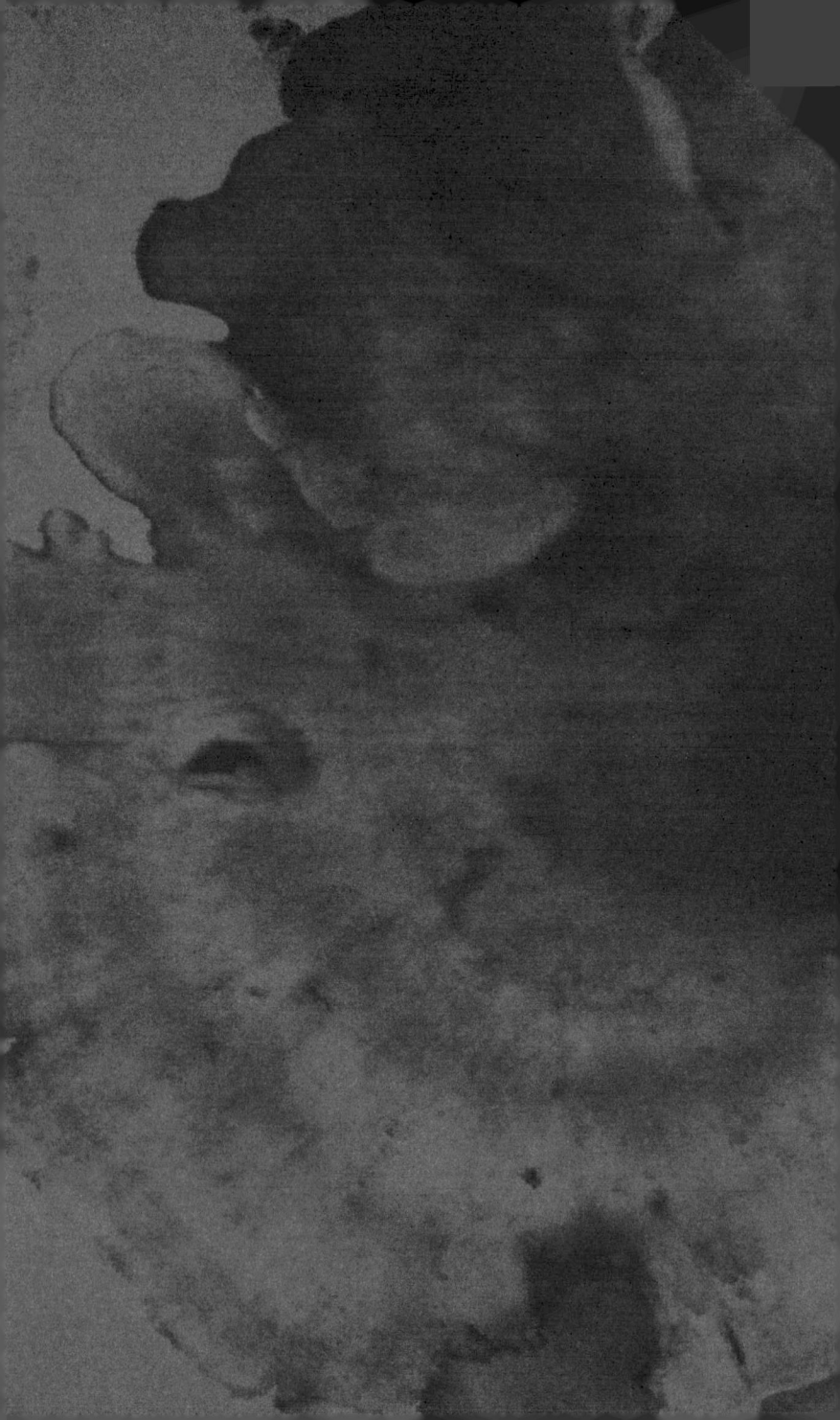

DÉCIMO OITAVO LIVRO DE SÃO CIPRIANO

DA ARTE DE ADIVINHAR PELOS NÚMEROS

O dia em que nascemos e a numerologia

Este dia é de grande influência no decorrer da nossa existência, pois traz escrito do astral a nossa formação, nosso caráter, nosso talento, nossas vitórias, derrotas, pobreza, riqueza etc. Essa influência é mais atuante em nossa vida entre os 22 e 50 anos, período mais ativo de nossa existência.

Este relato segue os dias conforme o calendário do mês, e sua significação é a mesma para todos os meses, importando apenas o dia do seu nascimento.

DIA 1

Se o dia do seu aniversário é o dia 1º de qualquer mês você é um pioneiro, um líder natural. Mas é inclinado a fazer adiantamentos em tarefas e sempre procura desculpas com tanta realidade que chega a convencer outras pessoas. É influente e convence aos outros como fazer determinada tarefa, em vez de fazê-la pessoalmente.

É muito sensível, embora não dando demonstração no trabalho, é considerado orgulhoso e frio; deve seguir várias ocupações, para preencher seus dias de tédio. Você poderá obter enorme sucesso abraçando as profissões de escritor, publicitário, analista, professor, vendedor ou engenheiro; ocupações que o levem diretamente ao público, pois, gostando de elogios, é a única maneira de apresentar seu trabalho, ser reconhecido e receber palavras de simpatia, que servem de encorajamento.

DIA 2

Se o seu aniversário é no dia 2, você é um diplomata nato, um pacificador, é sensível, emotivo, as pessoas confiam em você e solicitam a sua intervenção como se você fosse um juiz. É talentoso, gosta de música, tocar instrumentos e escrever poesias. Como diplomata pode abraçar a política; ser analista, policial ou estar envolvido em atividades artísticas, como pintura, música ou dança. É muito estimado por todos de sua comunidade; sendo de natureza bastante sensível, é profundamente amoroso, deseja a necessidade de afeição e deve lutar para vencer as periódicas tendências a depressão. Trabalha melhor em grupo ou numa grande firma, onde se sentirá à vontade no meio de novos amigos, do que sozinho e isolado das pessoas.

DIA 3

Se o seu aniversário é no dia 3, você gosta de estar no meio de pessoas alegres e de muitos amigos, pois tendo um ótimo senso de humor e sendo um bom anfitrião, é estimado por ambos os sexos, levando vantagem sobre os demais do seu grupo de amigos e admiradores; pelo fato de ser um grande contador de histórias, você tem o dom da oratória, tendência para escrita, pintura e também teatro, pois só assim se completa sua felicidade. Sendo de espírito dinâmico, deve ter várias ocupações para não cair no vazio dos que nada fazem e desta maneira evitar o dissabor de se tornar um crítico impertinente e perder amizades que lhe são caras. Com grande facilidade tira o melhor proveito, até de situações difíceis, pois o seu lugar é no meio do público como escritor, músico, propagandista, advogado, médico, parapsicólogo, revelando sua alta sensibilidade para assuntos desta natureza. É de constituição sadia e tem capacidade de se recuperar rapidamente de qualquer doença.

DIA 4

Se o seu aniversário é dia 4, seu mundo é dos negócios, você é prático, trabalhador e minucioso em suas atividades; no trabalho poderá ter enorme sucesso como arquiteto, construtor, projetista, gerente de grandes firmas, contabilista ou em serviço do governo. Sendo de natureza amorosa, não demonstra o seu afeto com facilidade, tanta a sua preocupação com várias atividades que envolvem e enrolam a vida prática; tem tendência à falta de tato; e não gosta de modificações radicais; deve aprender a divertir-se para levar uma vida mais feliz.

DIA 5

Se o seu aniversário é no dia 5, pode ter sucesso em negócios ligados a corretagem ou como vendedor especializado em artigos de esportes e livros; editor, químico ou investigador. Deve ser tratável com o sexo oposto e tirar proveito das experiências recebidas; deve casar-se jovem a fim de estabilizar-se, mas terá dificuldades já que não gosta de sentir-se preso; é amante de viagens e quando o faz considera-se livre como um pássaro. Sendo imaginativo, deve seguir seus impulsos e seus pressentimentos.

DIA 6

Se seu aniversário é no dia 6, você é sentimentalista por natureza, apegado ao lar e à sua comunidade, gosta de crianças, será pai (ou mãe) dedicado ou extremo. É perfeccionista, inclinado a crítico severo. Deve assumir responsabididades em todos os setores da vida, procura interessar-se por música, que lhe dará conforto mental. Terá sucesso na pintura ou como dirigente de instituição de caridade, dono de salão de beleza, florista, gerente de restaurante ou mercearia.

DIA 7

Se o seu aniversário é no dia 7, você é individualista, pois tem a mente aguda e raciocina rapidamente. É muito sensível, deve seguir os seus pressentimentos. Seu casamento poderá não ter o devido sucesso, se o cônjuge for nascido nos dias 15, 24 ou 26 de qualquer mês. Procure não associar-se em negócio algum, para não ter decepção; pode ter sucesso como professor, cientista, escritor ou corretor. Cuidado com sua teimosia, que poderá levar ao fracasso um ideal há muito sonhado.

DIA 8

Se o seu aniversário é no dia 8, você é criativo e pertence ao mundo dos negócios, pois o número 8 é favorável às finanças; jamais passará necessidade, se souber viver sem exageros e poupar para a velhice. Gosta de exibições em público, doando dinheiro para depois ouvir comentários sobre sua bondade e seu desprendimento. Também deve possuir coleções de antiguidades, selos, biblioteca, mais para aparecer do que para fazer uso dos mesmos. Terá sucesso como executivo, contador, gerente de banco, engenheiro, diretor de colégio ou na própria empresa.

DIA 9

Se o seu aniversário é no dia 9, você é humanitário, todos o consideram um patriarca da comunidade, devido a sua generosidade. É um intelectual, pois deve alcançar sucesso em trabalhos literários, pintura, magistério, propaganda e conferências religiosas. Sua maior satisfação é servir às pessoas e levar uma vida simples, honesta e sem egoísmo algum. Deve evitar casar-se num ciclo de nove, pois o nove é um terminador e seu casamento pode terminar em separação. No decorrer de sua vida, poderá acontecer viagens e também ter muitos desapontamentos com a separação ou o afastamento daqueles que ama.

DIA 10

Se o seu aniversário é no dia 10, você é um individualista, não gosta de receber ordens, deve estar na frente de seus negócios. É um idealista e constantemente renova o seu ambiente de trabalho. É ciumento e pode sentir-se solitário em virtude do seu orgulho pessoal. É criativo e poderá seguir as profissões de professor, inventor, promotor, advogado, propagandista, aviador, vendedor. Não tem inclinação para assuntos domésticos e prefere não intervir neste mister. Devido ao seu orgulho, talvez não consiga realizar sozinho seus objetivos, e isto lhe causa grande desânimo; não gosta de pedir auxílio aos outros. Para não chegar ao extremo, você dever ter várias frentes de trabalho, assim poderá enfrentar a vida com altivez e satisfazer seu amor-próprio.

DIA 11

Se você nasceu no dia 11, o dia dos mestres, sente-se bem em estar em evidência diante do público; sua inspiração é fértil; é prático. Deve evitar os sonhos de grandeza e tornar-se um realizador. Se o ambiente em que vive for propício, será um excelente conferencista, pois a tribuna é a sua casa. Inclina-se para a religião e poderá ser um ministro ou um conselheiro espiritual. Pode ter sucesso em várias atividades no campo da diplomacia, eletricidade e literatura, já que é dotado de múltiplos talentos. Deve aprender a viver com humildade sob os refletores da fama, pois dessa maneira o reconhecimento dos seus feitos será bem maior do que o esperado. Embora pareça calmo e senhor de si, é altamente tenso, e seus projetos só serão realizados com bastante estímulo das pessoas que lhe cercam, caso contrário irão por água abaixo. Seja moderado e não queira impor suas ideias aos outros. Sendo um líder nato, é só expor os motivos e colocar em pauta suas ideias, que serão bem-recebidas. Evite o mercenarismo e a avareza, pois não será desta forma que a sua popularidade chegará ao auge. É emocional e exagerado em seus amores e tenta impor aos outros seus padrões morais. Como agnóstico, sofrerá se não aprender a viver com humildade.

DIA 12

Se o seu aniversário é no dia 12, você tem a mente aguçada, mas nota-se a tendência rude no falar, o que poderá causar inimizades. Tem grande possibilidade de ser um grande orador ou escritor, devido ao seu raciocínio rápido. Sendo extremamente severo, as profissões mais adequadas seriam criminalista, promotor e professor; outras linhas de trabalho nas quais você se manteria ocupado com menos gasto de energia: desenhista, farmacêutico, médico, promotor de vendas, salão de beleza, escola de etiquetas e costura. É um excelente chefe de família, mas sempre demonstra o seu lado disciplinador com alguma severidade. Na música você encontrará a verdadeira calma e o sossego espiritual.

DIA 13

Se o seu aniversário é no dia 13, você é sistemático e prático em tudo que envolva o trabalho, com tendência a impor ideias não aceitáveis e por isto ser chamado de insensato. É de natureza amorosa, mas sente dificuldade em expressar-se, parecendo timidez da sua parte; sendo muito ativo no trabalho, esquece os divertimentos e as reuniões, onde as oportunidades neste campo são enormes. Sendo um trabalhador nato, seu sucesso é a construção, mineração, arquitetura, geologia, eletricista, mecânico; além dessas atividades, revela facilidade de adaptar-se em qualquer ramo de serviço.

DIA 14

Se o seu aniversário é no dia 14, você é temperamental, versátil, praticamente é um nômade; gostando de fazer mudanças periódicas, não sabendo bem o que mais lhe agrada, se as mudanças ou o fato da movimentação do momento. Cuidado para não enveredar no caminho do vício, da bebida, do sexo, do jogo. Deve casar-se cedo para estabilizar sua vida tumultuada. É bondoso e profético, com tendências construtivas e destrutivas. Deve seguir seus impulsos em questão de trabalho, pois os campos que mais lhe favorecem são os de vendedor, corretagem e seguros. Outro campo é a medicina, especialista em olhos, garganta, nariz e ouvidos. Inclina-se a ter sorte no jogo e gosta de tentar a sorte, que às vezes pode lhe dar alegria e satisfação, mas todo o cuidado é pouco, não confie demais na sua sorte.

DIA 15

Se o seu aniversário é no dia 15, você adquire conhecimentos através da observação, mais do que pela pesquisa, podendo ser um ótimo professor; deve ter sucesso financeiro no decorrer de sua experiência, pois tem o dom de atrair condições favoráveis. Você ama a vida familiar; será um ótimo pai. As mulheres deste dia são muito hábeis, boas cozinheiras, mas não seguem receitas. Têm inclinação para a música, cantando ou tocando instrumentos. No trabalho pode ter sucesso nas áreas de medicina, desenho, enfermagem e magistério.

É generoso e demonstra que é capaz dos maiores sacrifícios, aceitando a carga de pessoas de sua estima, mas também pode ser bastante teimoso em suas opiniões, nem sempre com razão.

DIA 16

Se o seu aniversário é no dia 16, você é muito psíquico e deve seguir os seus pressentimentos, seus sonhos são quase proféticos e de grande significação. Quase sempre mal-humorado, já que não concorda com interferências em seus planos, mesmo que não esteja apoiado na verdade. Devido ao seu orgulho, inclina-se a ser um solitário, apesar de sentir falta de carinho e afeição. Deve ter sucesso em trabalho científico, ou como educador, advogado, metalúrgico, escritor, editor. A vida no campo lhe proporciona melhor saúde e acalma seu sistema nervoso. A cor roxa lhe proporciona forças contra as condições negativas.

DIA 17

Se o seu aniversário é no dia 17, você até parece São Tomé, com tendência a só acreditar em fatos verídicos com provas irrefutáveis. É honesto, mas implacável em seus negócios, já que o dia do seu nascimento é favorável para este mister; procure corrigir sua dualidade no modo de agir, pois num momento você é conservador, logo depois vira extravagante. É firme em sua posição, raramente muda de ideia. Nos negócios, sua melhor posição é de comandar subordinados à sua disposição; será ótimo bancário ou, numa esfera mais ampla, chefe de departamento ou gerente. Seu sucesso também estará no campo de editor, advogado, corretor de imóveis, mineração e bibliotecário.

DIA 18

Se você nasceu no dia 18, no decorrer de sua existência terá altos e baixos, já que no seu modo de pensar só existe o seu engrandecimento, não incluindo os que lhe acompanhavam. Desta forma haverá perdas e mudanças até que aprenda a viver em comunidade. É intelectual, eficiente, requintado, conselheiro honesto e sensato. Nas profissões, poderá ter enorme possibilidade como cirurgião, pois grandes coisas poderão acontecer se seguir a medicina; também como advogado, ator, político, crítico teatral, religioso e estatístico. Procure pensar duas vezes antes de discutir, pois a razão nem sempre estará com você. A música lhe fará muito bem nos momentos de desânimo e talvez se torne o seu hobby favorito.

DIA 19

Se o seu aniversário é no dia 19, você é muito independente, o que poderá causar dissabores no decorrer da sua existência; sofrendo, aprenderá a tirar proveito das situações difíceis. É nervoso, mas não alimenta rancor e perdoa com a maior facilidade. No casamento é muito dependente, sempre que algo lhe falta para completar sua felicidade. Gosta de mudança sempre pensando no melhor; na sua profissão é um excelente profissional, mais que homem de negócio; poderá ter sucesso na política, como vendedor, desenhista, aviador, eletricista, advogado, médico ou em mecânica especializada, tudo isso porque o número 19 inclui vibrações de todos os números de 1 a 9, com efeitos de longo alcance. Como se vê, 19 é um dia bem favorável para os nascidos nesta data.

DIA 20

Se seu aniversário é no dia 20, você poderá ser um excelente político, ou progredir em trabalhos que envolvam serviço governamental. Sua tendência é mais trabalhar em pequenas empresas do que ter o seu próprio negócio, pois sua satisfação é trabalhar para os outros mais do que dirigir algum empreendimento. Poderá ser um grande diplomata, já que sua natureza é de um grande pacificador, também de um excelente cantor ou músico, pois adora este tipo de profissão. É de natureza fortemente amorosa; deve tomar muito cuidado para não ser dominado e tornar-se um vassalo. As profissões mais favoráveis são: político, músico, escriturário, bibliotecário, cantor, autor musical, colecionador e analista. É ligado ao lar e gosta muito de sua família.

DIA 21

Se o seu aniversário é no dia 21, você tem tanta energia que necessita tomar cuidado com os seus empreendimentos, pois cuidar de muitos negócios exigirá esforço redobrado e o desgaste será mais que natural. Iniciar um trabalho e não terminar só causará prejuízos e aborrecimentos. É muito emotivo e sujeito a altos e baixos devido a suas explosões nervosas. É melhor amigo do que cônjuge, só que muito impaciente e incerto de ser correspondido. Deve procurar ser confiante, e a situação mudará para melhor. Sendo de natureza vibrante, poderá alcançar pleno sucesso como orador, advogado, jornalista, defensor das leis; também no terreno das artes e como executivo de grande projeção.

DIA 22

Se o seu aniversário é no dia 22, você tem o dia favorável para o mundo dos negócios; é prático, mas deve manter o equilíbrio emocional nos momentos mais críticos de sua vida. O seu poder é de longo alcance e desta forma poderia ser mais voltado para assuntos universais, deixando um pouco de lado seus assuntos pessoais. Pode ser bem-sucedido em seus negócios. Sua natureza é tão profunda que em certos momentos você não acredita e não entende o que está acontecendo. Deve trabalhar diante do público, ter sucesso como embaixador, exportador, advogado, proprietário de cadeias de lojas e professor. Inclina-se a contribuir para o bem da humanidade, desta forma completa a sua felicidade.

DIA 23

Se o seu aniversário é no dia 23, você é um intelectual nato, e disso pode se orgulhar, pois pensa com rapidez e alto tirocínio. Deve seguir o caminho profissional. Tem inclinação social, e seu trato com pessoas do sexo oposto é bem melhor do que com elementos do próprio sexo; você tem tendência para a psiquiatria; pode se interessar pela física e pela química. Nos afazeres profissionais deve ser de alta projeção, pois necessita aparecer perante o público e assim se orgulhar de si mesmo. Terá sucesso como professor, ator, escultor, enfermeiro e vendedor viajante.

DIA 24

Se o seu aniversário é no dia 24, você pertence à família e às pessoas que ama; tem atraente personalidade, é desembaraçado, portanto, deve falar pessoalmente, em vez de mandar recados; tem tendência a ser teimoso e irredutível em suas ideias, mas no íntimo é uma excelente pessoa. Sendo sentimental, é possível ser contratado para cuidar de pessoas enfermas, pois revela aptidão para o trabalho hospitalar. Deve ter muito cuidado com os apelos negativos, tais como ciúme, preguiça e censura. Seu sucesso poderá ser nas profissões de enfermeiro, professor, médico, músico, cozinheiro, dono de restaurante e direção de hospital.

DIA 25

Se o seu aniversário é no dia 25, sua personalidade é dúbia e deve ser aprimorada para que se torne estável, assim possibilitando-lhe alto padrão de vida, sem prejuízo para os que fazem parte do seu círculo de amizade ou negócios. Não deve subestimar os outros nem a si próprio; procure refletir antes de tomar decisões; analise bem antes de dizer não a qualquer proposta que lhe seja apresentada; evite críticas sem o devido conhecimento de cada caso; procure não ser extravagante. Os acessos de preguiça lhe tiram o ânimo para enfrentar qualquer obstáculo.

Seja otimista e será um vencedor. Deve procurar viajar por campos ou fazendas, porque o silêncio lhe faz muito bem e acalma os nervos. Em seus trabalhos profissionais, poderá ter sucesso como professor, advogado, escritor, investigador policial, cientista, político, já que para você nada permanece oculto.

DIA 26

Se o seu aniversário é no dia 26, você é um bom executivo e deve entrar no ramo de negócios; é escrupuloso, mas um tanto exibicionista; deve se casar cedo para ter maior estabilidade emocional, já que está sujeito a altos e baixos em suas rendas. Sendo econômico, e então nunca chegará a conhecer necessidade extrema. Seja otimista e procure não viver do passado. O dia 26 é bom para as finanças desde que seja criterioso e hábil analista antes de fechar qualquer tipo de contrato. Leve até o fim quaisquer empreitadas, jamais pare no meio do caminho, o que só lhe causaria prejuízos. Na profissão, terá sucesso como gerente de grandes firmas, contador político, editor, advogado, regente de orquestra e agente de viagens.

DIA 27

Se o seu aniversário é no dia 27, você é um líder nato e não gosta de dar satisfação de seus atos. Como todos os nove (2+7), não pode levar uma vida puramente pessoal, pois, sendo psíquico, inclina-se para os ensinamentos esotéricos e mediúnicos. Você é carinhoso e muito emotivo, e deverá tomar muita precaução no tocante aos seus nervos, e evitar exagero nos gastos. Seja paciente e compreensivo no casamento, para não sofrer desapontamentos, pois o ciclo (nove) pode trazer involuntariamente dissabores, sobretudo porque a felicidade conjugal necessita de uma boa dose de compreensão de ambas as partes. Pode alcançar sucesso em trabalhos literários, principalmente em assuntos religiosos; como diplomata, poeta, professor, conferencista, artista, paisagista e em áreas relativas a produtos de beleza, negócios de ações e imóveis.

DIA 28

Se o seu aniversário é no dia 28, você é independente e tem muita força de vontade. Não mede sacrifício para atingir seu objetivo. Deve ser mais construtor e realizador do que um sonhador, pois às vezes começa e não termina a tarefa iniciada, com prejuízo pessoal. Também deve tomar muito cuidado para não perder o interesse no momento em que o sucesso estiver em suas mãos; boa oportunidade nem sempre se repete. Sendo independente, gosta da liberdade. Esquecendo seus afazeres, sofrerá consequências futuras. Pode ter sucesso como professor, aviador, vendedor, engenheiro, cientista, advogado, publicitário e diretor de escola.

DIA 29

Se você nasceu no dia 29, seu aniversário tem um dia muito forte, pois 2+9 somam 11, que é um número mestre. Sua capacidade dominadora logo será reconhecida. Pode voltar-se para o lado religioso, porque suas palavras equilibradas fazem de você um líder de sua comunidade. Deve procurar um interesse definitivo para lhe manter ocupado, assim evitando os sonhos extravagantes em prejuízo próprio e de pessoas de sua intimidade, apesar de preferir muitos amigos casuais a uns poucos íntimos; sente-se melhor junto das multidões. Sendo muito independente, é difícil conviver contigo na vida conjugal, apesar de você sentir necessidade de carinho e amor familiar. Pode ter sucesso em áreas como magistério, aviação, rádio, eletricidade, oratória, venda de automóveis e alimentos.

DIA 30

Se o seu aniversário é no dia 30, você é firme em sua opinião, tem qualidades para gerenciar, inclinado que é para serviço que não exija força física. Em sua maneira de ser julga-se superior aos que lhe cercam. Procedendo desta maneira firme, julga estar absolutamente certo. Tem boa memória e fértil imaginação, mas deve tomar cuidado para não partir para o reino da fantasia, que só lhe causará prejuízo e não lhe levará a lugar nenhum. Gosta de Arte dramática, poderá trabalhar em teatro com relativo sucesso, como locutor, professor, escritor, em áreas que envolvam artigos de beleza, saúde e alimento, campos que não dependem da força física.

DIA 31

Se o seu aniversário é no dia 31, você é prático e tem capacidade para qualquer tipo de negócio, pois não escolhe serviço. Deve se casar cedo para firmar estabilidade social e financeira. É bondoso; no seu modo de pensar jamais esquece favores e injúrias recebidas, retribuindo nas oportunidades apresentadas. Gosta de viajar, mas sempre acompanhado, pois detesta estar ou viver sozinho. É teimoso, instala padrões próprios para si. Fica desapontado quando fracassam, pois no seu julgamento a vitória estaria em suas mãos. De teimosia nata, não se dá por vencido, pois é trabalhador em busca do sucesso. É honesto, leal e econômico. Pode ter sucesso como farmacêutico ou químico, empreiteiro, chefe de escritório, projetista, estenógrafo, militar e contador.

DÉCIMO NONO LIVRO DE SÃO CIPRIANO

DA ARTE DE ADIVINHAR PELOS SONHOS

Muitos sonhos são avisos e profecias mandados pelos espíritos. Aquele que os possa entender poderá se aproveitar do auxílio desses mentores celestiais.

Dicionário dos sonhos

A

ABADE - Doença, traição de amigos.

ABADESSA - Falta de franqueza da parte de alguém.

ABELHAS - Para quem as cria: lucros. Matar ou apanhá-las: grande lucro. Sugando flores: herança.

ABISMO - Falecimento de amigo ou parente.

ABRAÇOS - Traição.

ABRIGO - Procurar um, durante uma tempestade ou quando chove: dificuldades na vida.

ABRIR PORTAS - Esperança.

ABRIR JANELAS - Enganos, ilusões.

ABSINTO - Beber: tristeza. Vender: bom indício. Comprar: doença próxima.

ABSOLVIÇÃO - Receber: tudo correrá bem.

ABUNDÂNCIA - Casamento. Desejos que se realizarão para a mulher.

ABUTRE - Doença prolongada e grave.
ACÁCIA - Obstáculos na profissão.
ACADEMIA - Tristezas, contrariedades.
ACLAMAÇÕES - Conduta prejudicial.
ACUSAÇÃO - Maledicência, aborrecimentos.
AÇO - Vender: herança. Comprar: prosperidade comercial.
AÇOUGUE - Perigo mortal. Cheio de sangue: bom sinal.
AÇUCENA - Amor feliz.
ADÃO E EVA - Filho adotivo.
ADEUS - Dizer adeus a alguém: morte de amigo ou de parente.
ADMIRAR ALGUÉM - Humilhação.
ADULTÉRIO - Escândalo.
AFOGADO - Ver alguém afogado: inimigos triunfantes.
AFRONTA - Receber: acontecimento inesperado. Fazê-la a alguém: perigo.
AGONIA - Longa vida.
ÁGUA - Clara: bom indício. Turva: honras, dignidade. Beber: êxito, se estiver quente; aflição, se estiver fria.
AGUARDENTE - Beber: sofrimentos.
ÁGUIA - Voando: êxito. Montá-la: perigos. Morta: pobreza para uma pessoa rica.
AGULHA - Enfiar: maledicência. Comprar agulhas: riqueza. Possuir: inquietações. Picar-se com agulha: desgraça. Achar uma agulha: intriga insignificante.
ALCOVA - Fechada ou aberta: segredo que não se deve revelar.
ALAMBIQUE - Aborrecimentos.
ALDEÃO OU ALDEÃ - Alegria, sossego.
ALECRIM - Boa fama.

ALFABETO - Dias felizes.
ALFAIATE - Insinceridade, infidelidade.
ALFINETE - Contradições.
ALGEMAS - Satisfação, desembaraço, liberdade.
ALGODÃO (Flor de) - Amizade sincera.
ALHO - Discussões, desavenças, segredos revelados.
ALMANAQUE - Do ano corrente: deve-se melhorar a conduta. Do ano vindouro: devem-se fazer economias.
AMAZONA - Mulher geniosa, pérfida e ambiciosa.
AMÊNDOA - Uma: esperança não realizada. Comer: dificuldades que se vencerão. Muitas: riqueza.
AMIGOS - Vê-los em festa ou banquete: desavença, rivalidades. Rir com eles: rompimento de amizade. Mulher amiga: casamento.
AMOR - Sentir: alegria misturada com tristeza. Amar uma loura: fracasso. Amor não aceito pela amada: triunfo. Amor correspondido: abatimento ou profunda tristeza. Amor ilícito: perigo ou risco de morte.
AMOR-PERFEITO - Carta próxima da pessoa que o traz ao peito.
AMORAS - Comer: sofrimento.
AMOREIRA (S) - Abundância.
ANÃO - Ataque de inimigos insignificantes.
ÂNCORA DE NAVIO - Esperança que pode realizar-se.
ANDORINHA - Esposa ou noiva honesta. Vê-la entrar em casa: notícias de pessoas conhecidas.
ANIMAIS - Rebanhos de diversos animais: abundância. Animais que andam uns atrás dos outros: prosperidade.
ANJO - Voando: prosperidade. Muitos anjos: grande êxito. Conversar com um anjo a que se fez oração: mau agouro.
ANZOL - Abuso de confiança.

APETITE - Comer com apetite: separação. Comer sem apetite: morte de parente ou ruim casamento.

AR - Claro, sereno: prosperidade, triunfo. Nebuloso, sombrio: doença, dificuldades.

ARANHA - Ver uma: dinheiro. Matar: prejuízo.

ARCEBISPO - Vê-lo: prenúncio de morte.

ARCO-ÍRIS - Mudança de vida. Da parte do Ocidente: bom presságio para os ricos, mau para os pobres. Da parte do Oriente: bom prenúncio para os pobres e doentes. Sobre a cabeça de uma pessoa: alteração na sorte, doenças na família, ruína. À direita de quem sonha: bom prenúncio. À esquerda: mau sinal.

ARMAS - Com a ponta ou boca de cano virada para quem sonha: discussões. Juntas, em feixe ou umas sobre as outras: defesa contra inimigos.

ARMÁRIO - Aberto: é necessário cautela. Fechado: esforço ou atitude corajosa coroados de êxito.

ARMADURA - Coragem na luta.

ARROZ - Comer: muita abundância.

ARSENAL - Fechado: desavença em família. Aberto e vazio: causa perdida.

ARTISTAS - Ver um grande artista: amor às artes. Estar em uma festa de artistas: contrariedades. Músicos: grandes e perigosos riscos. Pintores: miséria disfarçada.

ÁRVORES - Verdes, frondosas e cobertas de flores: alegria. Subir numa: perigo. Secas: prejuízo inesperado. Derrubar: prejuízos, doença grave. Árvore com frutos: lucros. Cair de uma árvore: perda de emprego. Árvore com flores: casamento com a pessoa amada.

ASCENSÃO - Subir ao céu num balão: fama ou grandeza passageira.

ASSADO - Próxima herança. Comer: lucro, situação segura.

ASSASSINATO - Liberdade para presos.

ASSEMBLEIA - Reunião ou assembleia de moças: deve-se escolher esposa. Se for somente de homens: rivais perigosos.

ASSOBIO - Perigo para quem sonha ou maledicência.

ASMA - Ver um asmático: doença com perigo de morte, mas da qual se escapará, recobrando a saúde.

ATIRADOR - Surpresa.

AUDIÊNCIA - De ministro ou de empregado: luto.

AVENTURA - Contá-la a um homem: deve-se ser precavido contra alguma vingança, ela enganará o sonhador.

AVÔ OU AVÓ - Herança próxima.

AZEITE - Derramado: prejuízo inevitável. Derramar azeite sobre si mesmo: vantagem, lucro.

AZEITONAS - No chão: esforço ou trabalho sem proveito. Colher: lucro. Na árvore: êxito no amor, felicidade.

B

BACIA - Cheia de água sem usá-la: falecimento na família.

BAILE - Estar num baile: alegrias. Baile carnavalesco: diversões vergonhosas. Dar um baile: prejuízo.

BAINHA - Perda de dinheiro, segredo revelado.

BALANÇA - Recurso à justiça.

BALÃO - Boa posição, mas de pequena duração.

BALEIA - Perigo.

BÁLSAMO - Infortúnios que se aproximam.

BANANEIRA - Casamento com vantagens, questão judicial ganha, herança.

BANCARROTA - Solução de negócios.

BANCO - De madeira: promessa falsa. De ferro: amigo sincero. De igreja: casamento.

BANCO DE AREIA - Mau sinal.

BANDIDO - Ser atacado por um bandido: deve-se ter confiança em si mesmo.

BANHAR-SE - Em água limpa: boa saúde, êxito. Água barrenta ou turva: morte de pessoa amiga.

BANHO - Preparar: prosperidade, notícia de pessoa amiga.

BANQUETE - Ser convidado para um banquete: êxito, prosperidade, boa posição social. Ver ou assistir a um banquete: alegria, bons negócios. Oferecer um banquete aos amigos: alegria seguida de desgostos e prejuízos.

BARBA - Grande, bem-feita ou bonita: êxito em todos os negócios. Comprida: força. Curta: questão judicial. Fazer a barba: negócio que dará prejuízo. Negra: preocupações em negócios. Barba feita: perda de fortuna ou dificuldades e prejuízos para a pessoa que o sonhador vê assim.

BARBA EM MULHER CASADA - separação ou morte do marido. Fazer a própria barba: perda de saúde ou de dinheiro.

BARBEIRO - Carta ou notícia inesperada.

BARÔMETRO - Deve-se mudar de conduta. Quebrando: sorte ruim.

BATEL ou BARCO PEQUENO - Estar navegando num batel em águas claras e tranquilas: felicidade. Se houver tempestades ou as águas estiverem agitadas: muitas adversidades.

BATER - Bater na mulher: desordem. Bater no marido: desonra que se aproxima.

BEIJAR - Beijar as mãos de outrem: boa sorte. Beijar o rosto: êxito depois de um ato temerário. Beijar a terra: humilhação, tristezas.

BEM - Praticar o bem: pequena alegria. Fazer o bem a pessoas mortas: lucros ou vantagem certos.

BENGALA OU BASTÃO - Apoiar-se em uma bengala: doença. Levar bastonadas com uma bengala ou um pau: contrariedades por motivos de questões judiciais. Dar com uma bengala em alguém: prejuízo certo.

BERÇO - Muitos filhos.

BESTAS - Ver uma besta perto: hostilidade de inimigo. Correndo: pobreza. Besta rinchando: tristeza. Fazer uma besta fugir: vitória sobre inimigos. Lutar com bestas: doença, sofrimentos. Matar bestas: saúde, prosperidade.

BEXIGA - Orgulho, presunção.

BIBLIOTECA - Possuir: deve-se tomar conselho com alguém instruído. Ver uma biblioteca pública: bom gosto literário, cultura.

BIGODES - Compridos: progresso financeiro. Curto: desenganos.

BILHAR - Transações malogradas, prejuízos, ameaça de perda de bens pessoais ou da família.

BILHETE - Ver um bilhete de loteria com números distintos: êxito. Bilhete sem números: gastos sem proveito. Perda de um bilhete: bom agouro.

BISCOITO - Comer: boa saúde, lucros.

BISPO - Encontro com personagem importante.

BOCA - Fechada sem se poder abrir: perigo de morte. Grande: prosperidade.

BOI - Calma e paz de espírito. Muitos bois gordos: felicidade que se aproxima. Bois magros: penúria. Jungidos: união que trará prosperidade. Bois trabalhando na lavoura: trabalho proveitoso e lucrativo. Boi sem chifres:

inimigo importante. Boi lutando com outro: inimizade. Bois que se encaminham para o bebedouro: presságio ruim. Bois enraivecidos: atribulações.

BOLA - Estar jogando bola: sorte favorável. Bola que está rolando: felicidade demorada.

BORBOLETA- Inconstância, volubilidade.

BORDADO - Ver alguém bordando: ambição

BOTINAS - Comprar botinas novas: brigas e ciúmes.

BRACELETE - Comprar: posição subalterna. Vender: ruína. Perder um bracelete: alegria, ocultamento de pesares, ou morte súbita de alguém, ambição. Receber um bracelete como presente: casamento.

BRAÇO - Ter um braço cortado: se for o direito, morte de parentes. Sendo o esquerdo, de uma mulher. Os dois braços cortados: doença. Sujos: pobreza. Inchados: dinheiro para parentes. Fortes e musculosos: felicidade. Cabeludos: aquisição de mais riquezas.

BRANDO - Bom sinal, alegria.

BURRO - Burro correndo: infelicidade próxima. Burro pastando: atribulações. Burro zurrando: cansaço. Ver as orelhas de um burro: morte de parente. Montar na parte traseira de um burro: trabalho.

BUSTO - Ver um busto em gesso de um rei ou governante: êxito na política. Busto de mulher: união sexual.

C

CABANA - Vida modesta.

CABEÇA - Cabeça sem corpo: lucro. Lavar a própria cabeça: perigo que se afastará. Cortar a cabeça de um frango: alegria.

CABELOS - Despenteados: vitória depois de lutas. Cabelos que caem: perda de conhecimentos ou amigos. Cabelos finos: pobreza, tormentos. Compridos e pretos: dinheiro. Cabelos que estão esbranquecendo: diminuição de bens. Mulher careca: doença, pobreza. Homem careca: riqueza, saúde.

CABRAS - Brancas: lucros. Pretas: adversidade. Possuir algumas cabras: situação modesta.

CACHIMBO - Luta corporal.

CAÇAROLA - Ruína próxima.

CADÁVER - Deve-se mudar de vida.

CADEIRA - Honra, distinção.

CADELA - Libertinagem.

CÃES - Deve-se ter cautela com desconhecidos, desgostos.

CAFÉ - Beber: atribulação. Queimar: desgostos.

CAFETEIRA - Vazia: esperança vã. Cheia: fortuna. Que está se esvaziando: perda de dinheiro ou de bens.

CAIXA ou COFRE - Cheia: deve-se ser prudente. Vazia: herança próxima. Nova: boas notícias.

CAJUS - Comer: boas notícias. Azedos: sofrimento

CALÚNIA - Ser caluniado: situação favorável próxima. Caluniar alguém: desgraças.

CAMELO - Riqueza.

CAMINHO - Reto e plano: facilidade nos negócios. Tortuosos, cheio de pedras, difícil de ser percorrido: muitas dificuldades, prejuízos etc.

CAMISA - Boa situação no futuro. Tirar a camisa de alguém: esperança sem resultado. Camisa rasgada: boa sorte.

CAMPAINHA - Tocar uma campainha: discussão em casa.

CAMPANÁRIO - Prosperidade financeira e social. Campanário destruído: perda de emprego.

CAMPO - Achar-se num campo: coragem. Divertir-se num campo: perigo de perda de bens. Voltar de um campo: grandes tristezas.

CÂNFORA - Comprar: doença passageira. Tomar: herança.

CANAL - Cheio de água: lucros. Seco: perda de bens.

CANÁRIO - Viagem demorada ou em terra distante.

CANHÃO - Ver um: surpresa agradável. Ouvir disparo de um canhão: ruína próxima.

CANIVETE - Inconstância. Discussão entre amigos.

CANTAR - Ouvir uma mulher cantando: aflições. Homem cantando: esperança. Pássaro cantando: alegria, amor.

CÃO - Branco: felicidade que se aproxima. Preto: traição. Danado: desconfianças exatas. Cão dormindo: sossego. Latindo atrás de alguém: bom aviso. Em luta com outros cães: intrigas fortes. Briga de cão e de gato: contrariedades, discussões, brigas. Cão que morde: desgosto provocado por inimigos.

CAPÃO - Cantando: aborrecimento, tristeza.

CARDEAL - Progresso no emprego ou na profissão.

CARNAVAL - Estar divertindo-se no carnaval: excessos que acarretarão prejuízos.

CARNIFICINA - Perda de amigos ou de filhos.

CARRO - Descer de um carro: perda de posição. Ver um carro bonito: promoção no emprego, honrarias.

CARRILHÃO - Complicações.

CARTA - Escrever ou receber: boas notícias.

CARTA DE BARALHO - Jogar: prejuízos, perda de bens.

CARTAZ - Ver: trabalho perdido. Ouvir alguém lendo um cartaz: boas notícias. Pregar um cartaz: desonra.

CARTEIRA - Enigma, mistério.

CARTUCHO - Fazer: desconfiança. Vender cartuchos: mau negócio. Queimar: vitória. Grande quantidade: guerra.

CARVÕES - Acesos: cuidado com inimigos. Apagados: se não estiverem totalmente apagados, solução de negócios; inteiramente apagados, morte de alguém. Comer: maus negócios.

CASA - Construir uma: consolo.

CASAMENTO - Casar-se: felicidades.

CASTELO - Entrar num: esperança alegre. Incendiado: morte ou doença da pessoa que se supõe ser o dono, e também prejuízo.

CATAPLASMA - Doença do peito: convalescença para quem está doente.

CAVALEIRO - Se cai do cavalo: perda. Se alguém monta no lugar de alguém que caiu: êxito.

CAVALARIA - Deve-se tomar cuidado.

CAVALO - Bom sinal. Branco: boa esposa, bens a serem adquiridos. Preto: esposa rica, mas ruim. Prejuízo. Cavalos de diferentes cores: acusação falsa. Manso: dificuldades em negócios. Andar a cavalo em companhia de mulheres: traições, infortúnios. Domar um cavalo: progresso ou êxito rápido. Ver alguém montando o cavalo de quem sonha: infidelidade.

CEGONHA - Voando: chegada de inimigos.

CEMITÉRIO - Mudança de vida para melhor. Prosperidade.

CERA - De sapateiro: futura profissão modesta.

CÉREBRO - Saudável: sucesso, desejos que se realizarão. Doente: contrariedades, insucesso.

CEREJAS - Vermelhas: notícia satisfatória. Verdes: esperanças que não se realizam. Apanhar cerejas maduras: herança.

CERIMÔNIA - Pública: dolorosa humilhação. Religiosa: deve-se orar pelos parentes.

CÉU - Claro, sem nuvens: união próxima. Nebuloso, sombrio: sorte medíocre. Subir ao céu: grande honra. Florido: verdade descoberta. Incendiado: ataque de inimigos.

CEVADA - Ter cevada nas mãos: lucros, alegria. Comer pão de cevada: saúde, contentamento.

CHÁ - Muitos negócios e ocupações.

CHAMINÉ - Subir numa chaminé: autoconfiança e negócios com bom resultado.

CHAPÉU DE SOL - Vida medíocre e calma.

CHAPÉU SUJO ou RASGADO - Desonra.

CHAVE - Perder uma: cólera.

CHOCOLATE - Beber: saúde, alegria.

CHORAR - Alegria, satisfação.

CHOURIÇOS - Fazer: paixão. Comer: namoro para moças e saúde para velhos.

CHUMBO - Acusação. Severidade.

CHUVA - Ser molhado pela chuva: aflição, aborrecimento.

CIDRA - Beber: discussão.

CIFRAS (algarismos) - Até noventa: incertezas. Mais de noventa: êxito.

CIGARRAS (besouros, gafanhotos, grilos) - Gente que fala muito, importunações, roubo, doença.

CIPRESTE - Infortúnio.

CÍRCULO - Estar no meio de um: vitória. Círculo preto: resistência vencida.

CIRURGIÃO - Fazendo uma operação: acidente.

CISTERNA - Cair dentro: calúnia por parte de parentes e amigos. Descobrir uma: boa notícia. Beber água de uma cisterna: tempo perdido. Cavar uma cisterna: prudência.

CLAMOR - Perturbação da ordem pública.
CLARABOIA - Moradia em casa escura.
CLARIDADE - Dia alegre.
CLISTER - Doença grave.
COBERTOR - Quem dorme está mal agasalhado.
COBRE - Pouco dinheiro.
COELHO - Matar: prejuízo. Comer: saúde. Branco: amizade. Preto: aborrecimentos.
COFRE - Cheio: prosperidade. Vazio: herança próxima. Novo: boa notícia. Arrombado: roubo. Velho: adversidades.
COLCHETES - Futilidade, fantasia.
CÓLERA - Inimigos influentes e poderosos.
COLHEITA - Abudante: bom índicio. Pequena: negócios ruins, dificuldades, aborrecimentos.
COLAR - Possuir um de pedras preciosas ou recebê-lo de presente: casamento próximo, maledicência. Comprar um, encomendar um para dá-lo de presente a namorada ou outra mulher: gastos desnecessários e prejudiciais. Dar um colar à mãe ou esposa: bons sentimentos.
COLOSSO - De pedra: orgulho. De barro: presunção, situação que não é firme.
COLUNA - Em pé: felicidade. Caída: desastre ou morte.
COMBATE - Ver um: barulho em casa.
COMÉDIA - Fazer parte de uma comédia: notícia desagradável. Ver representar-se: satisfação.
COMETA - Desavenças, sofrimentos, guerra.
COMANDAR - Promoção rápida. Dar ordens de comando asperamente: doença.
COMÉRCIO - De lã: lucros. De trigo: economia. De ferro: sorte desfavorável. De algodão: existência calma. De seda: ostentação. De linho: lucro.

COMISSÁRIO - Ver um: proteção.

COMPASSO - Comprar um: dores forte ou agudas. Novo: sedução. Velho: aflição. Quebrado: caráter fraco. Dar: perigo. Receber de presente: maledicência.

COMPRAR - Comprar muitas coisas: bom sinal.

CONCHA - Cheia: bom presságio. Vazia: tempo perdido.

CONDENADOS - Tristeza, doença, abatimentos.

CONFESSOR - Ver um: consolo

CONSENTIMENTO - Dar: prejuízo.

COPO CHEIO DE ÁGUA- Satisfação, casamento.

CORDEIROS - Possuir: consolação. Carregar um na cabeça: futuro bem-estar. Matar: contrariedades.

COROA - Ter uma coroa de ouro na cabeça: proteção de pessoa influente ou questão judicial. Coroa de prata: boa saúde. Coroa de flores: alegrias inocentes e honestas.

CORRER - Boa sorte. Correr assustado: situação segura. Ver gente correndo: desordens, brigas. Moços correndo: bom tempo. Correr atrás de um inimigo: êxito, vitória. Pessoas correndo armadas de paus: guerras.

CORRESPONDÊNCIA - Receber cartas de um homem: inimizade. De mulher: casamento.

CORTAR - Carne: preocupações. Cortar uma árvore: grande esforço. Cortar papel: negócio sem resultado.

CORVO - Desastre. Voando: perigo.

COSTAS - Muito grandes: recém-nascidos. Quebradas: divertimentos em família.

COSTELAS - De carneiro: organismo forte. De vitela: força viril.

COTOVIAS - Dinheiro. Assadas: acidentes domésticos.

COUVE- Saúde.

COUVE-FLOR - Infidelidade.

COVIL - De feras: traições. De ladrões: cuidado com o próprio dinheiro.
COXAS - Grossas: prosperidade de parentes. Coxas de mulher: felicidade por parte dos filhos.
COXO - Negócios ruins.
COZINHA - Apetite.
CREDOR - Receber a visita de um: negócio andando bem.
CRIMINOSO - Perigo, fatalidade.
CRUCIFIXO - Rezar por alma de parentes falecidos.
CRUELDADE - Praticar: tristeza.
CRUZ - Trazer uma às costas: sofrimento. Ver com sentimento de respeito: futuros dias felizes.
CRISTAL - Hipocrisia de terceiros.
CUPIDO - Casamento.

D

DADOS - Jogar: risco de perda de bens. Ganhar em jogo de dados: herança.
DAMA - Ver uma dama bonita: fantasias. Dama sozinha: aposta perdida. A união de damas: maledicência.
DAMASCO - Comer: contentamento. Secos: desgosto.
DANÇA - Dançar depressa: amizade. Devagar: engano. Dançar com a pessoa amada: casamento com a mesma. Dança em corda: negócio complicado, mas que terá bom resultado.
DATA - Comemorar uma: negócio realizado e concluído.
DEDAL - Usar: doença.
DEDOS - Queimar: inveja. Cortar: perda de amigos.
DEITAR-SE - Com marido que está ausente: más notícias. Marido com mulher: lucro.
DEMISSÃO - Ser demitido: promoção.

DENTE(S) - Dente arrancado: desgostos ou afronta recebida. Arrancar um: homicídio. Queda de dente: morte na família. Dentes brancos e bem-feitos: prosperidade. Sujos: vida triste. Podres: tristezas íntimas.

DENTISTA - Desengano.

DESCIDA - Descer uma montanha ou escada: humilhação, perda de posição.

DESENHAR - Amizade fiel.

DESENHO - Proposta ou negócio que se deve recusar.

DESGRAÇA - Restabelecimento da saúde.

DESTERRO - Estar desterrado: tristeza por motivo de um triste acontecimento na família.

DEUS - Ver Deus: alegria, consolo. Falar-lhe: grande felicidade.

DEVASSIDÃO - Sonhar que tem vida devassa: segurança.

DIABO - Vê-lo: muitas atribulações. Diabo que aparece no meio de chamas: infelicidade. Diabo que logo desaparece: tranquilidade que voltará em breve. Brigar com o diabo: grandes perigo. Derrubá-lo: vitória. Ser avisado pelo diabo: péssimo presságio, morte. Ser carregado pelo diabo: mau agouro.

DIAMANTE - Possuir: fortuna insegura. Achar um: esperança depois de muitas lutas.

DIARREIA - Doença.

DICIONÁRIO - Folhear: proveito, distinção. Comprar: vontade de ser instruído.

DIETA - Sonhar que está fazendo dieta: boa notícia. Volta de parente ou de amigo.

DILÚVIO - Prejuízo de colheita.

DINHEIRO - Contar: grande lucro. Ver apenas: cólera. Gastar: prejuízo próximo. Achar: fortuna no futuro.

DISSIPAÇÃO - Dissipar os bens: maus acontecimentos em casa. Presságio que é uma advertência para o sonhador cuidar melhor dos seus interesses e economizar.

DOENTE - Ver um: tristeza, prisão.

DONATIVO - Receber um de pessoa rica: mudanda de sorte. Oferecer: ingratidão, dinheiro perdido.

DORES - Senti-las: tudo terminará bem.

DOTE - Receber: casamento que não será vantajoso.

DUELO - Bater-se em duelo: teimosia que conduzirá a mau resultado. Ser ferido num duelo: pesar. Ser morto num duelo: separação da pessoa amada ou de amigo. Matar alguém em duelo: tristeza em família. Ser testemunha em duelo: ruins acontecimentos.

E

ÉGUA - Bonita e robusta: esposa moça e rica.

ELEFANTE - Perigo de morte. Dar de comer ou de beber a um elefante: concórdia em família. Ser dono de um elefante: atribulações que findam.

EMAGRECER - Estar emagrecendo: questões, prejuízos, doenças.

EMBARAÇOS - Êxito, progresso, boa solução de negócios.

EMBOSCADA - Armar uma: deve-se ser cauteloso. Cair numa: negócio com bom resultado.

EMBRIAGUEZ - Estar embriagado: saúde, dinheiro.

ENFERMEIRO - Ver um: aflição. Estar enfermo: sossego.

ENTERRADO - Ser enterrado vivo: perigo.

ENXOFRE - Pureza.

ERMITÃO - Traição de um suposto amigo.

ERVILHAS - Comê-las cozidas: negócios seguros.

ESCADA - Subir: progresso na carreira. Descer: perda de posição ou emprego.

ESCORPIÃO - Infortúnio, traições.

ESCREVER - Uma carta: acusação. Um livro: dificuldades.

ESCRITO - Escrever à namorada e levar a carta ao correio: talvez seja correspondido no amor. Mandar alguém levar a carta: segredo que todos saberão. Papel escrito em tinta azul: boas notícias. Escrito em tinta preta: acusações.

ESCUMA - Desgostos passageiros.

ESMOLA - Dar: pobreza. Receber: grande tristeza.

ESPADA - Êxito, segurança em negócios. Segurar uma: o sonhador será investido em cargo de responsabilidade. Ver uma: traição. Receber um golpe de espada: tristeza profunda.

ESPELHO - Traição. Ver um espelho: incerteza.

ESPINGARDA - Dar um tiro com espingarda: tédio. Se o tiro for de pólvora seca: projeto sem resultado ou fracassado. Se for com uma bala que atingirá o alvo: complicações.

ESPINHOS - Maus vizinhos. Ferir-se com espinho: fortuna incerta, emprego que não é seguro.

ESPÍRITO(S) - Ver um: necessidade de mudança de vida. Ver muitos: inquietações. Espírito que fala: a prudência é necessária nos negócios. Espírito vestido de branco: incertezas. Vestido de preto: más intenções ou má conduta que será punida. Ver o espírito de um parente: rezar por ele.

ESPONJA - Má-fé, avareza. Espremer uma: tempo perdido.

ESTALAGEM - Sossego. Hospedar alguém numa estalagem: tranquilidade incompleta.

ESTAMPAS - Ver: deve-se praticar a caridade. Vender: lucros incertos. Possuir: deve-se evitar amizades inconvenientes.

ESTANDARTE - Flutuando ao vento: perigo. Segurar um: honra.

ESTÁTUA - Ver: tristeza. Estátua muito alta: presunção.

ESTERCO - Vida vergonhosa, devassidão de costumes.

ESTOJO - Roubo descoberto.

ESTÔMAGO - Sentir dores no estômago: robustez, saúde. Dores no estômago que cessam: doença que se aproxima.

ESTRADA - Percorrer uma plana: sucesso.

ESTREBARIA - Vida pobre e humilde.

ESTRELAS - Claras e brilhantes: prosperidade. Brilhando sobre a casa: morte de pessoa da família. Com brilho pálido: grande infelicidade. Caindo do céu: ruína.

ESTUDO - Sonhar que está estudando: alegria.

EXCESSO - Cometer um: deve-se mudar de conduta.

EXÉQUIAS - De parente ou amigo: boa sorte. De pessoa desconhecida: maledicência.

EXERCÍCIO - Fazer exercício violento: aborrecimentos.

F

FACADA - Receber uma: injúrias, violências.

FACAS - Brigas. Em cruz: morte

FACE - Bem-disposta, corada: sinal de prosperidade. Magra ou amarelada: adversidade inesperada.

FACHADA - De casa: curiosidade satisfeita. De igreja: consolo. De um monumento: riqueza.

FALAR - Com animais: dores morais. Com desconhecidos: situação imprevista.

FALÊNCIA - Sonhar que está falido: vantagem certa.

FAMÍLIA - Estar no meio da família: viagem próxima. Possuir família numerosa: boa sorte, felicidade.

FANFARRA - Ouvir uma: alegria

FARDO - Sorte desfavorável.

FARINHA - Abudância, felicidade para os filhos.

FATURA - Esperança de lucro.

FAVAS - Comer; disputas, discussões, brigas.

FAVORES - Pedir: tempo perdido.

FECHADURA - Roubo, sobretudo de roupas.

FEIRA - Desassossego, penúria, confusão.

FEL - Dinheiro, perigo em jogo.

FÉRETRO - Vida longa.

FERIDAS - Estar ferido: inimizade. Curar uma ferida: ingratidão.

FERRAR - Ferrar um cavalo: sofrimento.

FERREIRO - Ambições injustificadas.

FERRO - Quente: crueldade. Frio: rigorismo. Vermelho: derramamento de sangue.

FERRADURA - Passeio no campo.

FESTA - Dar uma: pequeno perigo. Ver uma: prazer passageiro. Ver uma festa sem poder participar dela: desgosto. Ver a namorada ou amante numa festa: rival vencendor.

FÍGADO - Doença próxima.

FIGOS - Frescos: futura felicidade. Secos: aflição. Comer: dissipação.

FIGURA - Agradável: bom rapaz, moça agradável. Triste: marido impertinente.

FIO - Posição modesta ou humilde, segredo. Fio embaraçado: segredo que se deve ocultar. De ouro: êxito. De prata: intrigas sem resultado.

FILHOS - Noivado ou casamento próximos.

FLAUTA - Tocar: desavenças futuras.

FLECHAS - Passando no ar: bom sinal. Quebradas: ruína. Na aljava: perfídias.

FLORES - Brancas: candidez. Vermelhas: audácia. Amarelas: engano. Frescas: declaração amorosa. Apanhar flores: proveito. Oferecer um ramalhete de flores: ternura de sentimento.

FOGO - Ver pegando: perigo. Apagado: falta de dinheiro.

FOGUETE - Êxito passageiro.

FOLHAS - Verdes: esperança que pode realizar-se. Amareladas: situação difícil. Folhas que caem: desânimo.

FONTE - De água clara: bom resultado em negócio ou amor. De água turva: prejuízos. Beber água de uma fonte: boa sorte. Fonte que seca: perigo mortal.

FORCA - Estar dependurado numa forca: altas dignidades.

FORMIGA - Prosperidade e riqueza que serão obtidas com trabalho e esforço pessoal.

FORNO - Aceso: progresso material. Apagado: pobreza. Muito quente: mudança de residência ou de lugar.

FORRAGEM - Riqueza, abundância.

FORTALEZA - Brigas, processo, prisão.

FRADE - Traição.

FRIAGEM - Tristeza.

FRITADA - Situação complicada, mas que pode ser vencida com habilidade.

FRIEIRAS - Desejos ocultos.

FRIO - Falta de cobertas durante o sono: boas notícias, prosperidade.

FRONTE - Alta: sensatez. Baixa: pequena inteligência. Ser ferido na fronte: acontecimento desagradável.

FRUTO - Comer ou dar um fruto: prazer, felicidade.

FUGA - Fugir de alguém: ganho em processo. Fugir, mas ser agarrado: dificuldades complicadas de serem vencidas.

FUMAR - Cigarros: vida modesta. Charuto: ambições. Ver alguém fumando: riqueza.

FUNERAL - Vaidade.

FUZIL - Escândalo. (Veja item Espingarda)

FUZILEIRO - Temores com fundamento. Advertência útil.

G

GALANTERIA - Galantear mulheres: saúde. Mulher que galanteia um homem: prosperidade. Moça galanteadora: leviandade.

GALERIA - Comércio lucrativo.

GALINHA - Pondo ovos: operação lucrativa. Cantando: aborrecimentos.

GANSO - Cortar a cabeça de um: contentamento.

GATO - Traição. Deitado ou dormindo: agressão próxima. Gato enraivecido: ladrões.

GÁS - Aceso: boa forma. Apagado: desprezo. Gás solto: falecimento.

GELEIA - Doença nos pulmões.

GELO - Estar ou andar sobre gelo: inimigos perigosos.

GENERAL - Honrarias para os filhos. Casamento.

GIGANTE - Vitória certa. Êxito infalível.

GIRAFA - Elevação social.

GRANJA - Cheia: negócios vantajosos, casamento. Vazia: pobreza. Incendiada: grande fortuna.

GROSELHAS - Vermelhas: fidelidade. Brancas: alegria. Pretas: aborrecimento passageiro.

GOELA - Cortar a goela de alguém: dano involuntário.

GUITARRA - Aventuras amorosas.

H

HARPA - Loucura curada.
HEMORRAGIA - Cuidado com a saúde.
HERANÇA - Receber uma herança: bom pressentimento.
HIPÓCRITA - Ver ou falar: cuidado nos negócios e com as amizades.
HIDROPISIA - Gravidez.
HOMEM - Vestido de branco: boa sorte. Vestido de preto: obstáculos. Alto: viuvez. Pequeno: conquista. Morto: intriga. Assassinado: segurança. Sem chapéu: confiança. Com chapéu: cilada. Moço: bom futuro. Velho: boa estima.
HOMICÍDIO - Ver um homicídio ou cometê-lo: segurança.
HORAS - Ver horas no relógio: negócio que requer solução urgente.
HOSPEDARIA - (Veja item Estalagem)
HOSPITAL - Cheio: saúde normal. Sem doentes: moléstias crônicas. Com irmãs de caridade: consolo. Com enfermeiros: coração impertubável.
HOTEL - Grandes despesas.

I

IGREJA - Entrar numa igreja: boa conduta. Construir uma igreja: bom presságio para os negócios.
ILHA - Solidão, desamparo.
ILUMINAÇÃO - Prazeres, divertimentos. Apagando-se: aborrecimentos, desassossego.

IMAGEM - Preta: futuro indeciso. Vermelha: pesares. Comprar imagens: alegrias pouco duradouras. Imagens quebradas ou despedaçadas: prejuízo.

IMUNDÍCIE - O sonhador será prejudicado com um benefício seu.

IMPERATRIZ - Sonhar que é imperatriz: casamento com pessoa importante ou muito rica.

IMPOSTO - Obrigação inadiável.

IMPORTÂNCIA - Bom presságio.

IMPOTENTE - Doença incômoda passageira.

INCÊNDIO - Perigo de morte para quem o vê. Apagar: herança.

INCENSO - Amigos falsos e bajuladores. Traições.

INFERNO - Escapar do Inferno: infelicidade, se o sonhador é rico; alívio se é pobre.

INFELICIDADE - Sonhar que é infeliz: desonra.

INFLAMAÇÃO - Aviso para mudar de conduta.

INGLÊS - Credor. Amigo insincero.

INIMIGOS - Conversar com um: desconfiança. Jogar com eles: prejuízo ou desvantagens.

INJÚRIAS - Dizer: benefício ignorado. Ouvir: ingratidão.

INJUSTIÇA - Sofrer uma: deve-se ter paciência.

INSTRUMENTOS - Ouvir: incômodos curados. Tocar: exéquias.

INTESTINOS - Desavenças em casa.

INTRIGA - Deve-se ter cuidado com atos e palavras.

INUNDAÇÃO - Acidentes perigosos, perda de bens.

INVÁLIDOS - Ver: velhice calma. Falar com eles: bom presságio.

INVENTÁRIO - Falência, grandes prejuízos.

IRMÃOS / IRMÃS - Alegria. Falhar-lhes: aborrecimento, tédio. Se estão mortos: vida longa.

J

JACINTO - Vaidade, presunção, orgulho de quem sonha.
JANELA - Estar a uma janela: questão judicial lucrativa. Sair ou descer por uma janela: parente ou amigo humilhado.
JARDIM - Florido: grande lucro. Cultivar um: prosperidade. Jardim com árvores sem flores e sem frutos: perda de amizades.
JASMIM - Caráter reto.
JAVALI - Perseguir sem alcançá-lo: contentamento.
JEJUM - Temores sem fundamento.
JESUS CRISTO - Falar-lhe: consolo.
JOELHOS - Preocupações. Ver alguém de joelhos: negócios de solução demorada.
JOGO - Ganhar um jogo: perda de amigos. Perder: alívio. Jogos em família e de passatempo: calma de espírito, se o jogo não for valendo dinheiro.
JORNAL - Ler: tempo perdido inutilmente.
JUDEU - Prejuízo ou furto. Favor recebido de um judeu: bom êxito.
JURAMENTO - Má notícia.
JÚRI - Ser membro de um: consideração social.
JUSTIÇA - Ser punido pela justiça: amores insinceros.

L

LÃ - Bondade.
LÁBIOS - Vermelhos: saúde e boas notícias de pessoas ausentes. Pálidos: más intenções. Grossos: fortes desejos. Finos: pessoas severas.
LABORATÓRIO: Perigo de doença.

LABIRINTO - Segredo revelado.

LACAIOS - Inimigos encobertos ou desconhecidos.

LAÇOS - Estar preso em: embaraços, esforços para livrar-se de uma situação difícil.

LADRÃO - Entrando em casa: negócios bem-orientados.

LAGOA - Lagoa pequena: pouco resultado dos esforços.

LAGOSTA - Desunião, sofrimento.

LÂMINA - Afiada: resolução inabalada. Com dentes: irresolução perigosa ou fatal.

LAMPIÃO - Aceso: satisfação, alegria. Apagado: miséria.

LANTERNA - Acesa: susto. Lanterna de bolso: más intenções.

LARANJAS - Ver: desgostos. Comer: ferimentos, dores.

LARANJEIRAS - Desgostos, dores.

LEÃO - Comer carne de leão: riqueza, êxito, honras. Lutar com um: briga, luta perigosa. Vencer um: bom êxito.

LEBRE - Amizade. Muitas: lucros. Poucas: prejuízo.

LEGUMES - No chão: trabalhos, aflição, esforços.

LEITE - Beber: amizade de uma mulher. Entornar ou derramar: prejuízo.

LENTILHAS - Comer: emprego, ocupação.

LEOA COM OS FILHOTES - Felicidade em casa.

LEPRA - Dinheiro mal-adquirido.

LEQUE - Rivalidade no amor.

LER - Livros: sabedoria. Comédias: alegria. Escrituras: prosperidade.

LETRA - Inicial do nome de uma mulher.

LICORES - Falsos prazeres.

LIÇÃO - Receber uma: necessidade de aprender.

LIGAS - Doenças. Embaraços.

LIMA - Cuidado com inimigos.

LÍRIOS - Abertos fora de tempo: esperança infundada.
LIVROS - Dinheiro com o próprio trabalho. Escrever livros: perda de tempo.
LOBO - Ver um: avareza. Ser mordido por um: vocação sem resultado.
LOTERIA - Enganos, traições.
LUA - Cheia e brilhante: elevação espiritual. Minguante e de luz fraca: abatimento. Nova: esperanças. Vermelha: perigo.
LUNETAS - Tristeza, acontecimentos muito tristes.
LUSTRE - Aceso: lucros, ganho. Sem luzes: despesa inútil.
LUVAS - Honras, consideração social.
LUZES - Ver muitas luzes: êxito, lucro, vantagens.

M

MACACO - Inimigo esperto, mas incapaz de fazer mal.
MACARRÃO - Pessoa gulosa.
MACHADO - Perigo mortal.
MACHO - Capricho, insinceridade, malícia.
MACIEIRA - Colher uma maçã do pé e comê-la: desentendimentos com amigos.
MAÇOM - Ser maçom: trabalho recompensado. Ver muitos maçons: mau presságio.
MADEIRAMENTO - Negócios que acarretarão prejuízos.
MÁGICO - Acontecimentos imprevistos.
MAGNETISMO - Cura de doença grave.
MANHÃ - Levantar-se de manhã: bom presságio, lucros.
MANTEIGA - Fabricar: herança. Comer: surpresa.
MÃO - Grande: benefício. Pequena: prejuízo. Cabeluda: brutalidade, grosseria. Branca e sem pelos: namoro. Preta:

fidelidade amorosa. Lavar as mãos: desassossego. Olhar para uma mão: doença. Mãos cheias de calos: tédio.

MARACUJÁ - Inocência. O sonhador não se casará.

MARCHAR - Rapidamente: negócio urgente. Com passo firme: vantagem, proveito.

MARGEM - Ver a margem de um rio ou de um lago: tranquilidade.

MARINHEIRO - Perigo em viagem.

MÁRMORE - Desarmonia em casa. Frieza, indiferença.

MARTELO - Fazer uso de um: distração. Comprar um: aborrecimento.

MARTÍRIO - Sofrer um: honras, consideração pública.

MÁSCARA - Traições, infidelidade, doença, perigo de prejuízo.

MATAR - Sonhar que está matando alguém e acordar em sobressalto: tranquilidade, vida pacífica.

MATO - Estar perdido no mato: doença de garganta com perda da voz.

MEALHEIRO - Ver um pertencente a um pobre: pobreza. Roubar um mealheiro: dinheiro.

MEDALHA - De ouro: ambição. De prata: vida modesta. Encontrar uma: situação monetária pouco segura. Deve-se ser econômico e vigiar os negócios.

MEDALHÃO - Casamento que se realizará.

MÉDICO - Doença que dever ser bem-tratada.

MEL - Comer: êxito. Ver uma garrafa de mel: sucesso.

MELÃO - Incapacidade

MELRO - Maledicência.

MENDIGO - Ver muitos mendigos: prosperidade. Mendigos que entram em casa e levam alguma coisa: péssimo agouro. Ver um: humilhação.

MENSAGEIRO - Ver um chegar inesperadamente: boa notícia. Mensageiro que traz más notícias: bom prenúncio.
MERCEEIRO - Mulheres intrigantes.
MESA - Ver uma: alegria. Cobrir a mesa com toalha: abundância. Redonda: prejuízo em jogo. Quebrada: doença.
METRO - Prosperidade comercial.
MENINO - Acompanhado da ama: doença perigosa.
MILHO - Comer: pobreza. Campo de milho: grande riqueza.
MIRTO - Declaração de amor.
MISSA - Ouvir: alegria íntima. Cantada: grande alegria.
MÓ - Prosperidade.
MOCIDADE - Felicidade, tempo feliz.
MOCHO - Enterro de pessoa conhecida.
MODA - Andar na moda: leviandade.
MOEDA - De ouro: pobreza. De prata: bem-estar. De cobre: fortuna rápida. Fabricar moeda falsa: vergonha.
MOER - Trigo: dinheiro. Pimenta: melancolia.
MOINHO - Riqueza. Quanto mais depressa se girar o moinho, maior a facilidade em ganhar dinheiro.
MOLHOS - Falsidades, mentiras.
MONTANHA - Subir vagarosamente: sofrimento, pena. Depressa: desejo impossível de realizar-se. Descer: êxito de pouca importância.
MONTEPIO - Situação favorável.
MORANGOS - Lucro inesperado.
MORTE - De parentes: casamento difícil. De criança: nascimento. Pensar que está morto: boa saúde. Ver um morto no caixão: indigestão. Beijar um morto: vida longa. Ver morta uma pessoa que está sadia: perda de questão judicial.

MOSCA - Pessoa importuna.
MOSTARDA - Auxílio indesejável.
MÓVEL - Dinheiro.
MULA - Ser dono de uma: negócio próspero. Mula carregada: embaraços.
MULHER - Ver uma: doença. Branca: liberdade. Morena: doença grave. Mulher que está trabalhando: grande inquietação. Mulher grávida: notícia agradável.
MULTIDÃO - Aborrecimentos, pessoas importantes.
MURO - Ver um: amor infiel. Levantar um: trabalhos. Muro em ruína: desastre. Cartazes num muro: curiosidade que dará mau resultado.
MÚSICA - Ouvir: boas e alegres notícias.

N

NABOS - Ver ou comer: esperanças inúteis.
NADAR - Nadar em um rio com a cabeça fora da água e atravessá-lo: excelente presságio. Nadar em água turva: obstáculo. Ver alguém nadando: felicidade, se a pessoa está sadia; cura de doença, se estiver doente. Nadar tendo agradável sensação: volúpia, desejo amoroso.
NARIZ - Muito grosso: riqueza. Feio e anormal: abundância. Perder o nariz: adultério.
NASCIMENTO - Sonhar que está nascendo: boa sorte.
NAUFRÁGIO - Mau agouro.
NAVIO - A vela: esperança. A vapor: ambição. Navio navegando em mar calmo: desejos que se realizarão. Navio levado pelo vento numa tempestade: mau presságio. Navio no porto com as velas encolhidas: desemprego, mas tranquilidade, porque em breve voltará à atividade. Férias.

NEGRO - Nu: desgosto.
NEVE - Divertir-se na neve: abundância, riqueza.
NINHO - De passarinho: aumento da família. De cobras: grandes cuidados e inquietações. De lagartas: intranquilidade.
NÍVEL - Juiz severo.
NÓ - Frouxo: negócios complicados. Apertado: dinheiro certo. Casamento.
NOTÍCIA - Receber boa notícia: presságio pouco favorável. Receber notícia ruim: bom prenúncio.
NOZES - Aborrecimento, dificuldades e depois alegria.
NUDEZ - Ver alguém nu: negócio bom. Estar nu: fadiga, doença, pobreza. Correr nu: parentes falsos. Estar dançando nu com a pessoa amada: alegria, saúde. Ver a esposa nua: enganos. Ver o marido nu: felicidade em negócios. Ver um amigo ou criado nu: desavenças. Ver um homem nu: situação difícil e angustiante. Ver uma mulher nua: alegria. Mulher velha nua: vergonha, má sorte.
NÚMEROS - Número 1: intenção prejudicial. Número 2: consulta a advogado ou médico. Número 3: más companhias. Número 4: negócio incerto. Número 5: brigas, desavenças. Números de 6 para cima: ilusão. Contar o número de pessoas: ambição realizada. Não se lembrar do número ou dos números sonhados: complicações e confusão.
NUVENS - Amontoadas umas sobre as outras: desarmonia em casa ou na família.

O

OBELISCO - Alta posição. Estar em cima de um obelisco: situação de destaque.

OBRAS - Malfeitas, toscas: escravidão.

OBSCURIDADE - Estar na escuridão, sem poder orientar-se: forte paixão amorosa.

OCULISTA - Erro que se deve remediar ou reparar.

OLHO - Perder um: morte de ascendente. Olhos doentes: morte de filho ou de parente. Olhos lacrimosos: sensatez.

OLIVEIRA - Ver uma: calma espiritual.

ÓPERA - Assistir a: confusão.

OPERÁRIO - Trabalhando: queixa, recriminação. Dar trabalhos a operários: lucros. Despedir: perigo para o vizinho.

ORADOR - Ver um discursando: ociosidade.

ÓRGÃO - Ver o instrumento: morte de parente. Ouvir: herança.

ÓRGÃO CORPORAL - Doente: situação vexatória, vergonha.

ORNATO DE IGREJA - Espírito tranquilo.

OSSOS - De defunto: dificuldades, aborrecimentos.

OSTRAS - Boas amizades, satisfações.

OURIVES - Avareza. Sonhar que é ourives e está fundindo ouro: grandes dívidas, difícil situação financeira, que poderá acarretar a pobreza, se não for cuidadoso nos negócios.

OURO - Fabricar: tempo perdido. Achar: lucro. Pegar: riqueza.

OVO - Pequena quantidade de ovos: proveito, lucro. Muitos ovos: questão judicial perdida. Brancos: pequeno lucro. Duros ou amarelecidos: desgosto. Quebrados: palavreado vão. Frescos: boas notícias. Ovos num cesto: lucro, que será proporcional à maior ou menor quantidade dos ovos.

P

PÁ - Trabalhos penosos.

PADRE - Pregando um sermão: consolo na desgraça. Em passeio: bom preságio. Na igreja: tristezas.

PAI - Ver o seu pai: alegria.

PALÁCIO - Ver um: inveja. Morar num: proteção.

PALHA - Em feixe: abundância. Solta: desperdício. Espalhada: perda de bens.

PALITO - Mau indício.

PALMAS - Homenagens.

PÃO - Comer: lucros. Branco: bom preságio para o pobre. Se o sonhador for endinheirado ou rico: prejuízo, castigo. Negro: melhoria de situação para o pobre, prejuízo para o rico. Partido: deve-se fazer caridade. Preparar massa para um pão: alegria próxima.

PAPA - Salvação da alma.

PAPAGAIO - Segredo revelado ou descoberto.

PAPEL - Branco, sem pautas: dúvidas. Escrito: negócio que se resolverá. Selado: questão judicial ou legalização de documentos.

PAPOULA - Satisfação dos pais.

PARAÍSO - Pobre. Desejo de felicidade. Herança.

PARALISIA - Doença.

PARENTES - Vê-los: bom sinal. Recebê-los: gastos.

PASSÁROS - Vê-los: desejos insatisfeitos. Matá-los: prejuízos. Atirar neles: ataques de inimigos. Voando sobre a pessoa que sonha: prejuízos. Ouvi-los chilreando: bom prenúncio. Transformar-se em pássaro: mudança de situação. Dois pássaros juntos: questão. Brigando: tentação.

PASSEIO - Dar um passeio sozinho: segurança. Passeio de dois amantes: alegria transitória.

PATOS - Vê-los: honra por parte de alta autoridade. Grasnando: bons negócios lucrativos.

PATRULHA - Negócios seguros.

PAUS - Atirar: pesares. Caindo: desgraça.

PAVÃO - Dinheiro, riqueza.

PEITO - Bem-feito: saúde. Cabeludo: para o homem, lucro, para a mulher, viuvez. Largo: longa vida.

PEIXES - Pesá-los: lucros, satisfação. Grandes: ambição. Pequenos: desgostos, prejuízos.

PELE - Branca: bom presságio. Parda: ingratidão. Mudar de pele: tormentos. Pele de um animal: crueldade.

PENAS - De pássaros: ilusões. De pato: sabedoria. De pavão: orgulho.

PEPINOS - Comer: esperança infundada. Se o sonhador estiver doente: cura.

PERDIZ - Falsidades.

PERFUMES - Fabricar: notícias agradáveis. Dar perfumes a amigos ou conhecidos: boas notícias para todos. Receber um frasco de perfume: lucros, vantagens.

PEREGRINA - Bom presságio.

PERGAMINHO - Constância, firmeza.

PERNAS - Bonitas: felicidade. Inchadas: perdas. Cabeludas: fortes desejos.

PERU - Doença séria em parentes ou conhecidos.

PÉS - Calçados: segurança, bem-estar. Descalços: embaraços financeiros, dificuldades diversas. Dor nos pés: alívio moral ou físico. Lavá-los: gulodice. Sujos: doença. Beijar os pés de alguém: humilhação.

PESCA - Com linha: paciência. Com rede: fácil conquista.

PESCOÇO - Situação honrosa. Inchado: doença.

PIANO - Ouvir: prazer. Tocar: harmonia em casa.

PIMENTA - Vê-la: teimosia. Comer: leviandades prejudiciais.

PIRÂMIDE - Bom futuro. Caída: ruína que se aproxima. Estar no alto de uma: futura grandeza. Subir a uma pirâmide em companhia de uma mulher: aventura amorosa.

PITANGA - Inteligência.

PINHÃO - Comer: luxúria, satisfações amorosas.

PISTOLA - Questão, situação embaraçosa. Disparar: negócio que se resolverá.

PLANÍCIE - Vasta: êxito.

POÇO - Cair num poço: desagrado causado aos parentes. Tirar água de um: bom casamento.

POLÍCIA - Fator desagradável.

POMAR - Com frutas: festa.

POMBO BRANCO - Negócios prósperos. Se for uma pomba: surpresa agradável.

PONTE - De pedra: dinheiro bem-empregado. De aço: projetos. Passar sobre uma ponte: trabalho.

PORCO - Pessoa avarenta, preguiçosa.

PORCO ESPINHO - Negócio desonesto.

PORTA - Abrir uma: solução de um caso amoroso. Porta fechada: tentativas inúteis. Porta arrombada: presídio, aqui alguém será recolhido. Porta queimada: morte do dono da casa.

PORTO DE MAR - Boa notícia.

PORTEIRO - Maledicência, infidelidade.

PRADO - Estar num: saúde, tranquilidade. Ver contar a erva de um prado: bom prenúncio.

PRECIPÍCIO - Ver um: situação segura, perigo passado ou evitado. Pisar na margem de um: ruína, pobreza.

PRESENTES - Oferecer: decadência, ruindade. Receber: lucro.

PRESUNTO - Recebimento de paga de serviços ou de salário. Comer: aumento da família, lucro.

PRÍNCIPE - Morar com um: dependência, situação subordinada.

PRISÃO - Entrar numa: salvação. Sair: contentamento. Viver numa: tranquilidade, calma.

PROCESSO - Amizade proveitosa.

PROCISSÃO - Bom presságio. Alegria, contentamento.

PROVISÕES - Juntar provisões de boca: lucros com trabalho, prudência que dará bom resultado.

PULGA - Aborrecimento, incômodos.

PUNHAL - Grandes contrariedades, traições. Ferir alguém com um: vitória sobre inimigos. Ser ferido por um: notícia triste ou de morte de alguém conhecido.

PUNHOS DE CAMISA - Bom emprego. Descosidos ou rotos: emprego perdido.

PÚSTULAS - No próprio corpo: vantagens, boa situação, dinheiro.

Q

QUADRILHA - Dançar: descuidos, leviandade, despreocupação.

QUARENTENA - Estar de quarentena: tristeza passageira.

QUEIJO - Aborrecimento. Comer: vantagem, lucro.

QUEIXO - Bem-feito: vaidade. Largo: força de vontade. Ver um queixo comum: amigo ou parente que ficará rico.

QUERELA - Querelar com um homem: inveja. Com mulher: tormentos. Entre homem e mulher: amor que vai nascer.

QUIABOS - Comer: vida cheia de desgosto.

QUINA - Mau resultado de um negócio ou amor. Beber vinho quinado: saúde recuperada.

QUINQUILHARIA - Comprar: grande prejuízo. Vender: falsos amigos.

R

RABANETES - Comer: doença de parente ou de amigo.
RABECA - Harmonia entre marido e mulher.
RAIO - Caindo próximo: fuga e sucesso.
RAÍZES - Comer: desavença, discórdia.
RAMOS - Com flores: presente de amor. Tendo somente as folhas: vida calma e feliz. Segurar um ramo: ofensas perdoadas.
RAPÉ - Tomar: avareza, sovinice ridícula.
RAPOSA - Furto, ladrões. Raposa que foge: inimigo vencido.
RAPTO - Noivado, pedido de casamento.
RATO - Inimigo oculto e perigoso.
RATOEIRA - Deve-se ser precavido.
RECIBO - Perdão de ofensas, esquecimento.
REDE DE DORMIR - Descuido que pode ser prejudicial.
REDE DE PESCAR - Mudança de tempo. Chuvas.
REGATO - De águas claras: bom emprego. De águas turvas: prejuízo, questão judicial.
REI - Rodeado de cortesãos: enganos. Sozinho: insulto perdoado.
RELÂMPAGOS - Desordem ou calamidade pública. Guerra.
RELÍQUIA - Possibilidade de um prejuízo.
REMÉDIO - Pobreza.
RELÓGIO - Aviso para empregar-se bem o tempo.
REPUXO DE FONTE - Alegria passageira.
RETRATO - Longa vida para a pessoa que se vê em retratos. Receber ou dar um: infidelidade, traição.

RICO - Estar em companhias ou conversar com pessoas ricas: êxito, vitória sobre inimigos, questão que será ganha.
RISO - Rir muito: desgostos, contrariedades.
ROCHEDO - Subir num: êxito tardio. Descer: perda de pessoas conhecidas ou da família.
RODA - Solução de negócio complicado. Muitas rodas: doenças. Roda em movimento: bom presságio.
ROLA - Bom casamento.
ROMÃ - Ver uma: ambição. Comer: desejo satisfeito.
ROSA - Vermelha: amor feliz. Dar uma rosa meio aberta: casamento.
ROSEIRA - Para o homem: casamento com viúva. Para moças: casamento com homem mais velho.
ROSTO - Corado: saúde. Pálido, magro: pobreza.
ROUBO - Ser roubado em dinheiro ou roupas: morte na família.
ROUXINOL - Cantando: amor falso ou amizade insincera.
RUA - Larga: êxito. Estreita: dificuldades. Malcalçada: a pessoa será mal-acolhida em visitas.
RUÍNAS - Feliz sucesso em negócio.

S

SABÃO - Cooperação útil de terceiros.
SÁBIO - Conversar com ele: enganos.
SACA-ROLHAS - Dinheiro inesperado.
SAGRAÇÃO - Ver a sagração de um monarca: bom presságio.
SAL - Prudência. Derramar sal: aborrecimentos.
SALMÃO - Fresco: desarmonia. Salgado: união feliz.
SANFONA - Ouvir: fatos desagradáveis. Tocar: futuros aborrecimentos.

SANGUE - Botar sangue pelo nariz: situação vergonhosa. Muito sangue: riqueza.

SANGUESSUGA - Avareza.

SAPATEIRO - Dinheiro.

SAPATO - Pobreza. Fabricar: vida humilde.

SAPO - Desavença entre amigos ou conhecidos.

SARAU - Maledicência.

SARDINHAS - Comer: desavenças. Vender: irritabilidade. Comprar: situação embaraçosa.

SAÚDE - Estar bem de saúde: presságio desfavorável para um doente.

SEDA - Situação social de destaque. Dinheiro.

SEIO - Cheio de leite: casamento. Murcho: criança doente. Com arranhões ou ensanguentado: esterilidade.

SEMEAR - Estar semeando um campo: saúde, dinheiro.

SEMINÁRIO - Ver-se dentro de um: traição.

SENADO - Ver uma sessão: lutas políticas.

SENTINELA - Situação pouco segura. Desconfiança.

SEREIA - Enganos. Abatimento moral.

SERPENTE - Enroscada: traição. Matar uma: vitória sobre inimigos. Com várias cabeças: sedução. Amor carnal. Enroscada em uma árvore: prisão. Rastejando: inimigo oculto. Mordedura de serpente: vício ruim. Com cabeça humana: ilusão prejudicial.

SERRA - Solução de negócios.

SÓ - Estar só: solidão, isolamento moral ou físico.

SOBRANCELHAS - Grandes: êxito no amor, boa sorte.

SOBRINHOS - Homens: longa posteridade. Mulheres: linhagem próxima de extinguir-se.

SÓCIO - Ser sócio de alguém: fantasia, quimeras.

SODA - Tomar: boa saúde.

SOL - Levantamento no oriente: êxito, prosperidade. No ocaso: nascimento de filha, perda de posição. Brilhante: situação favorável. Coberto de nuvens ou sombrio: mau presságio.

SOLDADO - Aborrecimento.

SOLENIDADE - Religiosa: casamento aparatoso.

SOLTEIRO - Ser solteiro: se o sonhador é casado, possibilidade de viuvez.

SOMBRA - Ver a própria sombra: honrarias, dignidades.

SONHAR - Sonhar que se está sonhando: mau presságio.

SONATA - Ouvir uma sonata tocada ao piano: vocação musical.

SONETO - Escrever um: talento literário.

SUBTERRÂNEO - Viagem ou mudança de lugar.

SUICÍDIO - Prognóstico ruim.

SUPLÍCIO - Ser supliciado: honrarias.

SURDO - Sonhar que está surdo: amputação de um membro do corpo. Ser surdo às palavras alheias: vitória sobre os inimigos.

SUSPIRAR - Desejo de amor físico.

T

TABACO - Tomar: contentamento. Fumar: êxito.

TABELA DE PREÇOS - Viagem.

TABELIÃO - Mau negócio, hipoteca prejudicial.

TABLADO - Carreira teatral.

TABULETA - Visita de parteira.

TAÇA - Vida social.

TAFETÁ - Dissipação de dinheiro.

TAMBOR - Pequeno prejuízo. Ouvir toque de tambor: guerra.

TAMBORETE - Posto de honra.
TAPEÇARIA - Fabricar: boa notícia.
TARTARUGA - Inimigo oculto. Comer: pequeno êxito depois de muito trabalho.
TEIA DE ARANHA - Cilada.
TELÉGRAFO - Esforços inúteis.
TEMPESTADE - Grande perigo.
TEMPO - Bom: boas perspectivas futuras. Chuvoso: tristeza. Nevoento: morte de parentes. Pesares.
TENAZES - Aflições.
TENDAS - Brigas. Guerra.
TERRA - Árida: mulher impertinente. Semeada de legumes: aflição. Extensa: riqueza.
TESTA - Alta: sensatez. Estreita: pouca inteligência, incapacidade de direção.
TESTAMENTO - Fazer em favor da família: velhice feliz. Em favor de estranhos: egoísmo.
TEATRO - Entrar num: tentação. Sair: segredo revelado.
TIGRE - Inimizade ou ódio de homem ou de mulher. Matar um: felicidade.
TEZ - Pálida: doença. Clara: vida calma. Corada: bom presságio.
TIO - Disputas em casa.
TINTA - Reconciliação. Derramada: brigas.
TORRENTE - Adversidade, desgostos.
TOSSE - Conversas levianas, indiscrição.
TOURO - Grande: desafeto perigoso. De pequeno tamanho ou de tamanho médio: protetor.
TRAGÉDIA - Ver uma representada no teatro: perda de conhecidos.
TREMOR DE TERRA - Advertência de perigo.

TRIGO - Riqueza.

TROMBETA - Escândalo. Silenciosa: boa reputação.

TRONO - Estar sentado num: tranquilidade. Subir a um: acidentes, maus acontecimentos.

TRUTA - Casamento

TULIPA - Virgindade para a mulher.

TÚMULO - Estar dentro de um: muito trabalho.

TÚNICA - vermelha: forte desejo amoroso. Branca: idealismo, inocência. Azul: tranquilidade. Verde: perseverança nos desejos. Amarela: desengano. Parda: incerteza. Preta: recolhimento.

U

ÚLCERAS - Nas pernas: desgosto. Nos braços: sofrimento.

UMBIGO - Notícias tristes.

UNHAS - Muito compridas: grande lucro. Muito curtas: prejuízos.

UNGUENTO - Alegria.

UNIFORME - Usar um: celebridade.

URNA - Cheia: casamento. Vazia: celibato.

URSO - Ver: perigo. Ser atacado por um: vitória depois de dificuldades.

UVAS - Comer maduras: alegria, êxito, lucros. Verdes: contrariedades passageiras. Brancas: ingenuidade. Pretas: censuras. Secas: preocupações.

V

VACA - Antipatia por parte de uma mulher. Gorda: abundância. Magra: esterilidade.

VAPOR - Se o sonhador é rico: desgostos. Se é pobre: o trabalho será futuramente recompensado.

VASO - Na beira de uma fonte, se estiver vazio: trabalho. Se estiver cheio: trabalho recompensado.

VASSOURAS - Diversões, passatempos.

VEIAS - Grossas: sangue sadio e abundante. Finas: jovialidade.

VELAS - Acesas: contentamento. Fabricar: negócios demorados.

VELHA - Ver uma: tranquilidade.

VELUDO - Estar vestido de veludo: prazer prejudicial. Comprar: dinheiro. Vender: engano.

VENTO - Forte: adversidades, perigo para os haveres. Brando: bom destino. Frio: indiferença por parte da pessoa amada. Quente: forte desejo de amor.

VENTRE - Vazio: ambição, perigo de perda de bens ou de doença que exigirá muita despesa. Inchado: prosperidade. Peludo: instintos fortes.

VESTE - Usar: pobreza. Bordada: dinheiro.

VESTIDO - Elegante: amizade inútil. Malfeito: desprezo. De diversas cores: contrariedades. Rasgado: mau presságio. Branco: alegria. Bordado: lucro.

VÉU - Pessoa modesta.

VIAGEM - A pé: dificuldades. De carro: boa sorte. Em companhia de alguém: gabolice.

VÍBORA - Inimizade acerba.

VIDRO - Situação insegura.

VIME - Perigo de ser preso.

VINAGRE - Vermelho: insulto. Branco: insulto feito a outra pessoa. Bebê-lo: aborrecimento, contratempos.

VINGANÇA - Questão judicial longa e embaraçosa, acarretando prejuízo.

VINHO - Beber um bom vinho: saúde. Beber com água: saúde fraca. Turvo: dinheiro.

VIOLETAS - Na época: êxito. Fora do tempo: perda de amizade ou morte de amigos.

VIRGEM - Conhecer uma: prazer e desgosto ao mesmo tempo. Raptar uma: prisão.

VISITA - De médico: lucro. Receber: lágrimas. Fazer: questão ou briga sem motivo e injusta.

VISTA - Ter boa vista: felicidade, êxito completo.

VIÚVA - Vestida de branco e preto: casamento.

VIZINHO - Conversa prejudicial ou inconveniente.

VOMITAR - Fortuna ou dinheiro mal-adquirido.

VOZ - De homem: riqueza inesperada. De mulher: esforço recompensado. De menino: mudança de vida. Ouvir uma voz a chamar o sonhador: felicidade.

Z

ZEBRA - Ingratidão.
ZÉFIRO - Intranquilidade passageira.
ZERO - Dinheiro, poder, honrarias.
ZODÍACO - Dinheiro ganho em loteria.
ZURRO - Ouvir um: grande tolice.

VIGÉSIMO LIVRO DE SÃO CIPRIANO

DA ARTE DE ADIVINHAR PELOS SÍMBOLOS INSCRITOS

Nesses tempos de perseguição às antigas crenças, a consulta aos deuses muitas vezes não pode ser feita com as grandes cerimônias dos cultos ancestrais. Mas os sábios e sacerdotes encontraram meios de preservar e praticar a sua sabedoria. Os grandes magos desenharam imagens e símbolos em pequenas lâminas, a que chamaram cartas, que usaram para obter as mensagens dos deuses.

Usam eles imagens de seus deuses maiores, a que chamam o Rei, a Rainha e o Valete, seu filho; e símbolos para representar as hostes de espíritos que os servem. Formaram assim quatro "famílias" (ou naipes), cada uma com 13 cartas e governando um dos grandes reinos do mundo, por intermédio de seus servos. O naipe do coração, ou copas, é o domínio do coração, do afeto, do amor. O naipe das folhas, ou paus, é o domínio do poder, do trabalho, do empenho. O naipe das moedas, ou ouros, é o domínio da riqueza, do sucesso, da fartura. O naipe das lanças, ou espadas, é o domínio da guerra, dos obstáculos, dos perigos.

O significado das cartas

Cada uma das cartas tem um significado, retirado da antiga sabedoria dos oráculos. E com elas os magos respondem perguntas e desvendam o futuro.

Copas

Ás - O lar.
Rei - Homem influente.
Dama - Mulher.
Valete - Amigo(a).
10 - Excelente carta: sucesso, surpresa. Aumenta o valor das cartas vizinhas.
9 - Harmonia, sucesso do projeto representado por cartas vizinhas.
8 - Ocasião feliz. Consultar as cartas vizinhas.
7 - Desejo não realizado.
6 - Fraqueza e aviso; cuidado com os sócios; não ser generoso demais.
5 - Indecisão; pode indicar mudança.
4 - Solteirão(ona); um casamento, cuja data foi adiada diversas vezes, pode agora ocorrer.
3 - Impetuosidade; decisões insensatas podem provocar infortúnios, se outras cartas negativas estiverem na vizinhança.
2 - Sucesso; fortuna inesperada. Cartas más podem retardá-lo e forçar o consulente a estudar outros projetos.

Paus

Ás - Dinheiro, sucesso financeiro. Fama na profissão. Amizades.

Rei - Bons amigos. Se o consulente for um homem, poderá ter de enfrentar um rival generoso; se for mulher, esta poderá ser pessoa sincera e de boa família.

Dama - Amiga bondosa, leal. Se o consulente for homem, a carta indica chance de casamento.

Valete - Amigo(a) generoso(a) sincero(a).

10 - Boa sorte, vinda de lugares inesperados; felicidade; defesa contra malefícios.

9 - Carta ruim. Brigas.

8 - Desejo de ganhar dinheiro a qualquer custo.

7 - Boa sorte se não houver interferência de sexo oposto. Precisa de outras cartas boas para ser bem-sucedido.

6 - Carta de sócios; boa sorte, se trabalhar com amigos que devem ser consultados.

5 - Perigo! Possibilidade de infortúnio. Amigos falsos.

3 - Casamento bem-sucedido em segundas núpcias, ou longo noivado com um e casamento com outro.

2 - Não conte com a ajuda de amigos ou sócios em dificuldades.

Ouros

Ás - Recado importante, dinheiro ou presente, até um anel de noivado.

Rei - Perigo.

Dama - Escândalo, perigo.

Valete - Pessoa egoísta, más notícias; amigo desleal, sem oferecer perigo ao homem, mas ruim para as mulheres.

10 - Dinheiro, viagens, casamento inesperado.
9 - Viagens para fins financeiros, notícias inesperadas relacionadas a dinheiro, sempre influenciadas pelas cartas vizinhas.
8 - Viagens, casamento tardio. Vida no campo.
7 - Carta ruim. Jogo com perdas, má sorte em qualquer negócio.
6 - Casamento em breve, mas enfrentando perigos. Em segundas núpcias, será mal-sucedido. Ver razões em cartas vizinhas.
5 - Sucesso, prosperidade em negócio ou casamento.
4 - Perigos. Amigos esquecidos. No casamento, indica brigas e possibilidade de divórcio.
3 - Disputas e brigas em família e nos negócios. Possibilidade de separação ou divórcio.
2 - Caso sério de amor que pode terminar em casamento ou não, segundo as cartas vizinhas.

Espadas

Ás - Morte; más notícias; conflitos amorosos ou em família.
Rei - Ambição perigosa. Para mulher, um aviso, segundo as cartas vizinhas.
Dama - Falsidade, crueldade, cuidado com viúvas ou amigos falsos.
Valete - Pessoas que não trabalham podem prejudicar o andamento dos negócios.
10 - Má sorte; anula os bons presságios. Quando está perto de cartas ruins, dobra a má sorte.
9 - Pior carta do baralho. Doença, pobreza, perdas financeiras.

8 - Falsos amigos poderão tornar-se inimigos. Carta de oposição. Poderá evitar tudo se tomar cuidado. Cuide de seus negócios.

7 - Tristezas e brigas; não brigue com amigos, parentes. Poderá arrepender-se. Deve ficar quieto até a má sorte passar.

6 - Muito planejamento e poucos resultados. Persevere, a não ser que as cartas vizinhas sejam desfavoráveis. Pode ter sorte, apesar das dificuldades.

5 - Sucesso nos negócios e no casamento, apesar das dificuldades. Não se deixe desanimar.

4 - Pequenos desastres. Doença curta, inveja e ciúme. Segundo as outras cartas, os projetos serão retardados.

3 - Má sorte no amor ou no casamento. Esquecer as dificuldades, para que não prejudiquem outros presságios positivos.

2 - Mudança ou separação. Pode pressagiar perda do lar, separação da pessoa amada, viagem a país distante. Sua influência nas cartas vizinhas é grande.

Modos de ler a sorte pelo sorteio das cartas

Os sete triplos

Esse método usa vinte e uma cartas de um maço embaralhado de 52 cartas.

Modo de tirar as cartas

1. O consulente corta o baralho em três montes, com a mão esquerda.
2. Tiram-se três cartas, uma de cada monte, que são colocadas na mesa, em linha reta, de face para cima.

Os sete triplos

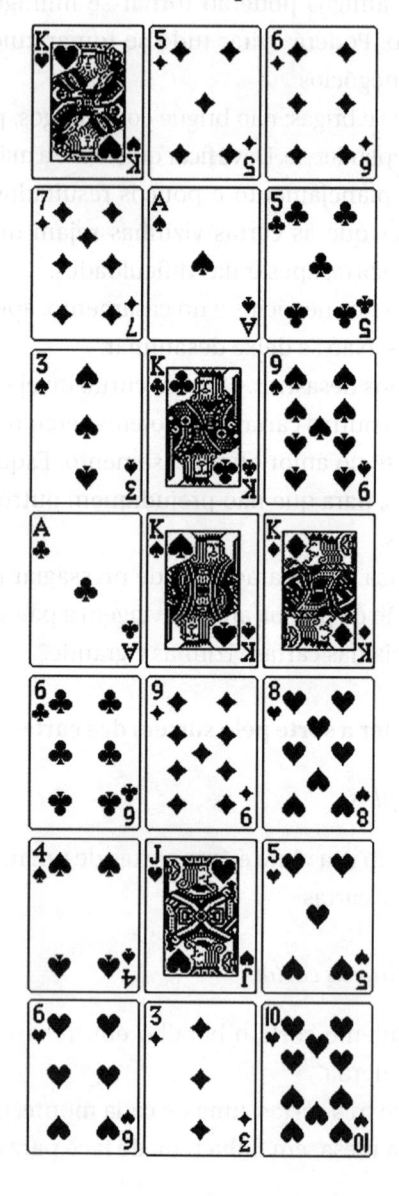

3. Tiram-se mais três cartas, pelo mesmo processo, colocando-as abaixo da primeira linha.
4. Repete-se até conseguir sete linhas.

Cada linha é então interpretada, lembrando que a carta do centro de cada grupo é a mais importante e sobre a qual o fato será interpretado.

Exemplo

Triplo 1:

Para um homem: Um amigo influente (rei de copas) vai dar conselhos úteis quanto a um negócio que será bem-sucedido (5 de ouros) depois de muitas discussões, que poderão enfraquecer os elos matrimoniais (6 de ouros).

Para uma mulher: Cuidado com os conselhos dados por um homem (rei de copas) quanto ao seu casamento; suas esperanças são grandes (5 de ouros) se você não permitir que o seu casamento seja perturbado (6 de ouros).

Triplo 2:

Para um homem: Não jogue (7 de ouros); será mal-sucedido, pois poderá perder uma herança (ás de espadas). Poderia ser forçado a casar por dinheiro (5 paus).

Para uma mulher: Não jogue com o amor do seu namorado ou marido (7 de ouros), pois poderá perdê-lo e o dinheiro também (ás de espadas). Você terá então a possibilidade de ficar pobre ou se casar por dinheiro (5 de paus).

Triplo 3:

Para um homem: Perderá seu amor (rei de paus), pois tem a pior carta do baralho (9 de espadas) com outra do mesmo naipe (3 de espadas).

Para uma mulher: Converse com um amigo da família (rei de paus), que poderá ajudá-la num grave problema (9 de espadas com 3 de espadas).

Triplo 4:

Para um homem: Muitos bons amigos (rei de ouros, ás de paus) que o ajudarão a salvar-se de um competidor (rei de espadas).

Para uma mulher: Cuidado com um amante ou marido infiel.

Triplo 5:

Para homem ou mulher: Tenha confiança em seus amigos. Poderá ter de viajar. Boas notícias a celebrar (6 de paus, 9 de ouros, 8 de copas).

Triplo 6:

Para homem ou mulher: Não se importe com o pequeno mal ou a doença que o aflige. Um bom amigo vai ajudá-lo (4 de espadas, valete de copas, 5 de copas).

Triplo 7:

Para homem ou mulher: Você poderá sofrer pelos abusos das pessoas de sua família ou dos colegas de trabalho, mas um golpe de sorte o salvará (6 de copas, 3 de ouros, 10 de copas).

O treze da sorte

Como se deitam as cartas

O coringa, que representa o consulente, deve ser deitado com a face para cima (carta 1 da figura a seguir). Ao redor, e após embaralhar as cartas dos naipes, deitam-se doze cartas com a face para baixo, seguindo o esquema descrito a seguir.

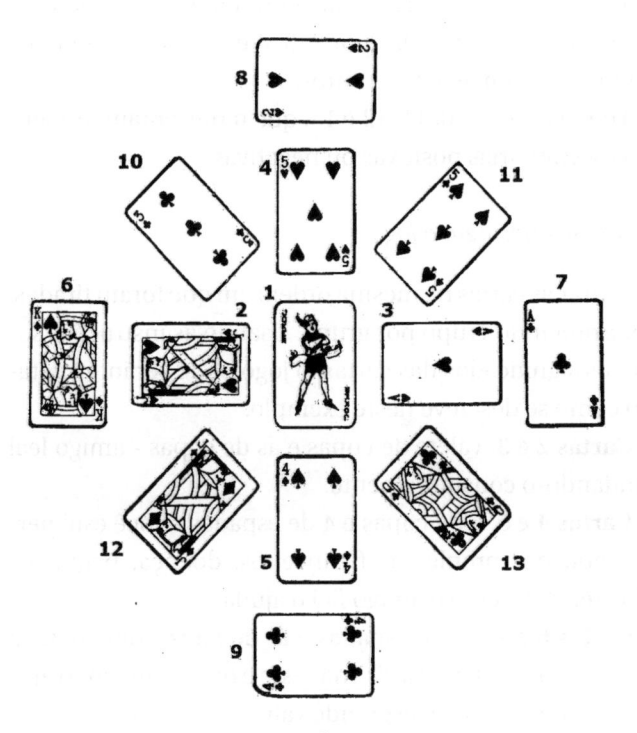

O treze da sorte

Começar com as cartas 2, à esquerda, e 3, à direita do coringa (em relação a quem joga).

Prosseguir com as cartas 4, acima, e 5, abaixo do coringa. Elas representam as influências mais próximas do consulente.

Tirar as cartas 6, 7, 8 e 9, que representam as influências mais fortes, controladas por 2, 3, 4 e 5, respectivamente. Também falam de fatos futuros.

Tirar as cartas 10, 11, 12 e 13, que representam influências secundárias positivas ou negativas.

Como se interpreta o jogo

Desvirar as cartas na mesma ordem em que foram tiradas, interpretando grupo por grupo. Usando as instruções sobre os significados das cartas, o jogo pode ser interpretado como se descreve neste exemplo.

Cartas 2 e 3: valete de copas e ás de copas - amigo leal ajudando-o constantemente.

Cartas 4 e 5: 5 de copas e 4 de espadas - você está perturbado por problemas financeiros, doença, pequenos aborrecimentos, e o amigo fiel o ajuda.

Cartas 6 e 7: rei de espadas e ás de paus - uma pessoa ambiciosa tenta interferir, mas este e outros amigos o ajudam. O amigo leal é de grande valia.

Cartas 8 e 9: 2 de copas e 4 de paus - alguns planos não serão bem-sucedidos, mas uma pessoa que você conhecerá abrirá novos caminhos que trarão sucesso.

Cartas 10 e 11: 3 de paus e 5 de espadas - não espere vencer nos negócios sem oposição das pessoas que se dizem amigas; uma mulher bondosa o ajudará. Para um homem, esta mulher pode ser sua esposa, mas, se a consulente for mulher, representará uma boa amiga.

Cartas 12 e 13: valete de ouros e rainha de paus - os negócios e o casamento poderão sofrer a influência negativa de um caso amoroso.

Cruz mística

Usa-se a cruz mística quando o consulente precisa de orientação imediata. Pode-se repetir em intervalos frequentes, especialmente se o que foi predito ocorreu em parte.

Como se deitam as cartas

1. Embaralhar as 52 cartas.
2. Escolher a carta que representa o consulente, mas sem tirá-la do baralho.
3. Começando pela parte vertical da cruz, tirar sete cartas, dispondo-as em linha reta, de cima para baixo, com a face para baixo.
4. Tirar mais seis cartas, dispondo-as da esquerda para a direita, três cartas de cada lado da carta central da linha vertical, formando uma linha horizontal que cortará a má sorte.
5. Virar as cartas e ver se a escolhida para representar o consulente está dentro do esquema. Se estiver, é um sinal de boa sorte.
6. Apesar de os ases terem significados especiais, não é bom sinal se mais de um aparecer.
7. Ausência de ases é um bom sinal.

350 *O livro de São Cipriano*

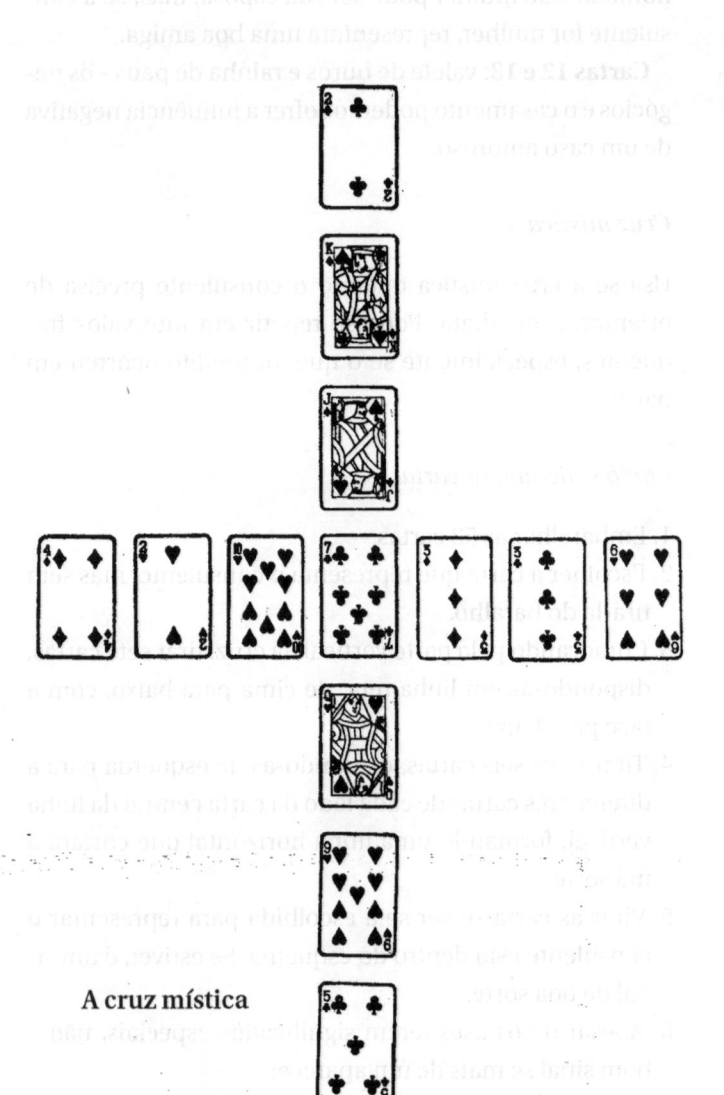

A cruz mística

8. Ver qual é a carta do centro. Se estiver cercada de cartas boas, o presságio é excelente.
9. Começar a ler de cima para baixo.
10. Depois, interpretar as cartas da esquerda, que alteram a sorte, tornando-a boa ou má.
11. Em seguida, interpretar as da direita, que podem conter notícias inesperadas.

Exemplo

Foi escolhido o rei de espadas para representar o consulente.

Desde que a carta do consulente está presente, seus planos serão bem-sucedidos (7 de paus).

Lendo as cartas de cima para baixo, vê-se que ele encontrará oposição aos seus planos (2 de paus), mas a presença de sua própria carta mostra que ele tem condições de resolver os problemas sem a ajuda de outros, muito menos de uma pessoa desleal (valete de espadas).

Terá boa sorte (7 de paus) e poderá confiar na lealdade ou intuição da esposa ou da namorada (dama de copas). Então, conseguirá o que deseja (9 de copas). Isso é confirmado pelo 5 de copas, sinal de um casamento feliz e próspero. Como a carta 9 de copas aparece logo acima, é sinal de que tudo vai bem; se ela estivesse na parte inferior, porém, os sinais seriam duvidosos.

Estudando as cartas da esquerda, temos o 4 de ouros representando brigas que podem retardar o sucesso do empreendimento (2 de copas), mas o 10 de copas é sinal favorável, mostrando que um fato inesperado surgirá para ajudá-lo.

As cartas da direita mostram que alguém está se aproveitando dele (6 de copas) e que sua felicidade conjugal está em jogo (3 de copas), podendo terminar mal (3 de ouros). Se o consulente ainda não tem seu futuro decidido, as cartas indicam qual dos caminhos ele deve escolher. Se ele for mais velho, elas mostram que sua felicidade está em jogo.

Modo de ler as cartas pelo Quadro sagrado

O que vem a ser o Quadro sagrado

Na mesa, em cima da qual se vão lançar as cartas, deve ser posto um quadro dividido em quatro linhas de nove casas, somando 36 casas numeradas.Em cada casa, que deve ter um tamanho bom para conter uma carta, escreve-se o nome correspondente a cada número; e desse modo o número 1 chamar-se-á Projeto, o número 2, Satisfação, e assim por diante.

Modo de lançar as cartas

Toma-se um baralho com 36 cartas, a saber: ás, rei, dama, valete, dez, nove, oito, sete e dois de cada naipe: copas, ouros, espadas e paus.

A pessoa que deita para si as cartas, ou que as deita para alguém, escolhe uma carta (quase sempre a 2), a que dá o nome da pessoa ou coisa sobre a qual se deseja obter esclarecimentos. Pode escolher-se a si própria se, por acaso, não é para seu futuro que ela consulta o oráculo.

Isto feito, e uma vez misturadas as cartas como acima mandamos, cortadas e reunidas na mão esquerda, tira-se a primeira carta do baralho e se coloca em cima da mesa

O Quadro sagrado

1 Projeto	2 Satisfação	3 Sucesso	4 Esperança	5 Acaso	6 Desejo	7 Injustiça	8 Ingratidão	9 Associação
10 Perda	11 Padecimentos	12 Estado	13 Alegria	14 Amor	15 Prosperidade	16 Casamento	17 Aflição	18 Prazer
19 Herança	20 Traição	21 Rival	22 Presentes	23 Amante	24 Grandeza	25 Benefício	26 Empresa	27 Mudança
28 Fim	29 Recompensa	30 Desgraça	31 Felicidade	32 Fortuna	33 Indiferença	34 Favor	35 Ambição	36 Indisposição

no número 1, onde se acha escrita a palavra "Projeto"; põe-se depois a segunda carta na segunda casa onde se lê "Satisfação"; a terceira na chamada "Sucesso", e assim por diante até a trigésima sexta casa.

Modo de interpretar o Quadro

Na primeira sorte, desde que o seu sentido seja suficientemente claro para formular um oráculo, prediz-se o futuro num intervalo de tempo excessivamente curto. Repetindo a sorte, porém, já teremos esclarecimentos num período maior para quem as cartas se deitam. Mas tanto numa como noutra opera-se de modo idêntico.

Imaginemos que a pessoa escolheu dois de paus e chamou ao dois de paus sua amante. Examinando essa carta, encontramo-la no número 20, que tem a palavra traição, e, entre as cartas que a cercam, no número 11 o ás de copas, no número 19 o ás de espadas, no número 21 o rei de ouros e no número 29 o dez de paus. Pode-se formular o oráculo deste modo: minha amante trair-me-ia em minha casa com um estranho, por dinheiro.

Para verificar voltaremos à análise das significações especiais de cada carta, adiante dadas, e sobre as quais se fará atencioso estudo antes de se deitarem as cartas. E, desse modo, veremos que o ás de copas significa minha casa, o ás de espadas, traição, o rei de ouros, pessoa estranha e rival, o dez de paus, dinheiro, e o dois de paus a que o indivíduo deu o nome de sua amante, tendo caído no numero 20, este oráculo não pode deixar a menor dúvida no espírito de ninguém.

Segue-se o significado especial de cada casa e de cada carta neste método.

As 36 casas do Quadro sagrado

1 Projeto

Felicidade nos projetos quando uma carta de copas achar-se colocada no número 1. Uma carta de paus no número 1, em que esteja escrito "Projeto" designará que pessoas de confiança irão se esforçar pelo bom resultado dos projetos. Uma carta de ouros anunciará grandes dificuldades nos negócios, produzidas por ciúme. As cartas que a acompanharem, e que se acharem nos números 2, 10 e 36, apontarão os detalhes.

2 Satisfação

Desejos realizados e favorecidos constituirão o porvir da pessoa quando uma carta de copas se achar no número 2. Uma carta de paus nesse número anuncia que a felicidade vencerá. Uma carta de ouros anuncia à pessoa grandes dificuldades que tem a vencer, por causa de ciúme. Uma carta de espadas anuncia traição, falsidade e esperanças. As três cartas que a acompanharem, colocadas nos números 1, 3 e 11, explicarão os detalhes.

3 Sucesso

Uma carta de copas no número 3 indicará bom e feliz resultado. Uma carta de paus diz que, com o auxílio dos amigos, a pessoa será bem-sucedida, afugentando ao mesmo tempo os ciumentos e invejosos. Uma carta de ouros anuncia muitas dificuldades a vencer nos empreendimentos, por causa de ciumentos, ainda que a pessoa preencha, com honra, os deveres de sua profissão. Uma carta de espadas anuncia à pessoa que ela será traída, o que impedirá que seja feliz nos seus projetos. As três cartas que a acompanharem, e que estão nos números 2, 4 e 12, esclarecerão melhor a questão.

4 Esperança

Uma carta de copas no número 4 anuncia que as esperanças da pessoa serão coroadas de feliz sucesso e realizadas. Uma carta de paus anunciará que a pessoa, por meio do trabalho e com o auxílio de amigos, verá todas as suas esperanças realizadas. Uma carta de ouros significará e representará esperanças levianamente fundadas e que serão inteiramente baldadas. Uma carta de espadas anunciará esperanças concebidas ou destruídas completamente pela traição. As três cartas nos números 3, 5 e 13 elucidarão melhor a questão.

5 Acaso

Deve-se considerar como acaso a sorte em jogos, e pessoas que se tornam amantes ou namorados, benfeitores ou benfeitoras, ladrões ou ladras. Uma carta de copas no número 5 declara que o acaso fará a fortuna da pessoa. Uma carta de paus anunciará à pessoa que o acaso, com o auxílio dos amigos ou benfeitores, a induzirá a tentar melhor sorte, da qual colherá bons resultados. Uma carta de espadas significará acaso infeliz como roubo, ou prejuízo por fogo ou água; outra figura de espadas, nos números 4, 6, 14, 18 ou 26, anuncia certeza de desastres. Uma carta de ouros revela à pessoa que o acaso dar-lhe-á amante ou namorada, benfeitor ou benfeitora, viagem próspera, herança e novos parentes. As três cartas que a acompanham, colocadas nos números 4, 6 e 14, darão mais detalhes. A carta colocada no número 17, com as quatro cartas que a acompanham, anunciam que as copas devem ser consideradas como bons parentes; os paus, como amigos sinceros; os ouros, como coisa estranha; as espadas, como maus parentes, amigos sinistros; os reis, as damas, os valetes, os sete, como sentimento e coração generoso.

6 Desejo

A palavra e o objeto, como desejar e desejo, devem ser considerados como dinheiro, amante, namorada, senhora, sucessão, sociedade, herança, associação, posse, casamento, descobertas e talentos. Uma carta de copas anuncia que a pessoa verá o objeto do seu ardente desejo felizmente realizado. Uma carta de ouros anuncia que será preciso, por enquanto, fazer calar e esquecer o ciúme, e contentar as pessoas interessadas, para obter o objeto desejado. Uma carta de espadas revelará à pessoa que o seu desejo não será, de modo algum, realizado. As três cartas que a acompanham, colocadas nos números 5, 7 e 15, explicarão todos esses acontecimentos, tanto do lado das espadas e dos ouros, como do lado dos paus e das copas.

7 Injustiça

A palavra "Injustiça" será considerada não só por causas não merecidas, como por perdas de lugar, processos, de estima de benfeitores, por falsas informações ou má interpretação nas coisas confiadas. Se uma carta de copas se acha no número 7, anunciará, à pessoa, que a injustiça que se lhe fizer será reparada de modo a realizar todos os seus projetos nesse sentido. Uma carta de paus anuncia que a pessoa deve iniciar, com seu amigos, todos os esforços para obter a reparação de ofensas à sua honra, e que essa reparação lhe será dada porque de justiça é a sua exigência. Uma carta de espadas significa que nada será capaz de reparar a injustiça que lhe foi feita, e que deve fazer ouvidos surdos e calar-se. Para mais amplas informações, consultam-se as três cartas que a acompanham, e que devem achar-se nos números 6, 8 e 16.

8 Ingratidão

A ingratidão tem causas naturais e outras forçadas: emprestar dinheiro a alguém incapaz de restituí-lo por falta de recursos, desejar reavê-lo por meios bruscos ou por via da justiça; e ter contemplações por bondade com um homem sem fé, nem brios, dando-lhe chance a tornar-se ingrato, obtendo assim meios para prejudicá-lo. Nestes casos, não nos devemos lastimar, conquanto quase sempre sejamos os próprios a fornecer-lhes as armas, pela nossa extrema confiança. Uma carta de paus no número 8 significa que a pessoa, com auxílio dos amigos, obterá completa derrota daqueles que a tiverem ofendido. Uma carta de ouros anuncia à pessoa que o ciúme será a causa única da ingratidão que receber. Uma carta de espadas significa que a pessoa será traída pelos próprios a quem tiver prestado incontáveis serviços e que para evitar maior mal deve parecer insensível, calar-se e fazer mesmo o bem a esses ingratos. Em todos os casos acima enunciados, as três cartas que a acompanharem e que estiverem nos números 7, 9 e 17 informarão mais detalhadamente.

9 Associação

Entenda-se por "Associação" tudo o que deve acontecer, como casamento, sociedade comercial, tudo, finalmente, relativo ao estado e às esperanças das pessoas para as quais se consultam as cartas. Uma carta de copas no número 9 anuncia à pessoa que todas as suas sociedades terão o êxito que deseja. Uma carta de paus denota que, pelo trabalho e com o auxílio de amigos, as sociedades irão se tornar lucrativas. Uma carta de ouros revela à pessoa que o ciúme e a inveja a farão sofrer. Uma carta de espadas anuncia que a pessoa, nos negócios de sociedade, fará a felicidade de outros indivíduos e não a sua. As três cartas que a acompanharem, colocadas nos números 8, 10 e 18, explicarão mais amplamente os fatos.

10 Perda

Uma carta de copas no número 10 anuncia à pessoa que ela terá perda de benfeitores, motivo pelo qual muito se desgostará. Uma carta de paus quer dizer que a pessoa perderá amigos fiéis, que acabarão por desfazer suas esperanças. Uma carta de ouros anuncia à pessoa perda de bens, isto é, dinheiro, terras, heranças ou pretensão legítima, móveis, joias etc. Uma carta de espadas anuncia à pessoa largos prejuízos; consultam-se as quatro cartas que a acompanharem nos números 1, 9, 11 e 19, para saber da natureza das perdas.

11 Padecimentos

Uma carta de copas no número 11 significa que a pessoa há de vir a sofrer tremendas desgraças, causadas pelo amor ou por seus próprios parentes. Uma carta de paus representa sofrimentos de amizade. Uma carta de ouros anuncia à pessoa que ela terá de sofrer prejuízos. Uma carta de espadas revela que a pessoa experimentará desgostos causados pelo ciúme e pela traição. As quatro cartas que a acompanharem, colocadas nos números 2, 10, 12 e 20, explicarão os detalhes.

12 Estado

Uma carta de copas no número 12 anuncia à pessoa que a sua sorte melhorará dia a dia. Uma carta de paus anuncia que o estado e a posição da pessoa irão melhorar e que, quer pela sua assiduidade, quer pelo seu trabalho, ou pelo auxílio de sinceros amigos, progredirá. Uma carta de ouros anuncia à pessoa que o ciúme trará uma triste e intolerável situação. Uma carta de espadas exprime decadência de posição. Deve observar-se que este futuro é unicamente pelo tempo anunciado pela carta.

13 Alegria

Uma carta de copas no número 13 quer dizer que a pessoa experimentará uma alegria pura, agradável e muito proveitosa. Uma carta de paus anuncia aumento de fortuna, em virtude de serviços prestados por amigos verdadeiros. Uma carta de ouros significa que a pessoa exultará por ter ganho uma demanda, a despeito da guerra de invejosos. Uma carta de espadas anuncia que a pessoa tocará os extremos da satisfação por ter sido útil aos seus superiores, que, por sua vez, lhe aumentarão, mais tarde, a fortuna.

14 Amor

Uma carta de copas no número 14 anuncia que a pessoa será feliz nos amores; as quatro cartas que a acompanharem nos números 6, 13, 15 e 23 explicarão melhor os fatos. Uma carta de paus revela à pessoa que lhe serão fiéis no amor. Uma carta de ouros anuncia à pessoa amor atribulado pelos ciúmes. Para as circunstâncias, consultam-se as cartas que a acompanharem. Uma carta de espadas revelará à pessoa traição no amor; as quatro cartas que a acompanharem melhor explicarão.

15 Prosperidade

Uma carta de copas no número 15 anunciará à pessoa prosperidade futura por via legítima. Uma carta de paus significa que, por inteligência, espírito e serviços de amigos verdadeiros, a pessoa terá um pecúlio mais que suficiente para viver com honestidade na sua posição. Uma carta de ouros anuncia à pessoa decadência de fortuna, pelos feitos de ciúme e inveja. Uma carta de espadas significa que as consequências do ódio e da infidelidade destruirão a prosperidade da pessoa para quem se tira a sorte. Para mais minuciosos detalhes, consultam-se as quatro cartas que a acompanharem nos números 6, 14, 16 e 24.

16 Casamento

Deve-se consultar o casamento em relação a si mesmo, se o indivíduo achar-se em posição de poder contraí-lo. Se já estiver casado ou tiver passado da idade, é preciso considerar o número 16 como devendo pertencer a seus parentes próximos ou benfeitores, vistos de que forma os efeitos do bem ou do mal, que porventura daí provenham, devem estender-se à pessoa para quem as cartas se deitam. Uma carta de copas no número 16 anuncia à pessoa felicidade no casamento, por amor recíproco. Uma carta de paus significa que a pessoa, com auxílio dos amigos, contrairá casamento endinheirado; os números 7, 15, 17 e 25 melhor informarão as circunstâncias. Um carta de ouros anuncia à pessoa que o ciúme semeará a discórdia no seu casamento, a ponto de produzir a separação, mas é coisa que se pode prevenir. Uma carta de espadas revelará à pessoa que a traição e o ciúme desmancharão um rico casamento. Consultem-se as cartas que a acompanham nos números acima referidos.

17 Aflição

Uma carta de copas no número 17 anunciará à pessoa penas do coração que, felizmente, não durarão muito. Uma carta de paus revelará à pessoa desgostos, por causa de um amigo, que devem, afinal, acabar pela reconciliação. Uma carta de ouros anunciará à pessoa aflições motivadas por consequências do ciúme. Uma carta de espadas representará à pessoa aflições produzidas pela traição. Para melhor conhecer-lhe as causas, vejam-se as cartas que a acompanham, a saber: 8, 16, 18 e 26.

18 Prazer

Uma carta de copas no número 18 anuncia que os amores da pessoa serão acompanhados de alegrias recíprocas e de prazeres, sem o menor dissabor. Uma carta de paus anuncia que a pessoa, por seus desvelos, polidez e com o auxílio dos amigos, gozará de afeição, carinho e amizade da pessoa amada. Uma carta de ouros significa prazeres tempestuosos e pertubados por efeitos do ciúme, mas que terminarão afinal sem incidente sério algum. Uma carta de espadas anuncia prazeres de curta duração; para saber dos motivos, consultem-se as quatro cartas que a acompanharem e que estiverem nos números 9, 17, 19 e 27.

19 Herança

Uma carta de copas no número 19 anuncia que a pessoa terá uma herança legítima e muito considerável. Uma carta de paus significa que os amigos da pessoa lhe deixarão, na hora da morte, parte dos seus bens. Uma carta de ouros anuncia que a inveja e a ambição, de parentes falsos ou falsos amigos, lhe farão perder grande parte de uma herança legítima. Uma carta de espadas anuncia que a pessoa perderá, pela traição, bens de herança ou legados testamentários, de um seu benfeitor. Consulte-se, no que diz respeito à palavra herança, as quatro cartas colocadas nos números 10, 18, 20, e 28.

20 Traição

Uma carta de copas no número 20 anuncia à pessoa que o mal que lhe queriam traiçoeiramente fazer mais tarde recairá no próprio traidor. Uma carta de paus diz à pessoa que amigos verdadeiros lhe preservarão de uma grande traição que prejudicaria completamente os seus negócios, se por acaso se realizasse. Uma carta de ouros anuncia que a pessoa sofrerá traição por causa de inveja, o que muito escandalizará, mas que apesar disso se reabilitará com o tempo. Uma carta de espadas revelará à pessoa traição nas suas esperanças, por causa de calúnia, que lhe fará perder amigos. As quatro cartas consultadas nos números 11, 19, 21 e 29 melhor explicarão e mais amplamente.

21 Rival

A palavra "Rival" será considerada nos amores como amante ou mulher, e, em matéria de bens, como objetos que concorrem para o mesmo fim dos indivíduos. Uma carta de copas no número 21 anuncia que a pessoa terá a preferência sobre os seus rivais. Uma carta de paus anuncia à pessoa que, com o seu mérito pessoal unido aos conselhos de seus verdadeiros amigos, ela cantará vitória aos seus rivais. Uma carta de ouros anuncia que os rivais da pessoa obterão, por inveja e intrigas, parte dos obséquios e benefícios que ela própria tiver solicitado. Uma carta de espadas predirá à pessoa perda completa de proteção e favores. As quatro cartas que a acompanharem, colocadas nos números 12, 20, 22 e 30, melhor explicarão as interpretações.

22 Presente

Uma carta de copas no número 22 significa que a pessoa receberá presentes de valor acima do que pensava e muito além da sua expectativa. Uma carta de paus anunciará presentes de valor. Uma carta de ouros representa um coração vil, baixo, desprezível, que o menor presente seduzirá. Uma carta de espadas anuncia presentes pérfidos, dados por pessoa mal-intencionada, para afastar as suspeitas que o indivíduo forma dessa pessoa. Consultem-se as quatro cartas que a acompanharem e que devem estar nos números 13, 21, 23 e 31.

23 Amante

Uma carta de copas no número 23 anuncia à pessoa que ela terá um amante de excelente caráter e de louca paixão; a mesma significação se dará para os amigos. Uma carta de paus representará amante fiel. Uma carta de ouros anuncia que a pessoa terá amante ou mulher suscetível ao ciúme, que muito a desgostará, devido a sua impertinência, suas suspeitas e seu gênio zangado; além disso significará que tem amigos invejosos, ocultos. Uma carta de espadas anuncia que a pessoa terá mulher ou amante traidora, interesseira, vingativa e ladra; a mesma significação se se tratar de um amigo. Vejam-se as quatro cartas que a acompanharem e que devem achar-se nos números 14, 22, 24 e 32.

24 Grandeza

A palavra "Grandeza" deve ser tomada na acepção de acaso feliz, embora predestinado desde berço ou caindo, acidentalmente, no correr da vida. Uma carta de copas no número 24 anuncia que a pessoa será elevada na sua posição, além do que imaginara, e que será objeto de admiração e estima de gente de bem. Uma carta de paus dirá à pessoa que, por sua exatidão no cumprimento de seus deveres, e com o auxílio de leais amigos, ela obterá elevada fortuna. Uma carta de ouros diz à pessoa que a inveja procurará tirá-la da sua posição. Uma carta de espadas anuncia à pessoa que a traição irá, a todo momento, prejudicá-la na prosperidade de sua posição. No correr da sorte as cartas que a acompanharem colocadas nos números 15, 23, 25 e 33 mais amplamente explicarão as coisas.

25 Benefícios

Uma carta de copas no número 25 anuncia que a pessoa receberá recompensa merecida, prometida ou esperada dos seus superiores. Uma carta de paus significa que a pessoa obterá, com o auxílio de seus amigos, o benefício merecido. Uma carta de ouros anuncia que a pessoa encontrará muita dificuldade — por causa de inveja — para fazer conhecer as suas pretensões, relativamente a certo benefício ou favor, de cujo merecimento só receberá parte. Uma carta de espadas contará à pessoa que o favor merecido será concedido a outrem, por traição. As quatro cartas que a acompanharem, colocadas nos números 16, 24, 26 e 34, tratarão dela mais amplamente.

26 Empresa

Uma carta de copas no número 26 anuncia à pessoa que todas as suas empresas terão felizes resultados. Uma carta de paus prediz que a pessoa será auxiliada por seus amigos nas empresas que empreender, e que estas serão lucrativas. Uma carta de ouros conta que a pessoa será atormentada por inveja e interesse, vendo-se, por esta forma, prejudicada e muito, nos resultados de suas empresas. Uma carta de espadas anuncia que a maior parte das suas empresas reverterá em desproveito da própria pessoa.

27 Mudança

Uma carta de copas no número 27 anuncia que a pessoa terá fortunas e honrarias. Uma carta de paus revela à pessoa que, pelos serviços de amigos leais, obterá mudança de posição e fortuna. Uma carta de ouros anuncia à pessoa que as intrigas e a inveja mudarão a sua posição, com desvantagem para si. Uma carta de espadas anuncia que a pessoa não sofrerá mudança alguma na sua posição. Para firmar o juízo, consultem-se as quatro cartas que a acompanharem e que devem estar nos números 18, 26, 28 e 36.

28 Fim

Uma carta de copas no número 28 quer dizer que a morte de um parente ou benfeitor aumentará a fortuna da pessoa. Uma carta de paus anuncia à pessoa que um dos seus amigos irá deixar-lhe, na hora da morte, uma lembrança lucrativa. Uma carta de ouros anuncia a morte de inimigo. Uma carta de espadas anuncia à pessoa a morte de quem lhe tiver feito mais mal na sua vida.

29 Recompensa

Uma carta de copas no número 29 anuncia que a pessoa será recompensada por sua indústria, seu trabalho e sua fidelidade, ou pela sua dedicação, com muitíssima afeição e estima. Uma carta de ouros anuncia que a recompensa recebida será menor que a esperada ou merecida. Uma carta de paus anuncia que, pelos serviços de seus amigos, a pessoa receberá a recompensa que lhe é devida, e na qual depositara todas as esperanças. Uma carta de espadas anuncia que a pessoa perderá, por traição, a recompensa prometida ou esperada.

30 Desgraça

Uma carta de copas no número 30 anuncia que a pessoa será alvo de uma desgraça que muito lhe custará esquecer. Uma carta de paus revela que um amigo, benfeitor da pessoa, sofrerá uma desgraça com a qual padecerá muito. Uma carta de ouros anuncia que as consequências da inveja causarão à pessoa desgraças sensíveis. Uma carta de espadas declara à pessoa que um amigo de confiança o trairá, fazendo-a sofrer vários reveses. Consultem-se as cartas que a acompanharem nos números 21, 29 e 31.

31 Felicidade

Uma carta de copas no número 31 anuncia à pessoa uma felicidade imprevista, que lhe tornará a vida deliciosa. Uma carta de paus anuncia que a pessoa, com o auxílio dos amigos, aproveitará um rasgo da felicidade e aumentará, consideravelmente, a sua fortuna. Uma carta de ouros revela à pessoa que as consequências da inveja e da ambição de amigos desleais ser-lhe-ão favoráveis. Uma carta de espadas anuncia à pessoa que ela será auxiliada pelos amigos num caso de necessidade urgentíssima, isto é, certos indivíduos tentarão contra a sua vida, e o assassinato, de que é ameaçada, será desviado pelos amigos.

Empregarão até veneno para conseguir seus intentos, porém inutilmente. As três cartas que a acompanharem, colocadas nos números 22, 30 e 32, explicarão o fato amplamente.

32 Fortuna

Uma carta de copas no número 32 anuncia à pessoa que ela fará fortuna de acordo com o que sempre desejou ter no futuro. Uma carta de paus nesse número anuncia à pessoa que o seu trabalho e a sua inteligência, com o auxílio de amigos sinceros e benfazejos, a farão subir na escada da fortuna. Uma carta de ouros anuncia à pessoa que criaturas invejosas, nas quais deposita confiança extrema, aumentarão a fortuna deles, à sua custa, porque irão se aproveitar desta e de sua imensa bondade. Uma carta de espadas nesse número anuncia à pessoa que todos os seus talentos beneficiarão a felicidade e a fortuna de invejosos que, aparentemente, aparecerão para ajudá-la e protegê-la. As três cartas que a acompanharem e se acharem nos números 23, 31 e 33 explicarão o resto.

33 Indiferença

Uma carta de copas no número 33 anuncia à pessoa que a sua indiferença aos males dos outros lhe trará dissabores. Uma carta de paus terá significado semelhante. Uma carta de ouros, assim como também uma carta de espadas, anuncia que a pessoa deixará de receber muitos benefícios pela sua indiferença, e que indivíduos, mais espertos e vigilantes, aproveitarão aquilo que ela desprezou. Consultem-se as três cartas que a acompanharem nos números 24, 32 e 34.

34 Favor

Uma carta de copas no número 34 anuncia que a pessoa alcançará favores de amor e merecerá a consideração de pessoas ricas, que farão, afinal, a sua felicidade. Uma carta de paus anuncia à pessoa que a sua conduta prudente e edificante lhe fará ganhar todas as causas. Uma carta de ouros anuncia que a pessoa encontrará muita dificuldade em obter bons e verdadeiros favores. Uma carta de espadas revela que a pessoa solicitará, debalde, favores proveitosos e lucrativos. As três cartas que a acompanharem, e que se acharem nos números 25, 33 e 35, incumbir-se-ão de revelar o resto.

35 Ambição

Uma carta de copas no número 35 revela que a pessoa deve tudo esperar da sua ambição e que alcançará o desejado no futuro. Uma carta de paus anuncia à pessoa que, por seu mérito e sua inteligência de granjear amigos, todos os seus desejos de ambição, relativamente à sua posição e às suas aspirações, terão bom êxito e estarão de conformidade com a sua vontade. Uma carta de ouros revela à pessoa que a inveja dos seus amigos, sócios e parentes alterará e enfraquecerá as possibilidades de sua ambição. Uma carta de espadas anuncia que a pessoa, por astúcia e traição de amigos, será derrotada no objeto principal de suas ambições. Consultem-se, para mais esclarecimentos, as cartas que a acompanharem e que se acharem colocadas nos números 26, 34 e 36.

36 Indisposição

As doenças serão de curta duração, se uma carta de copas colar-se no número 36; de paus, serão sem gravidade; de espadas, atacarão apenas os seus inimigos; de ouros, ligeira indisposição fará a pessoa faltar a um convite que, aliás, lhe proporcionaria momentos de muito prazer.

Significado das cartas no Quadro sagrado

Copas

Rei de Copas

O rei de copas significa homem casado ou viúvo; representa também um amigo íntimo, cuja dedicação e franqueza não sofrem a menor dúvida relativamente à pessoa que procura saber o seu futuro. Se se deitam as cartas para uma mulher solteira, casada ou viúva, e se a carta cair nos números 14, 22, 24 ou 32, o rei de copas significa amante. Se, ao contrário, se deitam as cartas para um homem, e o rei de copas cair nesses números, significa rival.

Bem-colocada, e na maioria dos casos, essa carta é de favorável agouro, anuncia os resultados mais felizes e propícios em todas as empresas possíveis: vitórias na guerra se o consulente pertence ao exército, grande felicidade e fortuna se o consulente é negociante, coragem invencível se o consulente é resignado. Para as moças ou mesmo para alguma senhora casada, prediz grandes sucessos num baile ou noutra reunião qualquer. Quando, porventura, vem acompanhado de cartas desfavoráveis, diminui-lhes ou atenua-lhes completamente o sentido desfavorável.

Dama de Copas

A dama de copas significa mulher casada ou viúva, uma amiga dedicada que se vangloria de ser útil e prestar benefícios à pessoa para quem se consultam as cartas. Colocada entre cartas de favorável agouro, representa uma mulher virtuosa, boa, instruída, espirituosa, de reconhecido merecimento.

Se se deitam cartas para homem solteiro, casado ou viúvo, e a dama de copas cai nos números 14, 22, 23, 24 ou 32, anuncia amante. Se, porém, as cartas se deitam para uma mulher solteira, casada ou viúva, e a carta cai nos números acima mencionados, significa rival.

Se se opera para um moço, anuncia que a mulher com quem ele se há de casar será rica de todas as boas qualidades; se para uma moça, que o noivo é digno do seu amor, debaixo de todos os pontos de vista. Se se operar para um indivíduo de certa idade, a dama de copas anuncia-lhe grandes alegrias e satisfações e uma velhice das mais felizes. Deitada a carta para uma pessoa da roça, anuncia-lhe ricas e abundantes colheitas, qualquer que seja o seu gênero de cultura.

Na grande maioria dos casos, a dama de copas é de feliz presságio; anuncia favoráveis resultados em todas as coisas que tivermos empreendido ou quisermos porventura fazer ou tentar. Se, por exemplo, resolvermos dar um passeio fora da cidade, poderemos fazê-lo sem susto, porque a excursão nos trará prazeres imensos e incalculável distração; se tivermos de fazer uma viagem, embora longa, nos será excessivamente agradável.

Valete de Copas

O valete de copas representa um rapaz dotado de bom coração, amigo sincero e benfazejo. Se se deitam as cartas para uma moça e cai nos números 14, 22, 23, 24 ou 32, representa o pretendente da pessoa que consulta. Colocado nos mesmos números e o consultante sendo moço solteiro, anuncia-lhe que terá algumas dificuldades a vencer relativamente a certo casamento, porém, que, com paciência e jeito, virá a triunfar em todos os obstáculos.

Dez de Copas

Esta carta representa a sorte das pessoas para quem se deitam as cartas, quando cai nos números 12, 14, 16, 18, 19, 31, 32 ou 36. No número 12, significa felicidade; no 14, amor feliz; no 16, casamento feliz, se por acaso um valete ou um sete for das cartas situadas nos números 7, 15, 17 ou 25. No número 18 é presságio de prazeres agradáveis; no 19, herança; no 32, fortuna.

Nove de Copas

Representa vitória, e quando é limitado à direita, à esquerda em cima ou por baixo, ou ainda diagonalmente, por um sete de paus, significa cumprimento de uma coisa prometida. Se o consulente tiver algum processo, essa carta anuncia-lhe que dentro de pouco tempo o processo estará finalizado; se tiver unicamente contrariedades, desgostos, prediz um esclarecimento favorável ao indivíduo: os seus projetos hão de realizar-se.

Oito de Copas

Anuncia alegrias e regozijos, se está nos números 5, 9, 15, 18, 22 ou 31. Se está nos números 3, 16, 20, 24, 25, 27, 28, 29 ou 32, significa que a pessoa desfrutará prazeres imensos e alegrias com amigos colocados na mais alta posição. O consulente ou algum parente há de chegar a galgar uma linda posição social, coberto de honras e glórias, e, o que é melhor ainda, virá a ter fortuna. Se se deitarem as cartas para uma moça, o oito de copas predirá acontecimento imprevisto; se for consulente soldado, é presságio de remoção.

Sete de Copas

Representa uma moça, amiga dedicada, que há de vir a prestar enormes serviços à pessoa para quem se deitam as cartas. Se é para um moço e cai nos números 14, 22, 23, 24 ou 32, anuncia-lhe seu próximo casamento com a moça cuja mão pedira ultimamente. Acompanhado de cartas favoráveis, pode avisá-lo que uma parenta, pessoa muito da sua afeição, concorre e empenha-se para sua felicidade.

Dois de Copas

O dois de copas representa a pessoa para quem se deitam as cartas, e as quatro cartas que lhe hão de servir de companheiras, todas as vezes que se deitarem as cartas, devem ser consultadas, para saber-se do que pode acontecer de bom ou mau à pessoa cuja a sorte se quer estabelecer. Desse modo, o consulente representado pelo dois de copas pode, numa mesma sorte, ocupar um lugar excessivamente desvantajoso e seu sentido modificar-se, não obstante, pelas quatro cartas que o acompanham.

Ás de Copas

O ás de copas representa a casa do indivíduo para quem se deitam as cartas. Em virtude disso, esse mesmo ás colocado numa das sortes do número 15, que é chamado de prosperidade, anunciará ao consulente que sua casa há de ser feliz; e, se isso acontecer logo da primeira sorte, a que se dá o nome de futuro a despontar, será no prazo de dois anos quando muito; na segunda sorte, a que se chama simplesmente o futuro, no prazo de dez anos; na terceira sorte, a que se dá o nome de futuro ao longe, desde os dez anos feitos até a morte do consulente. Nessa ocasião examinar-se-á: o ás de copas acha-se colocado no número 15.

As quatro cartas lançadas nos números 6, 14, 16 e 24 esclarecerão ao consulente, por suas significações de vizinhança e significações especiais, de que modo esse acontecimento há de se realizar; quanto ao mais, a terceira sorte, que se chama mudança, e as quatro cartas que a cercam, colocadas nos números 18, 26, 28 e 30, que, depois de acabado o exame, mandam ao número 3, que se chama bom êxito, e as três cartas que a cercam, que são os números 2, 4 e 12, todas essas cartas consultadas e examinadas, como acima explicamos, o instruirão completamente sobre esse mundo feliz. Examina-se o lugar que o ás ocupa na primeira, segunda e terceira sortes, seguindo-se a mesma regra de consulta e de exame, cujo exemplo acabamos de apresentar.

Paus

Rei de Paus

Representa um homem casado ou viúvo, amigo sincero e fiel, serviçal prudente e disposto a fazer todo bem possível à pessoa para quem se deitam as cartas.

Se o rei se coloca nos números 14, 22, 23, 24 ou 32 e se é tirado por uma moça solteira, prediz-lhe que, em pouco tempo, há de se casar com o moço sobre o qual lançou as suas vistas. Se, ao contrário, é para um solteiro e cai em um dos números acima mencionados, significa rival, porém rival honesto, cavalheiro, incapaz, principalmente, de empregar meios reprovados e pouco leais para alcançar a pessoa amada. Ao militar, indica coragem imensa e rara felicidade nos combates; a uma moça solteira, prediz que terá um marido cheio das mais distintas qualidades. Anuncia tutor ou testamento quando colocado nos números 10, 18, 19, 20, 27, 28 ou 29. As cartas que o acompanham revelarão o seu caráter e a conduta que terá nas relações que o consulente tiver de travar com ele, como tutor ou como testamenteiro.

Quase sempre, e quando as cartas que o acompanham não precisam o sentido desta carta, é ela de agouro muito favorável; prediz fortuna àquele que não a tem, pequena fortuna; em suma, é um presságio de aumento, grandeza, honras, postos e prosperidades. Destrói, às vezes, o sentido mau das cartas que o acompanham, mas, em todo caso, atenua-o sempre. Os cartomantes dos tempos idos consideravam sempre o rei de paus como de extremo bom agouro, porque garantia a quem consultava as cartas os mais brilhantes resultados.

Dama de Paus

Significa mulher casada, ou viúva, fiel e dedicada, amiga, fiel e dedicada, amiga, de alto nascimento, respeitada pelas pessoas de bem, e, além disso, serviçal e discreta.

Se se deitam as cartas para um solteiro ou mesmo para um homem casado, e a dama de paus cai nos números 22, 23, 24 ou 32, a carta anuncia amante. Colocada nesses números e lançada para uma mulher, significa rival.

À exceção do caso especial acima citado, a dama de paus representa sempre uma dama de distinção, intimamente ligada ao consultante, homem ou mulher, pela grande soma de interesses que lhe pode trazer: a pessoa que consultar há de ter dentro em pouco notícias suas e será, necessariamente, para anunciar-lhe grande acontecimento que tem ligação enorme com a sua felicidade — um brilhante casamento, talvez.

Se a pessoa para quem se deitam as cartas é uma senhora casada, essa carta prediz-lhe que será muito bem aceita na sociedade: tem por força de sobressair, e muito, em algum baile ou alguma reunião.

Se rapaz, anuncia quase sempre que o seu casamento dentro em pouco se realizará; ao negociante, que a empresa que lhe absorve todo o pensamento está prestes a ter o mais brilhante resultado, graças à boa vontade de uma pessoa que, não obstante, tudo poderia transtornar.

É quase sempre um anúncio de alta proteção; prediz surpresas agradáveis e úteis, e pode modificar, de modo completamente vantajoso, o sentido da carta que ela acompanha ou na qual se limita por qualquer dos lados.

Valete de Paus

O valete de paus significa moço fiel, virtuoso, animado dos melhores sentimentos para o ou a consulente, discreto, inimigo da calúnia, um amigo dedicado, em suma. Colocado nos números 22, 23, 24 ou 32 representa o pretendente da pessoa para quem se deitam as cartas; para qualquer rapaz, nos mesmos números, significa rival. Na maioria das casos, essa carta é de bom agouro: indica bom êxito nas empresas do consultante.

Dez de Paus

O dez de paus anunciará que a pessoa há de receber dinheiro, se — nas diversas vezes que se lançarem as cartas — cair nos números 3, 5, 15, 18, 19, 22, 28, 31 ou 32. Previne ao consulente de que uma pessoa, pela qual ele não espera, virá trazer-lhe dinheiro, que julga ou que realmente estava perdido; que certa especulação de reconhecida vantagem lhe trará a realização de um capricho ou uma fantasia pelo qual há muito ele suspirava. Nos números 5, 10, 17 ou 36 conta que farão ao consulente um pedido de dinheiro, o qual não se animará a recusar.

Nove de Paus

Significa um presente à pessoa; e o presente será de dinheiro, se por acaso o nove for seguido de uma carta de paus; de joias ou outros objetos de enfeite, se de uma carta de copas. Seguido de uma carta de ouros, a coisa será de pouco valor; seguido de espadas, o presente não lhe será agradável. Por carta seguida de outra, compreenda-se que, se o nove de espadas está, por exemplo, colocado no número 25, a carta que o segue deve estar no número 24; e o mesmo se dará nas outras posições.

Oito de Paus
O oito de paus significa dinheiro ganho pelo consulente, quer pelos seus talentos, quer no comércio; esta é a sorte da pessoa para quem se deitam as cartas. É presságio de fortuna para aquele que não tem; e de aumento para quem tem pouca. Ao negociante, esta carta anuncia que os seus negócios hão de prosperar, e que deles há de tirar grandes lucros; ao militar, que rápido acesso ou pronta promoção têm de ser a recompensa ao seu trabalho e a sua bravura.

Sete de Paus
Esta carta representa uma moça que tudo arrisca, até a própria vida, para servir e agradar a pessoa para quem se deitam as cartas. Se se deitam as cartas para um solteiro e o sete de paus cai nos números 14, 22, 23, 24 ou 32, isso significa amante; se for para uma moça solteira ou para viúva, significa rival de quem nada se deve temer, porque é pessoa de paz. Limitado por um nove de copas, o sete de paus anuncia bom êxito.

Dois de Paus
Esta carta representa o mentor confidente da pessoa que consulta. Para saber dos bons ou maus serviços que a carta poderá prestar, convém que nos demoremos no exame do lugar e no número em que o mentor se achar colocado, e consultar as cartas que a limitam, para arrancar-lhes o segredo dos bons e maus acontecimentos que deve experimentar a pessoa para quem se deitam as cartas.

A um homem, anuncia-lhe que alcançará o que anda a pedir ou a requerer, e que nisso será ajudado por pessoa de importância. Ao lavrador, indica colheitas abundantes; ao viajante, que tudo deve esperar das suas longínquas peregrinações. Se o consulente é militar, anuncia-lhe um brilhante feito que provocará espontânea promoção, dando-lhe mil esperanças no futuro.

A interpretação desta carta aplica-se muito especialmente às atrizes. Anuncia à consulente que terá brilhante e estrondoso sucesso numa peça, interpretará nela um papel importantíssimo, terá de voltar ao palco muitas vezes a pedido da plateia. Esta carta pode ainda indicar sucesso no teatro. Outra interpretação pode ser ainda a de que um parente ou um amigo do consulente, e dos mais íntimos, lhe pregará uma peça.

Ás de Paus

Significa boa conduta e esperança fagueira. É sinal incontestável de bom êxito e celebridade; anuncia ao consulente que a felicidade e a sorte acompanhá-lo-ão em muitas ocasiões. Junto ou nas proximidades do rei de copas, ou de paus, prediz imensa proteção à pessoa que consulta. Se o consulente é uma senhora casada ou moça solteira, o ás de paus anuncia presente excessivamente mimoso; há de receber ramalhete onde se encontrarão reunidas as flores mais raras.

Ouros

Rei de Ouros

O rei de ouros representa um homem casado ou viúvo, homem estranho e insolente, de caráter altivo e arrogante, com quem o trato de negócio é difícil; representa ser o consulente volúvel no amor, rasteiro e bajulador ao lado daqueles que lhe podem ser úteis ou de quem pode tirar soma. Significa pretendente quando se deitam as cartas para alguma moça solteira ou mulher viúva, e acha-se colocado nos números 22, 23, 24 ou 38. São os números de oráculos que anunciam pretendente e amante. Para ter mais esclarecimentos sobre a pessoa, quanto a posição, caráter, hábitos e modo de viver habitual, torna-se necessário consultar as cartas das quais estiver acompanhado; esse exame deverá ser feito com muita atenção, se quiser ficar perfeitamente esclarecido — não bastará, unicamente, consultar as cartas que seguem e precedem o rei de ouros, porém, também dirigir toda a nossa atenção às que a limitam, quer embaixo, quer em cima, quer diagonalmente.

Se está seguido de uma carta de copas, deve-se considerá-lo como um amante, respeitoso, com sentimentos puros e desinteressados e de gênio dócil. Seguido de uma carta de ouros, significará amante ciumento, interessado e excessivamente egoísta; seguido de uma carta de espadas anunciará amante falso e trapaceiro. Ver-se-á, nesses dois últimos casos, se uma das cartas que o acompanham não pode alterar ou anular esses presságios.

Se a pessoa para quem se deitam as cartas é idosa, substituir-se-á o sentido de amante pelo de amigo dedicado; se for para um moço, e o rei de ouros estiver colocado nos números 14, 22, 23, 24 ou 32, significa rival.

Damas de Ouros

Significa pessoa estranha, de índole ciumenta, interesseira e rabugenta, naturalmente aduladora; baixo com aqueles de quem espera tirar algum lucro; altaneiro e atrevido com as pessoas que lhe são inferiores em fortuna e posição. Em alguns casos, também quer dizer intrigante. Porém, se se deitarem as cartas para um rapaz solteiro e a dama cai nos números 14, 22, 23, 24 ou 32, significa noiva. Se se deseja saber o seu gênio, seus costumes, maneiras de viver, gostos, é necessário consultar, do mesmo modo, as que acompanham, e tanto as que se acham colocadas antes e depois, como as de cima e de baixo etc.

Se a dama de ouros vier seguida de uma carta de copas, anunciará que a moça com quem o consulente em breve vai casar é modesta, bem-educada, de um gênio excelente, e digna, sob todos os pontos de vista, do seu amor. Precedendo uma carta de paus, a dama é também de magnífico agouro e, com muita pouca diferença, tem a mesma significação que acima. Se, porém, justamente o contrário, a dama de ouros vier seguida de uma carta de ouros, o sentido é completamente outro: o caráter da moça será indócil, intratável, egoísta e interesseiro; seu gênio impertinente fará o consulente sofrer contrariedades sem número, porém de pouca importância. Em todo caso, é um aviso para bem estudar a maneira de ver e de pensar da pessoa com quem o indivíduo vai casar-se, podendo ou evitar um mau casamento, ou preparar as bases para uma vida conjugal. Se a carta que acompanha é de espadas, anunciará um caráter fingido e traiçoeiro. Se se deitam as cartas para uma moça solteira ou viúva, e a dama de ouros cai nos números 14, 22, 24 ou 32, significa rival. Para julgar, do seu caráter e do seu procedimento, consultem-se as cartas que a acompanham.

Valete de Ouros

Representa moço estranho, de gênio turbulento, excessivamente ambicioso, interesseiro, adulador e vil. Se se deitam as cartas para uma moça, significa pretendente de fora. Se vier acompanhado de uma carta de copas, anunciará amante virtuoso. Se de uma carta de paus, amante sincero, amável, educado e benfazejo. Se, ao contrário, for acompanhado de uma carta de ouros, denotará amante ardoroso.

Dez de Ouros

Significa viagem por mar ou terra; será de longa duração, se a carta ficar colocada entre duas cartas de copas, uma defronte da outra. Se a viagem for empreendida para aumento da fortuna, ficarão duas cartas de paus, uma defronte da outra.

Nove de Ouros

Significa notícias, cuja natureza se saberá nos avisos seguintes: boas, se o nove for seguido ou limitado por uma carta de copas; de grandes vantagens, se o mesmo nove for seguido ou limitado por uma carta de paus; mas se a carta for seguida de uma carta de ouros ou espadas, consultem-se as outras posições em que se possa encontrar uma carta mais favorável.

Oito de Ouros

Anuncia viagem que fará por mar ou terra a pessoa para quem se deitam as cartas. Para saber-lhe as causas, observa-se o que se segue: A viagem será empreendida por mero divertimento se o oito de ouros estiver colocado entre duas cartas de copas, uma defronte para outra. A mesma viagem será feita por interesse, e coroada dos mais felizes resultados, se oito acha-se entre duas cartas de paus, uma defronte da outra.

Sete de Ouros
Significa mulher vinda de fora. Anuncia e denota dificuldade em matéria de amor, nos empregos e em posição social e até nos prazeres, quando considerado isoladamente; porém, ao contrário, se está colocado nos números 3, 12, 14, 15, 16, 18, 24, 27 ou 32, anuncia fortuna, mudança de estado, prosperidade e bom êxito nas empresas; significa amante, quando se deitam as cartas para algum rapaz ou homem casado, e se acha nos números 14, 22, 24 ou 32.

Dois de Ouros
Representa o confidente das pessoas que consultam. Esta carta mostrará, aos solteiros ou viúvos, os nomes que poderão representar amantes, amigos ou parentes. Mostrará, aos solteiros ou viúvos, os nomes que poderão representar.

Ás de Ouros
Significa carta, notícia de banco ou contrato, conforme o número e o lugar em que está nas três sortes; para a sua simples significação será preciso observar por que carta o ás está seguido e o lugar que ocupa: Se o ás é seguido de uma carta de copas, anunciará carta de amor ou de amizade. Se vem acompanhado de uma carta de paus, significará carta de negócio importante e recebimento de dinheiro.

Se vem acompanhado de uma carta de ouros, denotará carta de ciúme, que interessa ou incomoda. Se é limitado por uma carta de espadas, significará letra a pagar.

Em cada sorte examinar-se-á o ás de ouros, com toda cautela. Considerando como carta o ás de ouros, colocado nos números 1, 2, 3, 9, 15, 19, 24, 26, 27 ou 35, ao lado das cartas que acompanham, deverá ser analisado como carta de negócio, feliz ou infeliz, conforme a carta que o seguir.

O ás de ouros, às vezes, previne também o consulente de que escolheu para mensageiro uma pessoa muito pouco discreta, e que a última carta de que o encarregam não chegou diretamente ao seu destino. Portando, dever-se-á prevenir contra qualquer contratempo que possa porventura ser consequência de uma indiscrição. Com jeito e prudência, o consulente triunfará facilmente dos desgostos que um confidente leviano e imprudente poderia fazer surgir.

Espadas

Rei de Espadas

Significa amigo falso, mau parente, marido brutal. Se se deitam as cartas para moça solteira ou viúva, e a carta cai nos números 14, 22, 23, 31 ou 32, significa amante; colocado num dos mesmos números e lançadas as cartas para um solteiro tem o sentido de rival. Representa tutor ou testamenteiro, quando colocado nos números 10, 18, 19, 20, 27, 28 ou 29. As cartas que o acompanharem darão a conhecer a conduta que terá o indivíduo como tutor ou como testamenteiro.

Esta carta deixa, geralmente, perceber um homem invejoso e cioso, que procura a todos prejudicar; não quer isto dizer que não se possam frustar os seus maus intentos. Ao homem casado pressagia algumas brigas caseiras de curta duração; a uma senhora, manda que desconfie das falas e promessas mentirosas de certa pessoa de deslumbrante aparência, porém sem valimento algum, com quem ela por vezes se encontra.

Pode também ser o presságio de perda de dinheiro, de processo, de viagem empreendida intempestivamente e sem proveitos; porém, todas as cartas que acompanharem a carta em questão, sem mudar seu sentido, poderão modificar completamente a interpretação, ou, quando menos, atenuá-la, de modo a reduzir — a nada ou quase nada — prejuízos ou desgraças. É quase sempre sinal de contrariedades e atribulações, de pouca importância às vezes, porém outras vezes maiores e mais dignas de atenção.

Dama de Espadas

É uma mulher maldizente, amiga falsa e traiçoeira, parente ciumenta, orgulhosa e atrevida para com os seus inferiores, mostra-se baixa e aduladora para aqueles de quem pode alguma coisa temer, e de quem pode tirar a maior soma de proveito, mas sempre em benefício próprio. Dotada de uma suscetibilidade sem igual, não perdoará nunca aqueles que porventura a ofenderem; e, conservando-lhes um ódio mortal, sozinha será impotente quando quiser ser má, e todas as intrigas e todos os mexericos que procurar propagar não serão recebidos senão com desprezo daqueles que a escutarem.

Quando se deitam as cartas para um solteiro e a dama de espadas cai nos números 14, 22, 23, 24 ou 32, significa noiva; colocada nos mesmos números, e lançadas as cartas para uma moça solteira ou senhora viúva, significa rival.

Esta carta por si só é um indício de contrariedade, na maior parte das vezes sem gravidade, porém cujas particularidades se poderão conhecer, por atencioso exame das cartas que a acompanham. Neste caso, não nos limitaremos a consultar o sentido das cartas colocadas à direita e à esquerda, em cima e por baixo da dama de espadas; assim, também as cartas que a tocarem diagonalmente deverão ser observadas com muita atenção, porque poderão esclarecer, se o sentido de todas elas for obscuro, o oráculo a formular ou, quando menos, fornecer detalhes mais completos, que permitirão ao consulente premunir-se contra os acontecimentos, e por isso mesmo atenuar seus efeitos.

Se o consulente tem de fazer uma viagem, sabendo de antemão o mau tempo que o espera e as poucas probabilidades de um resultado feliz, poderá transferi-la para melhor ocasião ou época mais favorável, e até mesmo renunciar a ela; se o consulente tiver alguma questão pendente, ou até mesmo rixa com alguém, será preferível uma acomodação a um processo longo e dispendioso, cujo resultado pode não lhe ser favorável.

Valete de Espadas

Representa um moço de maus costumes, perverso, avaro, arrogante, disposto sempre a abusar da confiança que nele depositarem, se por acaso não estiverem já prevenidos pela sua má reputação.

Dizendo-se hoje amigo dedicado do consulente, amanhã o abandonará, divulgando segredos que levianamente lhe confiou; e, cioso de sua posição, unir-se-á aos inimigos dele para prejudicá-lo, sem que daí tire o menor proveito.

Dez de Espadas

É indício de mágoa no coração, tristeza e luto. As esperanças que o consulente alimentava neste ou naquele negócio, de qualquer espécie que ele seja, serão rojadas por terra, uma por uma; os projetos de casamento que ele formara na sua imaginação não hão de se realizar, devendo esperar, resignado, uma série sem fim de desgostos. Será, portanto, necessário encher-se de muita coragem e muita prudência para afrontá-los e aceitar conselhos de gente sensata e experimentada antes de empreender qualquer coisa.

Nove de Espadas

Significa rompimento e às vezes morte, porém nunca morte de homem. Esta carta é, às vezes, para as outras, de má vizinhança; impede de bem formular um oráculo. Nesse caso, iremos recomeçar a operação porque, sendo de mau agouro e sempre de fácil significação, não nos devemos balançar a preferi-la sem plena certeza.

Oito de Espadas

No seu sentido geral, significa aflições, lágrimas, contrariedades e atribulações. A significação desta carta sempre foi de agouro desfavorável; porém, se vier acompanhada de cartas de presságio feliz, os dissabores que ela anunciar serão de pouca importância. O consulente, por exemplo, falhará a certo passeio, hão de intrigá-lo em certas casas e com as pessoas de sua estima. O exame das cartas que acompanharem o oito de espadas esclarecerá o resto.

Sete de Espadas

Colocado nos números 14, 22, 23, 24 ou 32 e lançadas as cartas para um solteiro, significa noiva ou namorada falsa e volúvel; se se trata de uma amante será infiel. Se o sete de espadas está colocado em um desses mesmos números e a sorte se faz para moça solteira ou mulher viúva, tem o sentido de rival. Os sentimentos que indicarem as cartas que acompanham o sete de espadas ensinarão ao consulente a conduta que deve ter para com sua amante.

Dois de Espadas

Representa sempre o confidente das mulheres e dos homens que se consultam. Essa carta não tem, pois, por si só, senão o valor que lhe dão e o lugar que ocupa; as cartas que a precedem ou seguem, as que estão colocadas acima e por baixo, bastam para dar-lhe uma significação; ainda assim, às vezes, tendo elas também sentidos completamente diferentes, torna-se preciso, para poder formular um oráculo, fazer nova sorte.

Ás de Espadas

Os cartomantes da antiguidade consideram o ás de espadas como carta de excelente agouro, e a sua significação é realmente sempre favorável, quer dizer: perseverança, constância e domínio. Junto de cartas cuja interpretação pode ser má, destrói quase inteiramente o seu efeito e aumenta muitíssimo as chances de um sentido favorável. É sinal de felicidade no casamento, de brilhante fortuna, futuro risonho e garantido, e finalmente de rápido acesso e prosperidade.

PALAVRAS FINAIS

Tendo eu solicitado de Lúcifer o cumprimento da promessa que me tinha feito, de dar-me o conhecimento das artes mágicas, ele me entregou um grosso rolo de manuscritos, dizendo:

— Este livro contém todo o conhecimento da verdadeira magia. Ele foi banhado no lago do Dragão Vermelho, que existe em meus domínios, e por isso é impossível destruí-lo, seja com fogo, água, metal ou magia. Ele tem tais virtudes mágicas que nunca se afastará de ti, sempre voltará para perto de ti e sempre estará invisível, a não ser para ti e para os que tiverem feito pacto comigo.

Dediquei muitas horas ao estudo dessa obra, e transcrevi seus ensinamentos junto com os resultados de minhas experiências. Deixo o resultado do meu trabalho a todos os adeptos das ciências do desconhecido, a quem declaro que este livro me mostrou a verdadeira sabedoria e que com seu estudo, juntamente com uma grande fé em Deus Nosso Senhor, que se dignou contemplar-me com sua graça, obtive um domínio absoluto sobre toda a criação.

Se você se mostrou digno, e a obra chegou às suas mãos, não o dê nem empreste a curiosos; este conhecimento deve ser conquistado, e não ganho sem esforço.

Cipriano, o Mago

Este livro foi impresso em maio de 2024,
na Gráfica Impressul, em Jaraguá do Sul.
O papel de capa é o cartão 250g/m² e o de miolo o offset 63g/m².
A família tipográfica utilizada é a Utopia.